营销管理系列丛书

袁乐清，张珀维，蔡淦绵 主编

推销之道

全面掌握推销的十大秘诀

周泉润 著

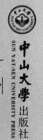

中山大学出版社

·广州·

版权所有　翻印必究

图书在版编目（CIP）数据

推销之道：全面掌握推销的十大秘诀/周泉润著. —广州：中山大学出版社，2018.12

（营销管理系列丛书/袁乐清，张珀维，蔡淦绵主编）

ISBN 978-7-306-06479-0

Ⅰ. ①推… Ⅱ. ①周… Ⅲ. ①推销 Ⅳ. ①F713.3

中国版本图书馆 CIP 数据核字（2018）第 254528 号

出 版 人：	王天琪
策划编辑：	钟永源
责任编辑：	钟永源
封面设计：	林绵华
责任校对：	付　辉
责任技编：	黄少伟　何雅涛
出版发行：	中山大学出版社
电　　话：	编辑部 020-84110283，84111997，84110779，84113349
	发行部 020-84111998，84111981，84111160
地　　址：	广州市新港西路 135 号
邮　　编：	510275　　传　真：020-84036565
网　　址：	http://www.zsup.com.cn　E-mail:zdcbs@mail.sysu.edu.cn
印 刷 者：	佛山市浩文彩色印刷有限公司
规　　格：	787mm×1092mm　1/16　16 印张　300 千字
版次印次：	2018 年 12 月第 1 版　2018 年 12 月第 1 次印刷
定　　价：	168.00 元（精装版）

如发现本书因印装质量影响阅读，请与出版社发行部联系调换

总 序　想要得到　则需得道

陈　明　博士、教授

在现代社会中，现实与梦想的激撞正影响着人们如何做出选择以及做出何种选择。随之带给现代人的，除了彷徨和纠结，更多的是在无力感和不顾一切打破困境的信念的矛盾中来回切换，以取得每个人心中期望的成果。

想要得到，则需得道。在科学思想观普及了数十年后的今天，人们愈加体悟到中华文明的思想根基、核心价值以及中华传统文化的精髓。这一切是超越了以原子以及比特为基础的物质世界的运行规律，那便是智慧，便是道，是万事万物的内在运行规则。

如果现代人能够通过已有的社会运行规则和机制，探索并领略到其中的道，相信对于千千万万正在面临着不同困境和选择中的人们来说，那就是能够带给他们一些醍醐灌顶的清泉和一盏帮助他们遥指远方的明灯。

广东营销学会组织出版的"营销管理系列丛书"，在中山大学出版社连续多年出版的基础上，趁今年庆祝我国改革开放40周年之良机，为满足创业者和众多企业在品牌培育过程中对新知的渴望，新增周泉润所著《推销之道》《经营之道》和《成功之道》精装（平装）版，三本书同时传递给大家的道之所在，正是如此。

这三本书看似讲的是三件事，实际上其中的内容盘根交织，互相贯通，一起演奏出了一首三重奏的恢宏乐章。如果说《推销之道》讲的是事业，《经营之道》说的是生活，那么《成功之道》告诉你的便是哲理人生。一个人的事业和生活是相辅相成的，往往不可分割。而人生，便是你这一生所浮现出的景象以及景象中所包含的深意，它有春夏秋冬，有喜怒哀乐，有悲欢离合，有诗情画意，有粗茶淡饭，有世态炎凉，当然，也有丘壑山陵和雄才大略。

《推销之道》"推销"的思想与实践相结合，传递给读者"知行合一"的理念。它将告诉你为什么要做、该如何做且做好，这其中的内容不仅可以应用到推销的工作中，也能应用到自我和企业的营销中。

《经营之道》给出了一套很系统的经营方法：践行、规律与道行。它告诉读者：

所谓经营，在远古社会就已经被人类探索，它贯穿了人一生的各个方面并起着重要作用，且需要根据时代的变化而不断更迭，而经营的实质就是经营品牌。

《成功之道》将易经思维贯穿于整本书。它为读者描述了一条走向成功、塑造品牌的清晰道路，给出了在这条道路上面临困境时突围的方法，并在最后告诉你：与其等待成功，不如追求成功。

我认为，这三本书，从推销到经营到成功，是逐渐递进的三个层次。推销是基于产品和业务的局部思考；经营是基于事业和人生的整体思考；而品牌与成功，则是基于我们的所作所为而深入灵魂的思考，是对意义和价值的全息观照和内涵体悟。

品牌之所以成为一个人的人生和一个企业业务与产品的灵魂，因为它已经脱离了实体的物质属性，代表着经营主体对外在世界以及内在心灵的价值承诺和意义表述，是活着的理由和存在的价值，是一种使命。

在国外世界级品牌风起云涌的今天，国内真正称得上拥有强势品牌的企业却寥寥无几。我们回头看看国内企业的现状：固化的低价策略、产品思维以及急功近利的经营理念，都在限制着品牌的培育与发展。强势品牌不仅是优质的产品和强大的技术创新能力，它还应该被消费者认为是独一无二的自我的代表，是一种无法取代的精神信仰，是人生与事业成功体验的巅峰状态。在国家政策不断鼓励发展品牌战略的背景下，广大企业应该积极加入品牌培育的行列，通过践行品牌培育的一整套体系，提升品牌的知名度、美誉度和忠诚度；从经营产品快速过渡到经营人心，从而产生消费者的偏好和溢价，以期占领更大的市场份额。我们要朝着强势品牌出发，为成为世界级品牌强国而奋斗！

综上所述，精装版三本书所能带给读者的启迪和借鉴，正是它们的重大意义所在。是为总序。

陈明博士、教授：
华南理工大学工商管理学院营销系主任
国家工信部品牌培育专家
中国个性化制造联盟专家
新华社瞭望智库首批入库专家
中国广告协会学术委员会委员
广东营销学会副会长
广东品牌建设促进会副会长

2018年10月18日于羊城

序 一　赞"以事实说话是我的良知"

袁乐清

俗话说，人世间人与人之间的见面相识是有缘分的，正所谓"有缘千里来相会"。日前，笔者的好友陈国伟先生向我转告说，他有一位好友姓周名泉润，拟出《推销之道——全面掌握推销的十大秘诀》一书。经他介绍，该书著者与我见面，并发来书稿和相关资料，邀我作序，我阅后欣然同意。

在社会发展的诸多要素中，经济发展始终是最基本的要素。一个国家或者地区经济是否能够平稳增长，除了外部经济环境的影响外，输入积极的信息无疑是最快捷也是最有效的方式。毫无疑问，推销就属于诸多积极信息的一种，推销力度的强弱、推销形式的变化，都可能决定一个行业乃至一个地区的经济走向。

那么，一本好的推销书除了能够释放积极的、正确的信息外，如果还能做到易读、易懂、易操作，那么原本看似有些枯燥的理论，就会变得自然并且亲切；如果能够在书中贯穿一些个人在推销过程中切切实实的感受，以及一个又一个活灵活现的事例，让读者在阅读时不经意间与著者互动，并且每一个事件都像是让人都经历过或者可以经历的那样，甚至可能仅仅只需要往前跨那么一小步，自己也可以做到的话，那就真的不用担心市场的销路了。

话又说回来，现在市面上有关推销的书确实不少。随手翻翻，有见地的书也并不缺乏。那么，《推销之道——全面掌握推销的十大秘诀》即使作为一本有明显个人见地、有独特视角的著作，选择此时面世也确实需要些勇气。

中国人常说：没有金刚钻，不揽瓷器活。这本书的"金"在哪里呢？又有哪些"钻"的本事呢？一言以概之，那就是："以己议事""以事喻理""引出哲理"。归纳起来主要有三个方面：一是社会的惯性与个人的视角相结合。书中大量叙述了作者在成长过程中、在特定环境下的特定智慧，有详细的过程、具体的结果，以一斑而窥全豹，不但细腻而且实际，极具参考价值。二是经济规律和人性的控制成正比。书中在以辩证的观点强调人的共性的同时，还不忘突出人在特定环境下的主观作用和应变能力，表明"不变中求变"才可能产生期望的结果。三是群体的进步与个人的发展相交织。书中不但介绍了推销的方法，而且还阐述了推销的演变。同时，毫不掩饰地表现了伴随这种微妙的变化，所引发的个人观念和经济状况的蜕变，很值得初入行者借鉴。

除此之外，书中还不惜篇幅地将经济发展的规律与个人的成长经历相互映衬。所以，该书既可以算作一本社会学方面的书，又是一本管理书、励志书、工具书，更是一本具有独特视角的经济类、营销类著作。

现在经济界同仁似乎陷入了一个社会怪圈，对时下老百姓关心的经济现象表现出了异乎寻常的热情。这原本倒也算不上什么坏事，但是没有根据、不负责任地说，就使得原本真的东西也难免引发人们的质疑。比如，有些同仁动不动就喜欢来点无厘头的预测，结果事情发展远不是那么回事，搞得自己很是难堪；有些同仁喜欢无的放矢瞎批评一通，又拿不出具体的数据，也说不出个所以然，到头来自取其辱；有些同仁喜欢将一些普通的道理故弄玄虚，结果只有他自己能懂，也可能因此给他自己换取了一些功名，但市场却决然不愿买单。

"纸上得来终觉浅，绝知此事要躬行。"《推销之道——全面掌握推销的十大秘诀》的著者不是经济学家，充其量只能算作一个靠推销为生的草根，一个在市场上摸爬滚打多年的实践者。难能可贵的是，他没有一味地停留在机械式的重复工作中，而是在自己的实践中善于总结、勤于思考，并且用辩证的观点对一些经济问题进行反思。

据了解，该书著者在大学学的是物理，而喜欢的却是易学；教书时期总感到应试教育方式是教不出大师来的，后来就下海经商了；空闲的时候，居然研读起"辩证法"来了，以至于在生活中养成了这么一个习惯：凡事都喜欢琢磨，既爱琢磨出个原理，又想品出个其中的道道。正如好友们戏称，他用物理学来观察事情的起落，用辩证法思考事情的利弊，用易经的"道"当作为人处世之理。

值此《推销之道——全面掌握推销的十大秘诀》一书即将出版之际，该书著者与笔者见面时吐露心声：当今社会，人心浮躁，想认认真真做点事不易，想做好一件事就更难，他庆幸自己不管怎样，还是走到了今天，并有所成就。因为，重要的是，以事实说话是他的良知。

"以事实说话是我的良知。"笔者有感于此，不禁内心赞叹。作此文，是为序。

（袁乐清，《信息时报》原副总编辑，《营销管理》杂志总编辑，中国广告协会学术委员会委员，广州市作家协会会员，广东营销学会副会长兼秘书长，华南理工大学工商管理学院校外导师）

序 二　该说的一些话

周泉润

在市场上混的时间久了，做得多，见得多，接触得多，随之想法也多了。我总想找个方式把这些东西总结一下，以便与更多的人探讨或海聊。于是乎，就有了写一本书的念头。

有时说起来，我这人也挺不够执着的，大学学的是物理，而喜欢的却是易学，也许是受家父的感染和熏陶吧。教书时总感到教不到位，不是我教得不好，而是因为这样的教法很难教出人才来，不是我杞人忧天，现实已说明了，我们的应试教育方式是教不出大师来的。因为有这种感觉，后来我就下海经商了。

下海初始，我在市场的海洋里呛了几口海水，还好，呛来呛去，即便呛空了口袋也没怎么呛着大脑。空闲的时候，我居然研读起"辩证法"来了，可能是受市场的利害因素影响吧，以至于在生活中养成了这么个怪毛病：凡事都喜欢琢磨，既爱琢磨出个原理，又想品出个其中的道道。好友们戏称我：用物理学观察事情的起落，用辩证法想事情的利弊，用易经的"道"当作为人处世之理。

形成这样的生活态势，也好，也不好。好的是，不极端，不易犯错，即使犯了错也很容易及时发现并纠正；不好的是，把一切事情看得太清了，反而弄得自己常常很痛苦。不过说句实话，我这样的态势竟然让我在市场上获益匪浅。我查了查，在很多情况下，以我这样的态势待人接物，用"如鱼得水"来形容一点也不为过。就因为这么点思维的癖好就得到这么大的便宜，起初连我自己都不信，结果我有意识地偷偷试了那么几次，别说，还真的是次次灵验。

因为曾是教师的缘故，我翻过不少营销知识方面的书。我也曾经很神圣地想把这类书当教科书一样来仔仔细细地研读研读，没想到读之结果却让我大呼上当，说句掏心窝子的话，当时有被人当猴耍了的感觉。读那些书时我就像在云里雾里一样，摸不着头脑；要么就是自说自话，要么就是太不切合实际。

再看看身边，从事营销工作的人员也是"病急乱求医"，到处找方子求妙计，到处翻书，到处蹭课，弄多了自己也就找不着北了，结果总是这样：营销业绩不好，只好这家企业干干，那家企业转转，"脚踩西瓜皮，滑到哪里是哪里"。时间久了，这类人就形成了惯性，变得像一只没头没脑的苍蝇，最后连自己都不知道自己是谁，也不知道自己究竟想要什么，其结果呢，也就只能是四处碰壁，没人敢要你。不但搞得自己穷得叮当响，还给家庭或团队带来满腹牢骚。

　　有过一段时间，我常夜间辗转难眠，东想西想，觉得问题似乎有些严重，再往深处想，真是不寒而栗。这世上做营销的人有多少？恐怕得数以十万计吧！这样大一个群体都要靠"卖东西"来养家糊口，可不容易啊！掐指算算营销行业的现状，真正能把这份工作做好的人又有多少呢？而真正靠着自己的努力，把营销做得风生水起的就更是凤毛麟角了。时代的发展又使得这份职业愈来愈成了没有更多社会背景的人谋生的"香饽饽"，同时也成就了一大群靠传授推销技艺生存的所谓"大师"们和"讲师"们。曾抱着好奇的心理，我也确确实实赶去听了一些课，但情形也同样让我很难恭维，除了个别的课程内容能让我有所裨益之外，大部分还是白白浪费了我不少时间。我也承认，其中有些"大师"善于营造现场气氛，用我们家乡话来说就是"很会来事"，但你来你的事可以，别人丢下手头一大堆事务大老远地赶来，除了热热闹闹地跟着玩了一通外，总得留下点东西才是，虽然我们常常强调营销现场气氛要轻松、要快乐，但还不至于搞成像娱乐节目一样吧？

　　这么些年来，我一直为这些事情想不通，也一度担心忧虑过，现在才恍然大悟：原来巨大的利益造就了一大批这样的"大师"，而这些"大师"既然为师，多少也要有几把刷子才行啊！结果是大多数都没有，那就怪不得出现那么多"误人子弟"的现象了，只不过我们见多了也就见怪不怪了。我这样说并不一定认为我说的就一定正确，不过，我会在书里极尽所能地做到最客观、最实际。更重要的是，以事实说话是我的良知。

　　我现有的经历要感谢的人很多很多，但我想最应该感谢的还是这一路走来，爱我、恨我乃至伤害过我的所有人，没有他们的关爱和批评，恐怕我也就走不到今天，可能还会时时倍感寂寞。

　　当今社会，人心浮躁，想认认真真做点事不易，想做好一件事就更难，我庆幸自己不管怎样，还是走到了今天，并有所成就。在以后的路上还会遇到什么，我真的一点也不知道，但我想，只要自己心中还存有梦想，只要目标不变，而我也只是需要继续往前走，这就足够了。

目 录

前言　如果你有梦想，那就把它推销出去……………………………………… 1

一道　推销
　　——所谓推销，就是把问题推开，把东西销出去……………………… 1

第一节　推销的来龙去脉……………………………………………… 2
　　一、推销的形成：交换……………………………………………… 2
　　二、推销的演化：交易……………………………………………… 3
　　三、推销的扩展：多元……………………………………………… 3
　　四、推销的现状：共存……………………………………………… 4
　　五、推销的趋势：共营……………………………………………… 5
　　六、推销的本质：工作……………………………………………… 5

第二节　推销最能体现个人价值……………………………………… 6
　　一、推销就是白手起家……………………………………………… 6
　　二、推销是成功的捷径……………………………………………… 7
　　三、推销可激发人的"五项全能"………………………………… 8
　　四、只要愿意，人人都可以做推销………………………………… 9

第三节　推销是什么…………………………………………………… 10
　　一、推销就是"卖"自己…………………………………………… 10
　　二、有推有销才叫推销……………………………………………… 13
　　三、推销必须遵循的原则…………………………………………… 14
　　四、推销需把握的内核……………………………………………… 15

第四节　"推"和"销"的辩证关系………………………………… 17
　　一、"推"和"销"的对立统一…………………………………… 17

二、"推"和"销"会此消彼长 …………………………………… 17
　　三、"推"和"销"的相互转化 …………………………………… 18
第五节　推销结果 …………………………………………………… 18
　　一、推问题 …………………………………………………………… 18
　　二、销观念 …………………………………………………………… 19
　　三、卖好处 …………………………………………………………… 21
第六节　推销的意义 ………………………………………………… 23
　　一、推销是时代发展的趋势 ………………………………………… 23
　　二、推销是团体生存的命脉 ………………………………………… 23
　　三、推销是家庭生活的需要 ………………………………………… 24
　　四、推销是个人价值的体现 ………………………………………… 24

二道　选择

——选择，是成为一个优秀推销员的开始 ………………………… 27
第一节　推销从选择开始 …………………………………………… 28
　　一、从"父亲教姐选老公"说起 …………………………………… 29
　　二、"玉米田的故事"给我们的启示 ……………………………… 29
第二节　选行业就是选趋势 ………………………………………… 30
　　一、人人不了解就是机会 …………………………………………… 31
　　二、行业趋势大，你就能做大 ……………………………………… 31
第三节　选公司就是选老板 ………………………………………… 32
　　一、优秀的老板＋优秀的推销员＝优秀的企业 …………………… 32
　　二、有型的老板出有型的企业 ……………………………………… 33
　　三、老板专业，公司才专业 ………………………………………… 33
　　四、老板优秀，公司才优秀 ………………………………………… 35
第四节　选产品就是选品质和潮流 ………………………………… 36
　　一、产品有没有特色 ………………………………………………… 36
　　二、产品的适用人群大不大 ………………………………………… 37
　　三、产品是否具有市场竞争力 ……………………………………… 38
第五节　选培训奖励 ………………………………………………… 39
　　一、选奖金制度就是选合理 ………………………………………… 39
　　二、选培训就是选实用 ……………………………………………… 41

第六节 选择决定推销员的命运 …… 42
    一、人的认知也易迷失 …… 42
    二、兴趣和应该 …… 43
    三、为自己选择，也为他人选择 …… 44
    四、成功，从选择开始 …… 45

三道　心态
——成也心态，败也心态，与他物何干 …… 47

第一节　心 …… 48
    一、什么叫"心" …… 48
    二、"心"在推销中的作用 …… 49
    三、"用心"和"尽心" …… 50

第二节　心态 …… 52
    一、积极的心态属阳——像太阳 …… 53
    二、消极的心态属阴——像月亮 …… 53
    三、心态定律 …… 54

第三节　成功者的"六心" …… 55
    一、老板心——成功人士的心理支柱 …… 55
    二、学习心——开启成功之门的金钥匙 …… 57
    三、信心——征服生存环境的唯一诀窍 …… 59
    四、平常心——调整失败与成功的平衡器 …… 61
    五、坚持心——自我强度与韧度的较量 …… 63
    六、感恩心——一条倍增生命价值的心路 …… 65

第四节　推销中不应该有的心态 …… 67
    一、自己放不下面子 …… 67
    二、害怕被人拒绝 …… 68
    三、觉得自己比顾客聪明 …… 69

第五节　积极进取和消极等待 …… 70
    一、积极是成功的前提 …… 70
    二、消极是失败的开始 …… 70
    三、消除消极情绪的方式 …… 71
    四、态度等于报酬 …… 71

四道　修炼
——所谓修炼，就是养成成功者的个性和习惯 …… 73
第一节　"喜欢"和"应该" …… 74
一、"喜欢"的都是失败的 …… 75
二、"应该"的都是成功的 …… 75
三、"喜欢"和"应该"的相互联系 …… 77
第二节　自我管理 …… 77
一、健康管理 …… 77
二、时间管理 …… 79
三、性情管理 …… 79
四、推销员的成功六套路 …… 81
五、克服自己的失败习惯 …… 84
第三节　"点头、微笑、鼓掌"都会传染 …… 85
一、点头招来好运 …… 85
二、微笑成就大事 …… 86
三、鼓掌招来横财 …… 88
第四节　陪同和做笔记 …… 90
一、陪同就是惜财 …… 90
二、记笔记就是记财 …… 91
三、做笔记的妙用 …… 92
第五节　克服忧虑 …… 92
一、活好自己的今天 …… 93
二、不断运动可解除忧虑 …… 94
三、克服忧虑公式 …… 94
第六节　目标、计划、行动 …… 96
一、100%目标 +0%方法 =100%成功 …… 96
二、计划就是围绕目标画一个圆 …… 97
三、只有行动才能保证成功 …… 98

五道　法则
——运用得好，法则也能成为生产力 …… 101
第一节　思考法则——时·位·中·应 …… 102

一、思考能给推销带来什么 …………………………………… 102
二、思考的形态 …………………………………………………… 104
三、推销的思考是多维的 ………………………………………… 105

第二节 表达法则——二选一 ……………………………………… 106
一、"二选一法则"的定义 …………………………………… 106
二、"二选一法则"的好处 …………………………………… 107
三、何时使用"二选一法则" ………………………………… 108

第三节 执行法则——一根筋 ……………………………………… 109
一、执行为什么需要"一根筋" ……………………………… 109
二、"一根筋"是否就不能变化 ……………………………… 110
三、怎样执行最有效 …………………………………………… 111

第四节 纠错法则——三明治 ……………………………………… 112
一、哪种类型的顾客可以批评 ………………………………… 112
二、何时运用三明治法则 ……………………………………… 113
三、怎样运用三明治法则 ……………………………………… 114

第五节 沟通法则——ABC借力法 ………………………………… 115
一、怎么理解ABC法则 ………………………………………… 115
二、ABC法则的原理 …………………………………………… 115
三、ABC法则的意义 …………………………………………… 116
四、何时使用ABC法则 ………………………………………… 116
五、如何应用ABC法则 ………………………………………… 117
六、如何做个合格的B ………………………………………… 117
七、如何做个合格的A ………………………………………… 119
八、A和B注意切入方式 ……………………………………… 119

第六节 ABC法则在沟通中的应用 ………………………………… 120
一、沟通前ABC的工作 ………………………………………… 120
二、沟通过程中的工作 ………………………………………… 120
三、座位的安排 ………………………………………………… 121
四、沟通结束后的工作 ………………………………………… 122

第七节 ABC法则在会议中的应用 ………………………………… 123
一、会前的准备工作 …………………………………………… 123
二、会中的工作 ………………………………………………… 124

         三、时间的安排 ··· 126
         四、会议结束,"B"的做法决定成效 ··· 127
         五、会后的主要工作 ··· 128
     第八节　ABC 法则在人际关系中的应用 ·· 129
         一、如何借"A"之力 ··· 129
         二、"B"怎样配合 ·· 130

六道　分享
   ——一个伟大的推销员,首先就应该是一个分享家 ······························· 131
     第一节　分享的意义和目标 ·· 132
         一、分享的定义 ·· 132
         二、分享的意义 ·· 133
         三、分享的目标 ·· 134
     第二节　分享的类型 ·· 135
         一、产品分享 ··· 135
         二、事业分享 ··· 135
         三、心路历程分享 ··· 137
     第三节　分享的程式 ·· 139
         一、成功分享的特点:戴帽子和穿鞋子 ·· 139
         二、如何做分享 ·· 140
         三、分享时应避免的几个不良现象 ··· 141
         四、组织分享会时应注意的事项 ··· 143
     第四节　产品分享 ··· 144
         【一个产品分享案例鉴赏】 ·· 144
     第五节　事业分享 ··· 145
         【一个事业分享案例鉴赏】 ·· 146
     第六节　心路历程分享 ··· 148
         【心路历程分享案例鉴赏】 ·· 148

七道　沟通
   ——沟通的艺术是化解问题,而不是立即解决问题 ······························· 151
     第一节　沟通的重要性 ··· 152

一、大师的一个小失误…………………………………………… 153
　　二、沟通对于家庭的重要性……………………………………… 154
　　三、沟通对于工作的重要性……………………………………… 154
　　四、沟通在社交、礼仪中的重要性……………………………… 154
第二节　什么叫沟通…………………………………………………… 155
　　一、因为有误会，才需要沟，沟了才能通……………………… 155
　　二、生活中的各种沟通现象……………………………………… 156
　　三、沟通靠的是心与心交流……………………………………… 157
第三节　沟通三要素：聊天、回答、分享…………………………… 158
　　一、聊天：东拉西扯与听出需求………………………………… 158
　　二、回答问题：直接与间接……………………………………… 159
　　三、分享感受：同病相怜………………………………………… 160
第四节　沟通方程式：情理合一……………………………………… 161
　　一、情字当头，万事无忧………………………………………… 161
　　二、"理"轻情意重……………………………………………… 162
　　三、情理合一……………………………………………………… 163
第五节　"吃喝玩乐"在沟通中的作用……………………………… 163
　　一、人的天性离不开"吃喝玩乐"……………………………… 163
　　二、"吃喝玩乐"就是等待事情发生转机……………………… 164
　　三、"吃喝玩乐"有什么价值…………………………………… 165
第六节　推销的意义…………………………………………………… 166
　　一、人人都"心知肚明"………………………………………… 166
　　二、"妙不可言"妙在哪里……………………………………… 167
　　三、"心门"打开，情才进来…………………………………… 168

八道　会议
　　——一场会议讲了什么具体事项不重要，重要的是给了来宾什么样的
　　　　感觉………………………………………………………………… 169
第一节　推销为什么需要会议………………………………………… 170
　　一、会议推销的实质……………………………………………… 170
　　二、会议推销的特点……………………………………………… 171
　　三、会议推销的目的……………………………………………… 171

第二节　推销会议的标准与类型 …………………………………… 173
　　一、推销会议的标准 ………………………………………… 173
　　二、推销会议的类型 ………………………………………… 174
第三节　产品说明会的运作方法 …………………………………… 175
　　一、主持人A的职责 ………………………………………… 175
　　二、主讲人A的职责 ………………………………………… 176
　　三、分享人A的职责 ………………………………………… 176
　　四、伙伴B的职责 …………………………………………… 177
　　五、不做产品专家 …………………………………………… 178
　　六、让顾客做见证 …………………………………………… 179
第四节　大型推销会前的准备 ……………………………………… 179
　　一、前期策划 ………………………………………………… 179
　　二、会议筹备 ………………………………………………… 180
第五节　如何举办推销会议 ………………………………………… 183
　　一、会前会——热身 ………………………………………… 183
　　二、会中会——热情 ………………………………………… 184
　　三、会后会——轻松 ………………………………………… 186
第六节　怎样进行会后总结 ………………………………………… 186
　　一、总结经验 ………………………………………………… 187
　　二、提高技能 ………………………………………………… 187
　　三、制定目标 ………………………………………………… 188
　　四、跟踪客户 ………………………………………………… 188

九道　管理

——管理者，管事理人也；管是管好事，理是理对人 …………… 189

第一节　团队管理的意义及定义 …………………………………… 190
　　一、管理的趋势——团队管理 ……………………………… 190
　　二、团队管理的目标 ………………………………………… 191
　　三、团队共同的责任——需求 ……………………………… 191
第二节　"管"和"理"的内涵 …………………………………… 192
　　一、管事靠制度 ……………………………………………… 193
　　二、理人靠做人 ……………………………………………… 194

三、管与理的变化 …………………………………………… 194
第三节 如何做好团队管理 ………………………………………… 195
  一、团队管理的核心是企业文化 …………………………… 195
  二、团队管理的职能 ………………………………………… 196
  三、团队管理应厘清的几个问题 …………………………… 197
第四节 领袖在团队中的作用 …………………………………… 198
  一、团队管理的关键——领袖 …………………………… 198
  二、个人在团队中的定位 …………………………………… 198
  三、凝聚力是炼成的 ………………………………………… 200
第五节 咨询、检查 ……………………………………………… 202
  一、"气场"干扰 …………………………………………… 202
  二、本位主义 ………………………………………………… 203
  三、自由主义 ………………………………………………… 203
第六节 团队中的将才管理 ……………………………………… 204
  一、团队将领的类型 ………………………………………… 204
  二、中国的"五行"学说 …………………………………… 204
  三、五种类型的将领系统 …………………………………… 205
  四、将领五行分类的好处 …………………………………… 206
  五、团队将领的配合与制衡 ………………………………… 207
  六、"全能将领"与"五星上将" ………………………… 208
  七、"蜀国团队"给我们的启示 …………………………… 209

十道 激励

  ——你要激励人,首先要知道他需要什么 ………………… 213
第一节 激励的概念及核心 ……………………………………… 214
  一、激励的作用 ……………………………………………… 214
  二、激励的核心 ……………………………………………… 215
  三、激励需把握的原则 ……………………………………… 215
第二节 激励的重要性 …………………………………………… 217
  一、实现团队目标 …………………………………………… 217
  二、激发工作效率 …………………………………………… 217
  三、提升成员素质 …………………………………………… 218

第三节　激励的形态 …………………………………………… 218
　　一、个人激励 ……………………………………………… 218
　　二、团队激励 ……………………………………………… 221
第四节　激励的方式 …………………………………………… 222
　　一、物质激励——玩的是金钱 …………………………… 223
　　二、精神激励——玩的是满足 …………………………… 224
　　三、恐怖激励——玩的是心跳 …………………………… 226
第五节　目标激励 ……………………………………………… 228
　　一、现实目标和理想目标 ………………………………… 228
　　二、个人目标与团队目标 ………………………………… 229
　　三、目标激励应注意的几点 ……………………………… 230
第六节　领导激励与伙伴激励 ………………………………… 231
　　一、领导的激励 …………………………………………… 232
　　二、伙伴的相互激励 ……………………………………… 233
　　三、伙伴的相互激励比领导激励更重要 ………………… 234

题后　人，因梦想而伟大 …………………………………… 235

前　言　如果你有梦想，那就把它推销出去

原本喧哗的会场，顷刻间安静得让每个人都能听到自己的心跳声。数十盏灯光和数百只眼睛都齐刷刷地投在舞台上的我和我那为表达"从头再来"的决心，而于数小时前精心修饰的光溜溜的头上，似乎成了会场上最大的"亮点"。我知道，台下坐着的一百多位经销商在密切地注视着我，台上属于我的梦想推销旅程又一次开始了。

20多年来，我已记不清有多少这样的场面了，只知道每时每刻都头顶着天，脚踩着地，努力生活、努力工作。其实我很清楚，无论是天还是地都不属于我，真正属于我而我又能真正把握的，也只有在空气中处于沸腾状态的我的梦想。

其实，无论你是哪种肤色的人，无论你是男人还是女人，无论你是老人还是孩子，无论你是高贵还是卑贱，无论你是健康还是疾病缠身，无论现在还是未来，无论此刻还是彼时，无论你从事的是怎样一种职业，你都应该有属于自己的梦想。在你的一生中，如果有梦想，就会因为梦想之故，有自己未曾了却的这样或者那样的遗憾。

在我的人生阅历中，我深深地感到未能完成自己的梦想是一种遗憾，未能帮助别人实现梦想也是一种遗憾。尤其是当你有能力并且有机会帮助别人，恰恰别人又需要帮助，而你却没有帮助别人的时候，这件事就成为此生的遗憾。这种事不仅对我对你，还是对他，甚至对每个人，都可能是如此。

因为有梦想的人在为人之道上，不能违背人生的三个境界原则：即做好自己，帮助周围的人，帮助更多的人。为人之道是在他人面前展现自己的价值观，把自己拟好的价值观放在人际交往上去实践和体现，让更多的人对这一好的价值观予以认同、接纳、颂扬、传递。可以肯定的是，为人之道直白而言，就是对完成人生梦想的推销之道。

梦想，是人生的价值观体系。让梦想实现，就需要用思想、行动到市场和社会中去实践、落实、销售你的价值观体系。从这个意义上说，我们所有的人都是顾客，也都是推销员。既然如此，那就把我们的梦想拿出去推销吧！

一道

推销

——所谓推销，就是把问题推开，把东西销出去

第一节　推销的来龙去脉
第二节　推销最能体现个人价值
第三节　推销是什么
第四节　「推」和「销」的辩证关系
第五节　推销结果
第六节　推销的意义

我家乡在江汉平原，东荆河边的一个小村庄，属洞庭湖流域，除了田地就是水域。家里七个孩子中我排行最小，因为儿时体弱多病，所以备受家人怜惜，同时也免不了受小伙伴的欺负。那时，我最常做的事情就是自言自语，最喜欢一个人夜间躺在寂静的河岸上数星星，想得最多的就是自己以后会成为哪一颗星星，因为这世上有那么多的人，谁都想成为明亮的星星，但大家心里都清楚，即便是最弱的一颗也要积蓄足够的能量才能发光。但我却意外地发现，吸引我的往往并不是最亮的一颗，而是最会闪烁的那颗，因为我觉得它不是愣生生地挂在天上，而总是一眨一眨地像是与我有交流，我也相信，只有它才最懂我。

多年后，作为成功的推销人我才明白，我们不一定能够成为最亮的一颗星，但我们至少可以通过努力成为最会闪烁的那一颗星。

第一节　推销的来龙去脉

说到推销，我们并不陌生，在现实生活中，它无时不在、无处不在，而且是想躲也躲不掉的事。其实，推销的定义应该是，好的产品要卖出去，好的服务要卖出去，好的观念也要卖出去；不但要卖出去，还要卖个好价钱，还要持续不断地以好价钱卖给越来越多真正有需要的人。只有这样，我们才有条件、才有可能生产更多更好的东西，人的生存也好，事物的发展也好，才有可能产生良性的循环。

但是，人们往往又最容易忽视这么个定义，认为推销就只是关心产品"卖多少"，而不愿花多点精力想想："卖什么？怎么卖？"所以，我觉得现在还是先从推销的起源说起。

一、推销的形成：交换

什么时候开始有推销的，我没有考证过，但我想人类只要有了物品的交换，推销就伴随着其应运而生。追溯起来，人类只要有供需存在就牵涉推销了。

原始人其实思想很单纯,打的同种猎物一时吃不完,想换换口味,就拿去交换。或许开始是部落间的交换,后来也延续到族群间的交换;再进一步说,有人制作工具,有人不会做,或者没时间做,或者不屑于做,也干脆参与交换。各取所需,各有所得,何乐而不为?

直到现在,我们乡下还保留着类似这样的习惯,每家地里种什么都根据自己的喜好和擅长来决定,完全没有必要每家什么菜都种。乡下人简单,你家种南瓜,我家种青菜,他家种辣椒,若是想换换口味,就与主人打个招呼后去相应的地里自己摘就行了。下次别人家也如法炮制,摘多摘少,谁心里都有个算盘,如果彼此谁觉得吃亏了,这种游戏也就不会继续,默契也自然会被打破。

二、推销的演化:交易

乡间最多的物品交易其实还是发生在赶集。每逢到了赶集的日子,有些人把自家多余的物品带到统一的地点进行交易,也就是现在所说的墟市。想买东西的,想卖东西的,都到市场集中,商品都摆在一块,买卖双方也面对面地谈,就有了挑选,就有了比较。

同一种东西多了,放到市场上来交易,问题也就出现了:商品供过于求。于是,要卖东西的人就要会吆喝,还要懂怎么吆喝,学会"王婆卖瓜,自卖自夸"。可能是同一类别、同一品质的东西,谁更会吆喝,谁就更占便宜。

后来聪明人发明了"交子",也就是现在的钱。那时的"交子"有什么用呢?这其实就是一种存款凭证,也就是不直接进行物与物的交换,你有什么东西要换,先变成"交子";你又有什么东西要换,也先变成"交子"。这有什么好处呢?最大的好处就是:既可储藏,也可流通。对于食物来说,可以不先急着扛回家,免得吃不完坏掉;对于工具来说也是如此,可以想好了再换。

三、推销的扩展:多元

后来,不但商品有了市场,人们的交易也有了市场,连作为流通的钱也专门有了市场。随着推销的扩展,人们甚至出门也可以不用带太多的钱币,只需随身携带一张银票,既省事,又安全。

再后来,就发明了股票、期货这类替代品,买什么东西,卖什么东西,仅凭一张纸就可以在家操作或者全世界转悠。

东西再好,还要有人把东西卖出去才行呀!所以,只要是实施市场经济的国家,推销工作恐怕是最赚钱的职业了,也是最"牛"的职业。在欧美等发达国家或经济发展迅速的国家，推销员也是极为受人尊敬的。社会发展多元化，商品生产多元化，所以，推销的内涵与外延在扩展，其方法也是多元化的。无须解说，看看我们四周哪里没有推销，哪里还少得了推销。

当然，想想我们也经历过没有推销的年代，有点年纪的人也都知道，那就是中国走发展计划经济道路的时代。那时什么都由国家定产、定销，一切都按定量来供应，买什么东西都要票，什么粮票、布票、油票、豆票……城里人比乡下人最大的优势就是有这票那票。可不要小看了这些票，那年头，没布票，你就是有钱就连条短裤头的布料也别想买到。

四、推销的现状：共存

市场经济就是一切都由市场自行调节。你卖什么、买什么，都由市场决定。市场经济好是好，但却不是很好能把握其规律的，比如，像市场什么东西好卖，不少产家就一窝蜂地生产什么。那结果会是什么？就是有多余的产品，全世界有很多的人都像疯了似的在推销东西。东西有没有用，东西好不好，有时全凭一张嘴就可卖出去，因而，好的推销员成了各地疯抢的"香饽饽"，推销人群也成了最大的一个群体。你只要一出门，就会有一拨一拨的人涌上来，卖楼的、卖车的、卖保险的、做家教的、办信用卡的，花样百出，一个个热情得你都不好意思拒绝，但又使你感到很烦恼。

为什么会这样？那就是产品得推销出去，却不知道怎么做好推销。因为产品的老板不管三七二十一，只要东西能卖出去就要推销人员去各地卖，没有经过系统训练的他们也不知道怎么卖才好，就只知道没头没脑地往大街上赶，卖得好就开心，卖不好就不给个好脸。

这样的结局会是怎样，大家可想而知。

科技发达时代更方便了，出现了网络，人们开始将自己的东西放在网上卖，想卖什么，只需要轻轻一点鼠标，就都可以在网上搞定，这种销售模式被称为"虚拟销售"，但最后还是要通过传统的物流将商品交到消费者手中，甚至还有些消费者要通过某一渠道看到实物展示，要实地感受、亲身体验、实际试用后再做决定。不管是需这儿需那儿，最后还是要通过实体销售来解决问题，这就出现了实体销售和虚拟销售共存的局面。

我国也有一段时间有一种营销方式出现，它的运行方法是产品无店经营，常以发展人员数量为主要经济来源，因其严重扰乱社会经济秩序和管理秩序，定为非法而不得存在。那就是恶名昭著的传销方式。

五、推销的趋势：共营

其实，所有的推销方式在现在看来都有其自身发展中的局限性。实体销售，中间环节的成本高；虚拟销售，不易识别，容易受骗上当；传销，给社会的发展造成诸多不稳定因素，是国家严令禁止的。

随着国家经济的发展，越来越多的人希望从事轻松、自由，同时又能保障相对稳定的高收入工作，由此，现在就诞生了一种新型的推销模式：共营。即通过俱乐部与专卖店有机地结合，将生产、经营、消费、服务以四位一体化的形式在市场中运行，强调运用市场倍增理念，使原本需要单个增长的顾客，通过复制形成裂变，从而使客源呈几何状增长，这就好比积攒财富用加法还是用乘法的问题。现今商业上以此形式做得成功的如麦当劳、肯德基，甚至连保险公司都免不了受这种方法的影响。

这种方法的出现，的的确确满足了当代人希望交流、健康、富裕、自由、公平、轻松的职业和心理需求，无疑会在未来相当长的一段时间内，成为商业发展的一个大趋势。

如今推销业行情看涨了，又一个现象出现了：全世界都有教人推销技术的人。这些人，皆言称"大师"，谁都说自己掌握了推销的秘诀，动辄就搬出100招、200招推销之术来，还各立门派，各展本门之功效，如"滚动销售""动力销售""发疯销售""下跪销售"之法，真是五花八门，既让人眼花缭乱，也让人无所适从，把原本很容易解决的问题搞得很复杂，甚至说得很玄妙。其中有一些表面上看起来似乎有几分道理，但做起来却很难，没有可操作性，即使有，可能也需要具备相当高的文化程度才能学会，需要相当长的时间才能够掌握。雾里看花，花很美；出手摘花，花不在。如同中看不中用，学了也白搭。

推销方式多样，依我实践的经验看：独营不如共营好。

六、推销的本质：工作

推销其实就是一份工作，更是一种较好的谋生手段。推销工作实质就是把我们有的而别人又有需要的东西换成货币，再用货币去购买我们自己需要或者别人继续需要的东西。

换句话说，我们每个人在这个世界上生活、学习、工作，每天都需要购买别人提供的东西，每天也在提供别人需要购买的东西。明白了这点，我们就不难理解推销是什么了，那就是我们每天都在做而且必须做的事。

既然大家都把推销视为谋生的工作，那么，推销工作无疑就成了世界上最多人群参与的工作，也毫无疑问地算得上是世界上最具竞争、最具挑战也最为有趣的工作。

当然，推销也有它自身的规律，有轨道，更有门道。不懂有效的推销方法，就只能是到处碰壁；懂了再做，就可能平步青云。说简单了，也就只需要掌握一个关键字：道。所谓"道"者，事物的发展规律也。你只有掌握了这个"道"，推销起来就会很容易，甚至不光是推销，你做什么事情都会很容易。当你成为很受欢迎的人，你成为事事顺利的人，你成为处处得意的人，就说明你已得"道"，那你就没有什么事情不可以做得到了。

第二节　推销最能体现个人价值

人的价值多少，取决于自己能实现自己愿望的程度，从而可以观察到自己在别人眼里甚至心里的分量是多少。用推销的角度来说，你在别人眼里值不值钱，值多少钱，取决于你能给别人带来多大的帮助，你能帮别人解决多大的问题，别人对你有多大的需求度。

可以肯定，推销既可以为别人的需求提供满足，也可以为自己的需求提供满足。

一、推销就是白手起家

现代社会的快节奏使得每个人的生存压力都很大，刚跨入社会的新人是如此，国企下岗人员也是如此，特别是很多女性，想找份好工作吧，没有背景；好不容易找到一份工作，因为没有太多经验，别人开的工资也低得可怜，还要忍受朝九晚五打卡的痛苦；对于上班距离远的人来说，还经常要"披星戴月"地工作；耗在家里料理家务的结局就更惨，付出了也讨不到好，由于自己没有财务自主权，连家人、朋友都瞧不起，以至于"老公有也要伸伸手"，干点什么还都要看人脸色才行。

现实就是这样无情：一个天天想发财的人是很难发得了财的。有个发财模式这样说：一个人想发财必须具备三个条件：一个是原始积累，你需要有一点资金；另一个是技术，也就是说还要有师傅愿意教你；再有一个就是胆量，你要有承受失败的勇气。

但现实其实也有情：做推销你也可以白手起家做老板。这个发财模式告诉我们：一不需要资金，二不需要技术，三没有任何风险，只需做一点点付出就行，而且不但可以自己支配财务，还可以自己支配时间。不信，你再看看身边，是不是有不少人都通过推销工作过上了轻松自在的逍遥生活。

我随手举个例子。

武汉有一个50多岁的张太太，小时因为家里穷，读了一年小学就辍学了，到后来进工厂当了名工人，长期负责打扫厂区道路，也不会什么技术，企业改制后被迫买断工龄，可偏偏家里又有年迈的父母，还有多病的丈夫和女儿，实在是穷得叮当响，并且全家五口人蜗居在一个不到10平方米的平房里30多年。她想拿着买断工龄的一点钱自己做点什么，又苦于没任何一技之长，为此很是苦恼。自从机缘巧合走干了推销工作后，她在不到两年的时间里就赚到400多万元，买了新房子，也买了新车子。

现在大家都喜欢开口闭口地谈论幸福。什么是幸福？我认为：一个人生来就有还算不上幸福；原本一无所有，通过努力变得什么都有了才是真正的幸福。

二、推销是成功的捷径

现代人的眼光都很现实，也都很世俗，去衡量一个人是否成功，他们往往看其拥有多少财富，更露骨点说，就是拥有多少金钱。虽然金钱的多少未必就能代表成功，但古往今来，哪一个当时就被人视为成功的人会缺了钱花？尤其对于当今什么都可以通过钞票来衡量的社会价值观来说就更是如此。换句话说，有钱未必就算成功，但没钱就注定不能算作成功。

但是，茫茫人海，人人都挤破头、拼了命地往成功人群里挤，如果没有背景，哪里还有我们的位置。我们又怎样在最短的时间内把握机会、获得成功，以回报自己的长辈家人，也回报我们自己呢？

推销可以帮助普通人实现自己的财富梦想已非天方夜谭，而是活生生的事实。

我在刚做推销的第一家公司，就亲眼所见那些推销员同事们，在短短一年半的时间里，纯收入 100 万元以上的都有 480 多位，而据我所知，其中有大专以上学历的甚至还不到 10 位，三分之二以上的人其实连高中都没读完。

三、推销可激发人的"五项全能"

做推销员不但不需要什么技术含量，而且还可以在推销工作中学到很多本事，而这些本事也同样可以运用到其他方面，概括地说这些本事就是识人、找人、约人、爱人、情人的本事，俗称"五项能人"。

1．识人的本事

与人相处，会不会看人很重要。做推销工作时间久了，自然而然地就会养成一种超乎常人看人的本事，也就是对事物有种特殊的敏感，善于从常人觉得习以为常的风景、事物和人物中，找到新奇和感动。并且，还善于捕捉顾客不经意的一个眼神、一个细微的动作，来判断顾客的心理变化，从而及时发现并抓住顾客某一脆弱的点，进而扩散开去。如果运用到日常生活中，这常常就能成为致命的武器。

2．找人的本事

推销员的嗅觉也是常人无法比拟的。推销员的工作性质就决定了其工作环境随客户的移动而移动，无时无刻、无孔不入，不管何时何地，只要有顾客，有购买力，就一定能第一时间发现并找到，同时，可迅速地进入工作状态。

3．约人的本事

其实在生活中，约人是个很讲究的事，太被动了，人家说你摆架子；太主动了，人家说你犯贱。而推销就有一套行之有效的方法解决这个问题，既可以处理得恰到好处，又能够巧妙地掌握分寸。普通人也无须刻意练习，只要跟着多做几次就自然而然地掌握了。

4．爱人的本事

通常，一个人面对一个陌生人所表现出的态度是由以往的经验决定的，也容易从脸上反映出自己的主观臆断，但做推销的就会将这一切掩藏得"天衣无缝"，因为他们的基本功就是要有爱心，落实到做人，就是一言一行、时时处处体现的都是爱抚、宽容、欣赏的道理，也愿意以一颗善良、爱慕的心，对待一切事物，爱公司、爱团队、爱产品、爱顾客、爱家人，只有对一切充满爱意，才可能将事情办好。

5．情人的本事

为什么"情人"在夫妻生活中总是占尽了便宜，那是因为他或她彼此找到了对方的需求点,并将这一点适时地转化为一种激情。

推销员就是大众的情人。一个好的推销员时时刻刻都是激情的代名词,无论发生了什么,无论自己正在遭受何种痛苦,无论自己正在承受何种煎熬,一旦站到了顾客面前,就立刻脸上春意盎然、神采飞扬、激情洋溢。

说穿了,做推销其实就是做人,一言一行、时时处处体现的都是为人处事的道理,是真正意义上的"人学"。学"人学",虽然并不需要什么特别的技术,但只要懂了,无论从事什么职业,凡是有好的品质,处处可以帮到你。习惯了,即使处理起日常事务来也会游刃有余。

四、只要愿意,人人都可以做推销

推销工作人人都适合,可以专职,也可以兼职赚外快,尤其适合工薪阶层和家庭主妇,只有自己身体允不允许的问题,没有适合不适合自己的问题,只要你愿意,人人都可以做。不论你的文化程度、出生背景、高矮丑陋、有没有社会阅历,做推销工作是没有什么门槛的。老的可以做推销,年轻的也可以做推销;有文化的可以做推销,没有文化的也可以做推销;女人可以做推销,男人也可以做推销……不管你是什么人,只要你想实现自己的财富梦想,只要你想在短时间内提升自己的能力,就不妨试试。

推销并不是技术含量很高的工作,以我的理解,推销最大的困难在于一个人的心理承受能力和责任这方面的问题。

人的改变,很多情况下都是被逼出来的。

我大学毕业后,一直在家乡教书,每个月的日子都过得紧巴巴的,1993年开始停薪留职,做过很多种生意都没能成功。2000年又老老实实回学校教了两年书,当时家中母亲仙逝,孩子又患重病,连上医院的钱都要东借西借的,我作为一个男人养家糊口都这么窝囊,心里越想越觉得不是滋味。于是在2002年的时候,一咬牙,就干脆辞去了工作,带着300块钱只身闯荡北京。

经朋友介绍在一家公司做市场工作,于是就与推销工作结下了缘,记得当时老板要给我开3000元的工资做市场经理,算了一下,养活自己都有点够呛,更别说赚钱寄回家里了,于是我干脆就提出不要工资,先为公司帮一个月的忙,条件是公司管吃住就可以了。谁知一个月下来,老板不仅付了我7000元工资,还帮我买了回家的机票,重要的是还和老板签了一个改变我命运的合同:2003年除了包住、每月拿5000元工资之外,还可以再拿公司营业额的5%的提成。结果,不到两个月就赚了20多万元,有时,一天就能卖4000盒产品。

不过，好景不长，一场"非典"袭来，公司歇业，我也只得无奈地回转家乡。

就在家里一筹莫展的时候，机会又一次向我招手了，原先的一个同事到广州开公司创业，请我出山做个顾问，一做就是两年。这两年的市场磨炼，使我真正地明白了推销的含义，也让我彻底地挖到了一桶金，完成了原始积累。

接着，我又和朋友开工厂，办公司，还是一直主持着推销工作，即使现在自己已经变成了企业的老板，但我还是觉得自己的能力就只会推销两个字。我坚信，只要我还守着这两个字，就还会向更高的天地迈进。

我说这些话是想告诉大家：成功不一定都有同样的模式，但推销容易让你成功，也是最容易复制成功的一个模式。一个人只要具备了推销的能力，无论到哪里，即使一夜之间变得一无所有，只要市场还在，他就能从头再来。

谁都不喜欢失败，但如果成功路上注定要经历一次失败考验，那失败后我从头再来去获得的成功，幸福就远不是简单了，而是像刚刚淋了温水浴一样，难以言喻地抑制不住从头到脚的畅快。

第三节　推销是什么

我们每个人在这个世界上生活、学习、工作，每天都需要购买别人提供的东西，每天也在提供东西让别人购买。明白了这点，我们就不难理解推销是什么了，那就是我们每天都在做而且必须做的事。

要"卖东西"不难，但要把东西卖好却绝不容易。换句话说，要做一个推销员容易，要做一个好的推销员却不容易。其实，不光是推销工作，做什么工作都是这样，要做都不难，要真正做好都绝对不容易。

一、推销就是"卖"自己

所谓推销，就是把问题推开，把东西销出去。

从广义的角度来说，我们做的任何事情都是推销，只要你所做的事情不是供自我欣赏，而是需要别人接受的，都可以叫作推销，也都可以算是一种推销行为。

1. 推销是人的本能

从小到大，我们每个人都在进行自我推销，不管你是什么人，从事何种工作，无论你的愿望是什么，若要达到目的，你都必须具备向别人进行自我推销的能力。可以说，生活中的我们无时无刻不在扮演着推销员的角色，只不过，我们推销的往往不仅是有形的产品，还有自己的思想、观点、成就、服务、主张、情感，等等。

只有通过自我推销，你才能获得利益，才能达到你的预期目的；通过这样不断地延续，你才能取得成功，才能实现你最大的梦想。按理说，我们每个人其实都是天生的推销员。

（1）推销由目标决定。

我们说，没有目标的人生就像肥皂泡一样难以把握。

同样，推销也需要目标，这个目标就是你前进的方向，也是促使你前进的动力；这个目标既是你渴望成功的梦想，也是你从事推销行业的梦想。

如果你的目标是尽快有个属于自己的房子，不让自己每月辛辛苦苦挣来的钱流进房东的腰包，那么就做推销；如果你的目标是尽快拥有一辆自己的车子，好好带着为你操劳了一辈子的父母到郊外散散心，享受清闲的日子，那么就做推销。反之，没有目标，愿意得过且过地眼巴巴守着每月的一点点可怜的死工资，那是不会也不可能做好推销的。

（2）推销需要意志力。

意志力是一种发自内心、自我驱动的力量，虽然没有人能够预测意志的力量到底有多大，但通过考察一个人的意志力，就可以判断他是否拥有良好发展的潜力，是否具备足够坚强的恒心和毅力，是否能够克服一切困难，是否能够坚忍地面对已经到来或者可能到来的挫折和失败。

这也是每一个想成为优秀推销员的人都应该具有的最重要的精神品质，对任何一个想通过推销来成功的人，都有着举足轻重的作用。

（3）推销梦想也是推销机会。

从表面上看，推销就是将产品卖给别人这么简单，实质上这一推一销的过程，也是把机会给了别人，使别人没有错过一次享受好产品的机会，没有失去一次填补生命遗憾的机会，没有放弃一次过有品质生活的机会。

而推销员自己呢，也在享受推销的过程中，既分享了好产品带给顾客的欢乐和喜悦，也给自己带来了为顾客创造价值的快乐，同时还向自己的梦想又迈进了一步。

2．推销无处不在

实际上，生活中我们时时处处都离不开推销，我们时时处处也在做着与推销相关的活动，既推销自己，又推销别人；每天都在接受别人的推销，也在向别人做着推销工作。

（1）每个人都是一个品牌。

品牌说穿了，就是给人的整体印象、口碑。我们做人也一样有个品牌的重要性。大家一起闲聊，一提起你的人，认识你的马上就能反映出清晰的影像，你的高矮胖瘦、五官长相，你的谈吐，你的能耐，你的为人等，都有个大概的轮廓。

但最重要的还是你的人品，有没有什么不好的记录？有没有不良的习惯？尤其是在与当事人的交往中，干过什么好的事，又干过什么在他人看来印象不好的事。你跑去求职，人家去你原来的公司一了解，这个人不咋地，有能力人家也不要。反过来各方面都很优秀，人家恨不得用八抬大轿抬你进去，抢都抢不赢呢！

（2）推销最重要的是态度。

推销自己这个品牌最重要的是什么？我觉得是态度。其他所有的那些都是以往形成了，已经固定了的，想转变也不是一朝一夕的事，而唯独态度是即刻产生的。你态度好，别人自然对你态度好；别人态度不好，你还是态度好，别人的态度就会有所改变。

这里面有个真诚的问题，如果你是诚心诚意的、恳切的，那其实什么话都好说，什么事情也都好办。反之，什么事也别想搞成，就别说你还想推销的什么产品了，肯定只有一个结局："门都没有。"

（3）推销需要一点幽默感。

几乎所有的推销理论都强调推销人要收敛自己的性格，控制自己的情绪，我却不这么认为。

根据我的经验，无论是推销人品还是推销产品，顺其自然最好。你尽可以在顾客面前展露自己的喜、怒、哀、乐，该粗口时可以偶尔粗口一下，该失态时不妨失态一次，因为真性情才是真君子。

没有面具，不擅伪装，这是另一种形式的幽默，对方也能从中看到一个有血有肉的你。对于凡人而言，可以一览无遗地窥见一个人性情的一面，也不失为人生一大快事。

生活太累，人与人之间太难琢磨，性情中人反而容易交到知心朋友，也往往更容易打动顾客的心。

二、有推有销才叫推销

从狭义上来说，推销又特指市场环境下的一种"卖产品"的行为，包括市场环境的营造、推销形式的创新、推销策略的制定、推销技巧的把握、推销进度的掌控等，企业生产的产品再好，也要由人推销出去，所以，人是企业的核心构成，而推销则是企业的生命。

进入 21 世纪以来，绝大部分产品都处于"供过于求"的状态，相应的市场开始由过去的卖方市场转向买方市场，以至于过去的一些名牌商品或者价格实惠的商品，也往往无人问津。残酷的现实迫使企业不得不抛弃生产观念和产品观念，转而采用以推销为中心的市场观念，即传统推销观念。其指导思想主要集中在：怎么把产品卖出去？怎样让消费者因为使用而实现自己的需要？怎样因为做推销而实现自己的价值？

但推销工作相比其他职业而言，是个持续性很强的工作，要想让市场持续地关注你的产品，要想让消费者持续购买你的产品，你就必须尊重市场规律和人的审美需求。

1. 有形产品的推销重体验

有形产品通常指那些实实在在、看得见、摸得着的东西，比如保健品、化妆品、服装、家电等等。特点是能够看见实物，使用后很快就能够有所反应，效果也容易产生量化的指标。比如保健品是否改善了身体机能，用后身体有没有明显地感到舒服；护肤品是否让皮肤有了明显的改善，如果答案是肯定的，就容易在客户心理上形成较为踏实的感觉。

所以，相对于其他类别的产品来说，有形产品就更容易实行面对面的方式推销。

2. 无形产品的推销重效果

无形产品包括文化、软件、技术、教育等一些无形的东西，不一定都能看得见，而且常常呈现看不见、摸不着的状态。在通常的情况下，留在手里的往往就是一张纸（凭证、契约等）这么简单。

特点是：其作用是潜在的，需要一段时间才能显现。比如文化产品，欣赏或消费完了，可能不久也就忘了，但可能让你受到了一次教育，得到了一次熏陶，修养了你的气质，而这些林林总总所产生的效果，即使当时看不出，也可能日后在你的生活中有所体现。因此，要多采用集团化、集约化的方式推销。

3. 服务产品的推销看细节

服务产品包括餐饮娱乐、手机运营、调查咨询、律师服务、房屋中介等一系列让你觉得便利、觉得省心、觉得提高工作效率的事，是让你觉得舒服的事务，好与不好的衡量标准往往看对细节的处理上是否下了功夫。

虽然以上三类产品有着本质的区别，但在具体操作上往往又互为包含、彼此渗透。比如，推销一款保健品，客户拿到手上的保健产品是有形的，从推销员那里获得的健康知识却是无形的，推销员受客户委托把这款保健品送到指定的亲友手中，这又是一种服务。而且，这有形、无形、服务三种产品，也都可以各自提出来单独收费。

三、推销必须遵循的原则

推销是一项非常严谨的工作，不但要求具备相应的精神境界，还要求具备相应的性格和态度，还应该遵循相应的由自身规律所限定的原则。

1. 互惠互利

推销既然是一种商业行为，那就要赚钱，不赚钱或降价就违背了商业的原则，在推销过程中，打价格战是最下等的、最愚蠢的。推销一件产品，既要自己赚到了钱，也要让顾客觉得这钱花得值，这就叫双赢，也就是我们通常意义上的互惠互利。

这里面包括两层含义：一方面，作为一名职业推销员，我一定要从中赚到钱，只有从中赚到了钱，我这一趟才没有白跑，我为此花去的这么多时间和精力才没白费，我在这个顾客身上所做的努力才有了收获；另一方面，顾客觉得值不值，如果觉得值，他下次还会买我的东西，还会继续保持与我交往，反之，就很有可能因此与你翻脸。

交易，讲究的就是"双赢"原则，目的在于培养长期、稳定的顾客，从某种意义上来说，还是一种合作的关系。所以，交易双方无论是其中任何一方的利益受损，都不利于长远的发展。

2. 顾客需求第一

无论推销什么东西，我们首先要考虑的问题就是如何才能满足顾客的需求。这在西方来说就是"要以顾客喜欢的方式，做顾客喜欢做的事"。

往往推销员最容易犯的错误就是自以为是，把自己的需求强加给顾客，想当然地认为顾客没有需求，但顾客真实的情况，推销员却未必知道。

在通常情况下，连顾客自己也未必知道自己的需求是什么，这就需要推销员能够"以顾客喜欢的方式"去做，从而发现顾客的需求。因为需求除了发现之外，还有个引导和培育的问题。

推销员较容易犯的一个错误是：总想试图去说服对方，认为仅凭自己的"三寸不烂之舌"就能使顾客心甘情愿地掏钱。这就大错特错！事实上没有一个人是被你说服的，你越试图去说服，顾客反而越会反抗。

3. 营造一种愉快的气氛

顾客掏不掏钱主要取决于两个因素：一是满不满足他的需求，二是在推销过程中，是否让他得到了良好的感受。

每个人其实都有这样的体会，你去商场买东西，有时可能就是随便看看，可是营业员太热情了，你觉得过意不去，耽误人家时间久了，也不免有点不好意思，结果就买了。反之，若是碰到一个态度不好的，原本你想买的，结果一赌气也就不买了。

如果你所推销的产品需要你到人家家里去做推销的话，也同样要遵循这样的原则。千万不要以为"死缠烂打"就能把产品推销，要掌握好分寸。

四、推销需把握的内核

要做推销，也不是见人就说，无论到哪都挂在嘴边。那种不分场合、不分环境也不分对象的逢人就说的方式，除了偶尔"瞎猫碰死老鼠"似的能增加几个概率之外，其效果实在是很差，而且原本挺好、原本有可能人人都喜欢的东西，结果经这么一折腾，变成了"过街老鼠，人人喊打"！现在经常可以见到的公司门口贴的"谢绝推销"的牌子，也许多半与这种"粗放式的推销模式"有点牵连。

其实，要想真正做好推销工作，还是必须牢牢把握以下几个内核。

1. 推销时机的把握

推销首先要看你占用顾客的时间和机会是不是合适，如果一个推销员不把这些因素考虑进去的话，那就非但达不到目的，还很容易就把事情搞砸了。

（1）时间的把握。

你去人家里，正赶上吃饭，又没事先让人家预备，肯定不合适；人家一大清早的，赶着送孩子上学，自己赶着上班，或者夜里太晚了要睡了，也不合适；还有就是由于个人习惯造成的特定时间，比如每天下午人家与几个牌友切磋麻将，或者人家有午睡的习惯，一定要看《新闻联播》或关注天气预报的，都不便打扰。

而在详细了解了顾客作息规律的基础上,选择一个合适的时间段拜访,不但容易受顾客欢迎,成功的可能性也要大很多了。

(2)机会的把握。

原本与你约好的,但你去的时候,可能正赶上人家夫妻吵架、孩子不听话吵闹等,这时你除了随机应变地把推销工作临时变成劝解工作外,剩下的就应该选择闭嘴。

2. 推销环境是否合适

推销的环境看起来好像无处不在、无时不可,但细究起来,还是很有讲究的,归纳起来,主要有以下几点:

(1)环境的把握。

环境的把握大家都很容易注意,就是选择一个合适的位置和方位的问题。你选择与顾客谈话的地点如果是在喧闹的马路旁或是肮脏的垃圾桶边,既不健康也让顾客听不清或感觉不舒服,那肯定不行。

(2)方位的把握。

中国的阴阳学说强调方位、风水,掌握得好,会对推销有事半功倍之效。虽然并不一定要刻意追求,在这也不便详细叙述,但有些基本知识掌握了有助推销的成功。

比如,谈话的位置不能在风口上,身体会不舒服,说的话也容易随风飘散。又比如,上午时间,如果是在公园,与客户站或坐的方位就不能是东西方向,因为那时太阳若反光在顾客的脸上,人家会感觉不舒服;反射到自己脸上,又不利于与顾客进行眼神交流;而且阳气太盛的话,犯冲,百事不宜。如果是背阳,就属阴,阴气逼人,除了会造成生理和心理上的不适外,还容易因为阴气太重,陡生消极。若此时双方是面向南北方向,可能不仅会更加适合,而且从阴阳学的角度来说,也会更加适宜。

3. 推销方式合不合理

推销方式也要因人而异,应该视对方的身份而有所区别。如果顾客是你的长辈或领导,就要以关心的态度和口吻与之交流;如果顾客是晚辈或者下属,就更应该体现出关爱之情,以呵护的方式与之交流;如果顾客是你的同学、同事或朋友,就要时刻站在他(她)的角度去想、去说,这样可能就更容易使对方接受。

总之,一个推销员如果掌握好天时、地利、时间、环境、合理的问题,并且运用得当,就没有推销不出去的产品。

第四节 "推"和"销"的辩证关系

与所有的事物一样,推和销都是相对而言的。按照辩证法的原理,"推"中有"销","销"中有"推",是统一的,是一体两面。并且,没有"推"也就没有"销",没有"销"也就不可能有"推"。

所谓推,就是把问题推开。这个问题既包括自己的问题,也包括社会环境因素造成的问题。我认为,只有把问题推开,并且把问题解决了,这样才能谈得上销。

销什么?销人品、形象、梦想、观念。

卖是卖好处,产品的好处,使用的好处,把所有的好处都卖给顾客了,顾客才能接受。

你把问题推开了,销售也就自然成功了,推不开就销不开。

一、"推"和"销"的对立统一

"推"和"销"其实是同一物体中的一体两面,"有推就有销,有销就有推;没有销就没有推,没有推也就没有销。两者既相对而立又合而为一"。

我们销的梦想里面,其实也夹杂着一些问题;我们推问题的同时,可能一不留神把梦想也顺带销出去了。

二、"推"和"销"会此消彼长

在通常情况下,"推"和"销"会此消彼长,如果"推"旺一点话,"销"就相对弱一点;如果"销"旺的话,"推"就要相对弱一点。

"推"强一点的话,"销"就会弱一点;反之,"推"弱一点的话,"销"也就会自然变得强一点。

比如,我们在推销中,把问题推得彻底了,销就成了水到渠成的事了。

甚至有时候，如果我们说出的梦想就是顾客多年来梦寐以求的事情的时候，几乎不用多话就能迅速地达成交易。这叫"一拍即合"。

三、"推"和"销"的相互转化

推和销在一定条件下，也会发生量变与质变。

推的问题达到一定量的时候，销的梦想也会发生质的转变。具体联系到推销的实际操作中就是：你推的问题越是多，梦想销得就越是省事；你销的梦想越是大，推的问题反而就会变得越小。

第五节　推销结果

推、销、卖，说穿了也就是推销进程中的三个基本动作。既是推销过程中的基本程序，也是作为推销员最基本的素质。这是成功推销的三个基本要领。

一、推问题

人都有保护自己、拒绝别人的本能，表现形式在推销活动中就会是要不要、舒不舒服的问题。

作为一名职业推销员，你就应该从形象上无条件地给人一种踏实、稳重的印象，使顾客一见到你的人就消除了对你的戒心。

1. 有形的外表

一个成功的人总是格外注意自己的外表，在家时尽可随意，但只要一出门就会刻意修饰自己的面貌，注意自己的着装。对生活讲究的人即使就是去附近菜场买个菜，也会把自己收拾得非常得体。

得体的外表不但让别人看着养眼、舒服，而且也会使自己平添几分自信。这既是一种有效的自我心理暗示，又是可以传递和感染给别人的一种看得见、摸得着，有形的、有色的、有味的积极信号，很容易就会被人接纳。

2. 无形的心态

我们的心理素质和承受能力方面也是个问题，我们总会碍于自己的颜面而打不开自己的"心结"，怕被人耻笑，怕被人看不起。其实大可不必，说不定你的顾客此刻正有什么未了的心事要对你说呢？说不定恰恰就是你的这个产品可以帮他大忙。同时，顾客的"心门"也有待你去打开。

很多情况下，我们之所以推销不出去，就是因为顾客的心门没有打开，这个"心门"是什么，就是所要推的问题，包括顾客的问题和我们自己的问题，主要还是我们自己的问题，顾客的问题其实也是由我们自己的问题所决定的。

3. 顾客的问题就是自己的问题

推销的问题，归根结底还是自己的问题。最重要的是：顾客是上帝，顾客永远是对的，如果有错，那也是你的错造成的。当你没有错误了，顾客也就没有错误了。

一个好的推销员总是检讨自己的错误，而一个差的推销员却总是盯着顾客的不好。

我们既然要想成为一个推销员，就要在任何情况下都不在意顾客的理解能力和对你的态度，我们只需要做到真诚地关心他，这就可以了。

顾客可以讨厌我们的产品，也可以讨厌我们的长相，但不能拒绝我们的真诚。

我做推销近十年了，要说最受益的也就是：只要发生问题，我就去检查自己有什么问题，所以一直给别人留下了好的印象，也正因此，不管推销什么都很容易，常常是顾客想都不想就把钱给我了，说先不管什么，你收了钱再说吧！为什么，那是因为他接受了你。反过来，如果顾客觉得你像3岁幼儿一样不懂事，做事不靠谱，还会用这么好的方式对你吗？要掏钱的话更是想都别想。

二、销观念

表面上看起来，顾客关心的只不过是一件产品，我们试图销出去的也是一件产品，但他对这件产品为什么如此关注的原因我们却未必知道。有时连顾客自己也未必完全明白，或者即使完全明白了，也未必能够说出来。这时就需要我们帮助他们找到并实现，包括想法、意愿、心愿，我们将这些统称为梦想。

1. 梦想就是人生需要填补的遗憾

所谓梦想，就是因为我们的人生有遗憾需要填补，而这尚未填补的遗憾，就是梦想。

人生在世，谁没有自己的遗憾？谁也都免不了有自己未了的心愿，而且还会根据不同的心境而有所改变。

很多人都说钱重要、房子重要，其实这些东西都是有形的东西，你没有的时候当然觉得重要，一旦你真正拥有了，会发现其实很空虚的，真没有什么太多的意思。人真正重要的其实是希望，另外，是在他的生命中，生命不息，奋发不止，体验奋斗过程中的快乐。

真正吸引你的其实还是为梦想而努力拼搏的过程。

2. 可告人梦想与不可告人梦想

有些顾客嘴上说的可能是一个梦想，心里想的可能又是另一个梦想。

说有些梦想可以说，有些可以不说，是指为人有城府，比如有个刚执教的老师想买本"学校管理"方面的书，他的梦想可能也就是同学们都爱听他的课，尽快成为一个高级教师，这个梦想可以说，因为别人会觉得他还很有上进心。

其实他还有个梦想，就是当校长，让其他的老师都接受他的领导，都听他的话，这个可以不说，虽然这个梦想也属于上进心的表现，但是，说出来现任校长一定会不高兴，其他老师也会觉得他有野心。

梦想分为可说与可不说，可告人和不可告人。这就要看对方是谁，看对谁说，古训"逢人且说三分话，不可全抛一颗心"，说的也就是这么个道理。

既然已经有了梦想，而且也清楚地知道了自己的梦想是什么，那就终究会说，重要的是听者是谁。

还是上面那个刚执教的老师的例子，他想当校长的梦想虽然在学校不说，但未必不在家里说，未必不对父母家人说，也许他会对自己的女朋友说，因为他认为这样做的话，女朋友可能会更爱他。

又比方说，我发现一个人想买台车，那在形式上，他的梦想就是要买台车，这是他可告人的梦想，但是，他骨子里有可能就不止买台车这么简单，因为他爱上了一个女孩，他对这个女孩爱得死去活来，而这个女孩也很爱他，但却因为他没钱没车，这个女孩就跟一个送她一辆车的老板跑了，他仅仅因为买不起车就失去了心爱的女人。自此，他心灵中就形成了一个创伤，所以他做推销员的目标就是为了买台比那个老板更好的车，以此来填补心中曾经留下的遗憾。

于是乎，我就对他说，你做推销员就可以很快买台车，买台好车，于是还不用说出第二句，他就因为这句话而心动去做了推销员。

3. 推销就是帮助找到并实现客户的梦想

我的体会是：如果你想知道顾客的梦想是什么，你先不管顾客的梦想是什么,你而是真诚地说出自己的梦想,顾客也就会因此受到感染,从而说出自己的梦想,顾客的实际需求也就出来了。

我们要做推销,第一个问题就是要学会找出顾客的梦想,不但要找出顾客的梦想,还要帮助顾客实现自己的梦想。还有个问题,也就是本能的问题,这也就是需要教育和引导的问题,因为我们都有个保护自己的本能,他不会把自己的梦想告诉你,实际情况是,你想知道他的梦想,你不能像这样问:你能告诉我你的梦想是什么吗?对方肯定会说:我没有什么梦想。那是因为对方对我有防范,所以要拒绝我。反之我不管你有没有梦想,包括天下人有什么梦想,反正我说出我自己的梦想。

比如,有一次我想了解一个有点年纪又尚未结婚的大学老师的梦想,几次问他,他都笑而不答。于是我就说:"我一个大男人活得有什么意思啊,人家女朋友又年轻又漂亮,我就死活要把她抢到手,于是就开始了推销生活……"

于是,这位老师就开始说起了自己,说第一个女人因为他没房离开了他,第二个女人因为他没有车也跑了,所以他也就不管什么名誉地位了,他就要赚钱,找个年轻漂亮有文化的女人做老婆……

什么梦想都可说,关键看对谁说。世界上什么话都可说,什么话又都不可以说,关键是看对谁说,所以孔子说:无可无不可。

这里还有则趣闻:民国一个大学者听说梁启超说了"君子什么话都可以说,什么事都可以做"这句话后,气得连饭都不吃,但是十年后,他发现孔子也说过这话,就不敢作声了。说到做事,世界上没有一件事你不可以做,世界上也没有一件事你不可以不做,关键是在哪个时间做、对谁做。说话也可以会是这样理解,世界上没有什么话你不可以说,世界上也没有一句话你不可以不说,关键是看你对谁在说,在什么情况下说。

当一个推销员知道了某位顾客的妈妈得癌症死了,从此她心中就有了阴影,她最大的伤痛就是妈妈早逝,她的最大的梦想就是老公、孩子包括她自己从此不得癌症。那你找出了她的这个梦想,就刚好可以推销你的健康产品,帮助她完成梦想,协助她实现梦想,把这帮助解决梦想的问题变成一种买卖。

三、卖好处

推销的结果就是把好处卖给顾客,所以,要做好推销员,一个最简单有效也是最厚道的技术就是"卖好处",如果能将产品所能带给顾客的好处统统都说出来了,就比什么话都有效。

1．买的好处

一般推销员都喜欢对客人说买的好处。比如，你买了这个就会怎样怎样，她说第一层意思的时候，顾客接受了她的观念，但带来了一个问题，顾客就是不掏钱。而真心让顾客成交的其实就是不买的坏处。

再如，有一款调理女性生殖系统的产品，有妇科病的人可以调理，无妇科病的人可以保养生殖器官。顾客接受了你的观念，也觉得产品挺好，但还没有下决心买回去，因为毕竟还牵涉钱的问题，她可能觉得可买可不买。

这时候，如果能够及时说出不买的坏处来的话，也许就可以帮助她立马下决心。

2．不买的坏处

接着上面谈生殖器官的话题，"女性生殖系统就是女性独一无二的身体构造。如果坏了，女人就不是健康的女人。如果我们拒绝这些健康的东西，不小心得了妇科病而很难医治就得不偿失了"。

举几个活生生的例子。

比如梅艳芳，三十几岁就得了这种妇科病，去医院检查，医生说没事，三年后再检查：癌症，四十几岁就死了。

李媛媛 41 岁就因为宫颈癌而逝。

扮演林黛玉的陈晓旭，因为乳腺癌过早离开人间。

这些早逝的名女人，就是因为她们不太注意维护身体的健康，一旦查出健康有问题，再治疗就晚了。可惜啊！

这样看来，做好推销其实也并不是很难的事。一个推销员，如果能说好了所买产品的好处和不买产品的坏处，那就是真的打遍天下无敌手了。

有家深圳公司的一个推销员，以前在流水线上做事，也从来没有接触过推销，但她非常爱自己的男朋友，所以男朋友坚持让她做推销，她就勉强答应了，就到处听课，到处应聘，一直做不出来。

2007 年的时候，这个女孩经人介绍找到我，想学"推销策略"，我就给了她这么一句忠告：说用的好处和不用的坏处。起初她怎么也不相信这么简单就可以了，后来就勉强照做，所有的心思都用来钻研所推销的产品使用的好处和不用产品的坏处上，节省了大把的时间陪男朋友。

就这样，她开始走上了推销之路，也仅仅就是推销一款健康产品，结果做了一年就赚了 100 多万元。后来她被人挖到去另一家公司做推销，又一年的时间，赚了 300 多万元，现在已经自己开公司了。

第六节　推销的意义

推销工作看似平凡,却与我们每个人的生活休戚相关,也关系到我们生存的方方面面,同时,还可以此折射出社会文明的程度。

一、推销是时代发展的趋势

每个人都是社会的一员,你的生存,你的活动,你的成长,都离不开社会这个大环境的影响;反过来,我们每个人也都以自己的方式与能力推动了社会的发展与进步。

随着信息时代的到来,以前我们熟知的职业已经或者正在消失。有分析家预测:人类现有的绝大多数职业,再过20年,也将永远地在这个地球上消失。

回顾历史,每当人类经历一次重大变革的时候,旧的机会在消失的同时,也预示着新的机会的产生。只有那些先知先觉的人,才能够把握这些机会,从而走向成功。而那些仍抱着旧有观念不放的人,将会逐渐被这个社会所淘汰!

为此,有一本叫作《学习的革命》的书这样写道:在21世纪,你最大的雇主不是别人,将是你自己!在未来,个人创业将成为一种趋势。

推销工作的性质说大了就是社会发展与进步的传递者与推进者,因为所有人类文明的成果都要通过推销员的传递,才能第一时间地被最广泛的社会群体所分享,并通过这种分享让其更好地服务于人类,服务于社会;往小里说,推销工作在完成交易的同时,也为社会创造了很多物质与精神财富,促进了社会的和谐与稳定。

二、推销是团体生存的命脉

推销工作既是个人谋生的一种手段,也是为人类创造价值的一种工具,推销工作的受众往往是一个庞大的群体,既有庞大的推销群体,也有更为庞大的消费群体，这些群体不可避免地都从推销与消费那里得到了相对应的好处；反过来，又用这种各自得到的好处去创造更为有价值的东西。只是我们觉得这些都是司空见惯的东西而不易察觉，更不愿意伤神动脑地去思考罢了。

但是，直到有一天这些都失去了，我们才知道珍惜的意义。

国家是一个团体，企业是一个团体，机构是一个团体，单位是一个团体，组织是一个团体，推销团队也是一个团体，任何一个团体的首要任务就是要维持正常的运转，然后再发展、再壮大，这既需要一定的资金维持开支，又需要不断地在实践中锻炼队伍，吸收和发展新的成员。

一个成功的推销团队是有明确的分工的，既独立开展工作，又相互协调配合。

一个人的能力再强也是有限的，而由无数个各有所长的人组成的团队的能量往往是无限的，所以，一个健全的推销团队里面，哪个角色都缺一不可，而一个成功推销员的背后，往往跟着整整一个团队，并且所焕发的能量也是由一个推销团队来支撑的。

三、推销是家庭生活的需要

一个家庭要维持，就必须有相应的经济条件来支撑，作为家庭的一员，我们每个人都有责任并且有义务让家中每个成员都因为自己的存在而骄傲，都因为自己付出的努力而过得更加幸福。

而推销工作就最容易在短时间里帮助家庭成员实现梦想，从而过上有尊严并且理想的生活。有宽敞的住房就可以让家中每个成员都有自己独立的空间而少点争吵，有自己的汽车就不用老爸老妈挤在公交车厢里汗流浃背，多付点钱也不用买便宜的奶粉而时刻提心吊胆地担心"三聚氰胺"。我们自己的生活，也会因为在家庭幸福中起到了举足轻重的作用，而变得更有意义。

四、推销是个人价值的体现

如果缺钱，我们就会认为工作的意义就是为了赚钱；如果觉得自己缺本事，我们就会认为工作的意义就是为了积淀本领；如果缺乏幸福感，我们就会挖空心思地去寻找属于自己的幸福；如果缺乏家庭温馨的话，我们就会千方百计地在家庭和工作之间寻找一个平衡点。

推销工作的意义在于你喜欢这份工作，并且通过这份工作，不但实现了社会价值，更实现了你个人的价值。

因为你的出色，你改变了自己的命运；因为你的出色，你帮助他人实现了自己的梦想；因为你的出色，你的家人，还有你爱的人和爱你的人，都过上了有尊严的日子；因为你的出色，所有你认识的人都因为认识你而过上了幸福的生活。生命因为你的存在而变得更有价值，因为你的努力而变得更有意义。

二 道

选择

——选择，是成为一个优秀推销员的开始

第一节　推销从选择开始
第二节　选行业就是选趋势
第三节　选公司就是选老板
第四节　选产品就是选品质和潮流
第五节　选培训奖励
第六节　选择决定推销员的命运

我儿时最得意的事情就是捉泥鳅,一只簸箕、一根筷子就是我的全部武器。

选好一个田埂,瞅准一个洞,用簸箕将洞牢牢兜住,将筷子伸进洞里轻轻捅几下,泥鳅就会以为有食物降临,乖乖地一条接一条从洞里自动跑出来,全然不知洞外正有"包围网"等着它们呢!一般一个洞里藏着四五条,运气好的话出来十几条也不一定,而且通常是小泥鳅先出来,越大的往往越是最后出来。

说起捉泥鳅,小伙伴们没有哪个能够捉得过我,这是因为我虽然捉的次数不算多,但自己却摸索出了一套窍门,其中最大的窍门就是会选择泥鳅的蜗居地。

首先是选方位,上风口风大,泥鳅身子小经不住;下风口食物虽多,天敌也多,风险系数相对也大;而背风口既便于进出,活动范围又大,主要的食物浮游生物也多,是泥鳅最理想的居住场所。

其次是选位置,茅草最茂盛的地方是其他更强悍的动物,比如黄鳝之类的最爱,有危险;光秃秃的没有掩体也缺乏安全感,所以,茅草稀疏的地方更加合适。

最后是选洞口,一般洞口大往往是被人抓过的,洞小又只能是小泥鳅甚至会藏些蚯蚓、蚂蟥之类动物,只有在那些表面看起来不大,被新鲜泥土覆盖的洞口才会真正地有所收获。

做推销工作也是一样,选择正确就是向成功迈出了第一步。

第一节　推销从选择开始

民间常说:"男怕入错行,女怕嫁错郎。"这句话现在看来,多多少少还脱不了封建"男权主义"的干系,但也由此反映出一个问题,那就是:选择行业,对一个人来说是何等的重要。在封建社会里,男人的主要任务是主外,"挣钱养家";女人的主要工作就是主内,伺候丈夫,哺育儿女。

现在社会进步了,时代的发展不但要求人人平等,而且,在机会面前,无论男人还是女人,老年、中年还是青年,只要你有能力,只要你愿意付出,职业女性也好，家庭主妇也罢，想自食其力就面临着选择。

谁都知道，推销是可以让人暴富的职业，也是最能体现自己能力的职业，也是最能找到幸福和快乐的职业，而推销员自己呢，也在推销工作中，锻炼了自己的能力、磨砺了自己的意志，结识了更多的朋友，创造了更多的机缘，自己也获得了相对可观的收入。

但是，说是这么说，真的要做起来，我们又常常陷于困惑，同样做推销员，做哪一行好呢？选择怎样的企业更容易成功呢？跟着怎样的人干更容易取得好的业绩呢？

一、从"父亲教姐选老公"说起

家里七个孩子中我排行最小，上面有三个哥哥、三个姐姐，我开始记事的时候，他们中有几个就已经是大孩子了，开始背着大人偷偷地与相好的妹子或后生们约会，也由此生发了一些不愉快。

父亲是个老实巴交的农民，只读过几年私塾，大字识不了几个，却对中国传统文化有些癖好，尤其对《易经》之类的东西总能说出点自己的道道，十里八乡的有些什么事也都爱找他拿点主意。

对于自己孩子的教育问题，父亲总是抱着顺其自然的态度，从不加以干涉。但对于孩子的情感取向，印象中父亲却破天荒地有一次意味深长的举动。

父亲把姐姐们领到自家将要收割的水稻田前，让她们挨个沿着田埂走，规定只许前进不得折返，而且每人仅能摘下一株属于自己的稻穗。

大姐走了几步就看见一株又大又漂亮的稻穗，高兴地摘下了。但她继续前进时，发现前面有许多比她摘的那支大，只得遗憾地走完了全程。

二姐吸取了大姐的教训，每当她要摘时，总是提醒自己，后面还有更好的。当她快到终点时才发现，机会全错过了。

三姐从前两位姐姐的经验中学精了，当她走到三分之一时，即分出大、中、小三类，再走三分之一时验证是否正确，等到最后三分之一时，她选择了属于大类中的一株完美的稻穗。虽说这不一定是最大最美的那一株，但她却满意地走完了全程。

二、"玉米田的故事"给我们的启示

与摘稻穗的道理一样，如果面对的是一大片玉米田，而我们只能从中间的那条小路单向通过，却要选出最大的玉米。那结果会是什么样呢？

每看到一个玉米，我们都要斟酌，这个怎么样，会不会是最大的，前面会有更好的吗？因为我们无法预料前面是不是还有更好更适合的，但你还是要选择。最终到手的，多半不是最大最好的玉米，只是在最好时机出现时的中上玉米中挑选。

谨小慎微之人在前半条路就会确定目标，到后半条路只能看着更大的玉米叹息。

自负的人却会看遍一路风景，直至道路将穷，才手忙脚乱地胡乱选一个，之后又后悔没有掰下中途所遇见的那一穗。

只有懂得珍惜的人，在经过的途中细细观察、比较，才能采下自己最满意的玉米，哪怕前面还会有更好的，他也不遗憾。因为他认为："我找到的也许不是最好的，但却是我最满意的。"

人生似乎就是这样一个处境。既要善于行动，又要懂得珍惜，也只有这样，才能体会到生命的圆满与美丽，才能让心境始终保持平和与欢喜。

明白了这个道理，就可以帮助我们正视并且珍惜自己所做出的每一个选择。

选择公司不一定要求它多么有财力，钱财太多了，推销员反而就没有机会了。所以，有没有实力不重要，有没有潜力才是关键。

一个推销员，究竟要选些什么呢？

对此，业内人有个"五选择"之说：选行业、选公司、选产品、选奖金制度、选教育培训。

第二节　选行业就是选趋势

要做好推销，首先面临的就是选好行业，行业选对了，你的人生才可能有大的发展；行业选错了，你就是在浪费生命，不会达到目标，也不容易实现自己的梦想。

选择行业的秘诀用两个字就可以概括——趋势。你如果掌握了行业趋势，就会顺风顺水，就有可能在这个行业里有所成就；反之，选择了逆势，就是选择了逆风逆水，选择了竞争太激烈的行业，你就完全没有生存的空间了。

举几个例子：直销行业在20世纪90年代还可以赚到不少的钱，但是，如果你现在再去做的话就做不起来了，因为现在的直销，已经不是什么朝阳产业了；改革开放初期，你随便选个国有企业做推销，无论推销什么都可以发财，要是现在还这样选，那就真的完蛋了；30年前你要是开个美容院，一不小心就可以发大财，但是现在就不行了，市场严重饱和、竞争异常残酷，若是没有过硬的专业技术和丰富的客户资源，最多也就只能勉强过个温饱而已。

就选择趋势而言，一般有下面几个特点：

一、人人不了解就是机会

人人都反对的行业虽然不一定就是最好的，但相对来说机会更多，也更容易从中获得丰厚的利润。反之，人人都做的行业还真不是什么好的选择了，因为大家一窝蜂地上，"僧多粥少"就很难为后来者挤出点机会。

举个例子：如果在20世纪80年代，你那时随便买辆车在路上当出租车跑就能发财。可是现在的情形就不是那么乐观，据我们了解，出租车司机每天忙死忙活地干，一个月能赚四五千块钱就算不错的了。

不管是从现在的观念上，还是在具体的行动上，结果都是这样。

奥妙在哪里呢？奥妙就在于一个植物要想能够健康成长，那就必须浇冷水；如果一不小心浇了热水，那肯定就很快死掉了。

二、行业趋势大，你就能做大

选择行业就要看行业代表的趋势有多大，如果一个行业符合时代发展的趋势，符合大众需求的走向，哪怕暂时不被大众认同，不被业界看好，那也是朝阳产业，因为时代的发展会使大众很快发现其真正的价值。

位列全球首富的比尔·盖茨就得益于自己的正确选择。他最初进入哈佛大学，学的是法律，一个偶然的机会接触到了计算机，立即预感到这将是未来的趋势。于是，他就有了创办软件公司的想法，随之而来的就是要面临一项选择：是继续读书直到拿到许多人梦寐以求的哈佛大学的学位证书，还是辍学开办自己的软件公司？最终，比尔·盖茨选择了后者。于是，世界上少了一个律师，多了一个财富巨人。

我们做推销工作，只有选对了代表趋势的行业，才能牢牢把握职业的主动性，不但能将有限的顾客资源无限地做大，还能做深、做透，变成你终身的聚宝盆。否则，忙了许久，辛辛苦苦积攒的顾客资源可能就因为行业的短命而使自己也活生生地成为陪葬品。

第三节　选公司就是选老板

要想靠推销营生，光凭自己单打独斗很难成功，需要找到一个适合自己发展的平台——企业。作为一个推销员，必须要寻找一个发展前景好的企业作支撑。选对了，你就容易成功；选错了，你就不容易成功，甚至还可能把你的人生搞得一团糟。

但要找到一个好的并且适应自己的企业也并非一件容易的事，一个最简单有效的方式就是选老板，因为企业是由人组成的，有什么样的老板就会有什么样的企业。

一、优秀的老板＋优秀的推销员＝优秀的企业

通俗地说，企业就是由几个懂得怎么赚钱的人，带领一批还不太会赚钱的人，共同去赚钱的一支队伍。

企业的核心其实就是人，其他的诸如办公大楼等有形资产，看似重要，但要是与人相比就相形见绌了。打个比方：如果你是推销员，你要嫁人，是选择嫁给刘备呢，还是嫁给阿斗？正确的选择应该是选择嫁给刘备。区别在于，刘备什么都没有，只是有意志、有人才、有理想、有追求，心怀天下最终成就帝业；阿斗什么都有，有皇宫、有车子、有仆人、有金子，妻妾成群，却是个"亡国之昏君，丧邦之庸人"。

所以说，人是企业核心的元素。企业的成功是因为人为的因素，失败也是由人造成的。无论企业成功与失败，都与企业的人休戚相关，若是离开了人，那企业就什么也不是了。

一个好的企业必定有一个好的带头人，这个人不是别人，其实就是敢于投资这个企业，并且从骨子里希望这个企业蒸蒸日上的老板。

二、有型的老板出有型的企业

我们经常有这样的体会，一些有活力、呈上升趋势的中小型企业虽然规模不大，但却充满生机。

这是因为这类企业往往没有太多的社会背景，完全是靠自身的力量在市场上顽强拼杀闯关过来的，所以有着丰富的实战经验和愿意提供相对优厚的发展条件。它们往往更容易在专业能力、产品研发、分配制度上花大力气，下大决心，花大血本；同时市场的空白点多，便于开发及找到顾客，以及广泛发展合作伙伴。

最为重要的是，这一类的企业老板大多是业类人士，自己就是从市场打拼出来的，专业的同时还兼具专心。推销员也比较容易跟着学到东西，可以使自己在一个相对开放的空间里快速成长，并通过自己的努力赚大钱，发大财。

1．有什么样的老板，就有什么样的企业

我们通常说企业文化是由老板定型的，这指的是老板对公司员工的影响。如果是老板自己主事，那企业长得一定像这个老板，其专业技术、管理作风甚至性格都很相似。换句话说就是，什么样的老板就会带出什么样的企业。

2．有型的老板出有型的企业

一个推销员在一家企业服务的时间长了，一言一行都会留下这家企业的印记，甚至做事的风格、说话的语气都像是这家企业出来的。这并不奇怪，一是这家企业标准化执行的结果，什么事都有一套固定的流程，如出一辙也就是很自然的事了；二是推销员在企业里耳濡目染，自然而然就会形成一种惯性。

这其实也恰恰说明，市场可以千变万化，顾客也可以千变万化，但推销员的态度和服务却可以不因为变化而发生转变。

三、老板专业，公司才专业

对于一个以推销为主营业务的企业来说，老板是不是专业人士很关键，因为如果他自己是个外行而请的是别人来操盘的话，且不说这个操盘人的水平如何，即便是非常有能耐，非常优秀，那只要这个操盘的人一走，企业的日子就不会好过到哪去！而企业的推销员也就立马成了没有爹娘的孩子，遇到些专业方面的问题也没有人能够帮到你。

衡量老板的专业水平如何，主要有两个指标：一是老板做这一行的时间有多长，二是老板对这一行的思考有多少。

1. 老板入行的时间

从专业的角度来看，老板入行的时间一般是 5～10 年最为理想，因为时间太短了，尚未摸清专业的门道；时间太长了，又不注意及时吸收新知识的话，老板往往就容易头脑僵化、保守，跟不上新生事物。

（1）老板做推销的时间。

老板如果是做推销出身的，对于一个推销员来说就是万幸的事了，因为他之所以能成为老板，一定是通过推销赚了很多钱，在推销上很有自己的一套，而最为重要的是，为了提高企业的业绩，作为老板的他一定会倾其所有地把自己的本事教给他的员工，这样，他的企业才能得到更快的发展。

在这样的老板手下干，推销员也能真正地学到一些实实在在的本事。

（2）老板从业的时间。

老板从事行业的时间也很重要，一般有 5 年时间就基本上把这个行业的规律都摸透了。如果他一直在这个行业做，还会对这个行业的很多方面有所改进，那就可能还会引领行业的发展。

因此，老板在行业的地位也决定了产品在市场上受欢迎的程度。

2. 老板对专业的思考

好的老板不但要会做，还要会想，老板对自己的专业有没有独特的见解这一点也尤为重要，这也决定了产品不但符合市场规律，还可能一不小心就引领了市场潮流。

如果推销员能推销这样的产品，就无异于在市场上捡钱。

（1）老板对推销的思考。

人们的生活方式总是在不断变化的，这就要求推销的方式和手段也要随着变化，有思考的老板不但懂得怎样调整，而且还会及时予以创新。而这种创新不但可以使推销员立马从中受益，还能从中学会解决相关问题的思路。

（2）老板对本行业的思考。

老板对所推销产品的认识，直接决定了产品的前瞻性和市场的导向性，也决定了产品受市场的欢迎程度，更决定了推销工作的难易程度。

如果一款产品的受欢迎程度能够让顾客感到"洛阳纸贵"，那毫无疑问，推销员人人都会成为顾客想巴结的对象。

（3）老板对管理的思考。

管理一定要顺应时代的发展和劳动人口的特征,太理性的管理往往会培养出一些刻板的人,而过于感性的管理又会纵容一批散漫的人。所以,现代管理要求作为一个老板不仅仅是出了资金这么简单,而是要根据时代和劳动人群的特点与时俱进地加以改进。那样的话,员工不但能从中轻松收获好的业绩,还能收获好的心情。

3．老板是不是教练

一个好的老板不但要专业,还要会想、会做,更要懂战略,还要像教练一样懂得"因材施教"。

我们经常见到不少老板,论专业,他已经在行业里摸爬滚打很多年了;论做事,他也都能处处做得很到位。但就是不会总结,也不善于表达,肚子里有"料"倒不出,即便有天大的本事,也只能孤芳自赏。不会传授,不懂培训,跟着他的推销员不但学不到什么东西,干起活来也会觉得很累。

四、老板优秀，公司才优秀

老板的能力不仅决定了企业能做成怎样,还决定了企业究竟能做多久。因为优秀的老板不但能使推销员的工作变得更加容易,甚至还可以培养出一大批比老板自己还要优秀的推销员来。

1．老板的文化程度如何

做推销员的确可以不需要太多文化,但是做老板的必须要有点文化,因为推销员只需"听话照做"就行,而老板却要为每一个品牌、每一款产品、每一个渠道,制定详尽的市场策略,而相应的文化在其中可能就会起着至关重要的作用。

如果考虑不周或者不够完善的话,那么,做起产品推销来也就会不那么容易了。

2．老板的综合素质如何

老板的综合素质直接决定了企业生存和发展的机会,也决定了推销工作是不是好做的问题,因为任何事情要想做好的话,都是"工夫在诗外",有些事情表面看起来只是推销的技术问题,其实牵涉的却是方方面面。

3．老板的眼光如何

表面看起来,老板的眼光似乎只是他个人的事,其实决定了公司的宗旨、理念和价值观方面的问题。

一个有眼光的老板就一定是个有社会责任感的人，一个高屋建瓴的人。也就一定能够站在时代的高度，使公司的宗旨能够覆盖更广泛群体的利益，公司的经营理念也能够紧扣公司的实际情况，并和价值观一起，引领时代的发展。公司也就相应地能够获得社会和市场更多的认可与支持。

第四节　选产品就是选品质和潮流

　　表面看起来，我们卖什么样的产品都是一样，只要好卖就行，但讲究的推销员就懂得从中予以取舍，不但要选择品质好的产品，更要选择能够引领时代潮流的产品。如果能够这样的话，推销就不但可以成为一件快乐的事，甚至还可以成为一件时髦的事，推销员也就能够因为"沾了产品的光"而变得更加富有魅力。

一、产品有没有特色

　　做产品最重要的是特色——技术上的特色，功能上的特色，品质上的特色，甚至包装上的特色。有特色就能第一时间吸引顾客的视线，引发顾客的兴趣，容易使顾客产生消费的欲望，对于推销员来说，推销起来也就容易许多，反之就需要花费更多的心思。

1. 社会的特色就是低碳环保

　　随着地球资源的日益枯竭和环境污染的破坏严重，各地各级政府对环保的要求也越来越高，一些环境友好型的行业和企业越来越受到重视和鼓励发展。相反的话，则容易受到限制甚至取缔，况且，现在全社会对环保的呼声越来越高，公众也已经开始自觉自愿地抵制那些违背环保要求的产品消费。

　　所以，我们推销产品，首要选择的就是这种符合社会发展规律，有生命力的产品，这样才能做到不但顾客容易接受，而且还可以做得长久。

2. 个人的特色就是有益健康

　　现代人的生活水平越来越高，也就开始对自身的健康越来越重视，人们购买产品首先考虑的因素也就是无添加,是否对身体有益。如果添加太多,对身体无益甚至有害的话,那就是再好的产品也不会购买。

现在越来越多的人不但开始关注自己的健康,而且还想方设法地寻找对自身可以起到呵护、修复作用的产品。养生和保健产品之所以大行其道也就不难理解了。

但无论是哪种产品,如果能做到既对生命和健康有益,又能相应地提高生活品质的话,就会更容易受到消费者青睐,也就是顾客普遍为之梦寐以求的产品。

3. 功效特色就是效果看得见

"好产品自己会说话",好的产品所带来的变化是能够看得见、摸得着的,尤其是那些针对个人调理保健方面的产品,如果品质好的话,对人体产生的作用不仅见效快,而且每一点效果都能够清晰可见,你用后会感觉自己的身体每一天都会有一些变化,不觉惊呼它的神奇效果。

二、产品的适用人群大不大

所谓市场空间指的是适合产品的消费人群,包括年龄、性别、职业、文化程度、审美标准、价值取向、同类产品的覆盖等情况。因为只有了解这些,你才能够估计自己的产品可能被接受的程度。

1. 潜在需求的人数

你认识的人群中有多少符合你将要推销产品的使用条件?你能覆盖的市场范围内有多少人适合用你的产品?从这些数据中就能分析出你的产品有多少潜在需求的顾客,人数是多少,可以占到当地居民的多大比例,也就能对你所推销产品的未来作一个预期。

2. 已经使用的人数

从已经使用相应产品的顾客有多少,就能判断出你有多少推销的机会。如果没有人使用或者只有寥寥几个人使用就说明市场空白大;如果使用类似产品的人多,那就说明你的产品有很大的机会可以予以替代;如果已经被同种产品先期占有了,那即使产品再好,人们都已经买了,你也就很难再有推销机会了。

3. 适合重复消费的产品

能够重复消费的产品就能将市场做深,试想一下,如果一款产品是顾客经常要使用的,那就有了固定的消费群,也能保证推销员可以取得相对稳定的收入。反之,再好的产品,如果顾客一生只买一次,或者买一次就能使用很长的时间,那作为推销员就得天天忙着寻找新的顾客。

三、产品是否具有市场竞争力

产品是否有竞争力的问题，也就是关系到产品在市场上的生命力的问题，即：市场能做多大？市场能做多久？

1. 市场寿命长，事业就长久

判断一款产品是否有市场竞争力，主要还是看它是否符合市场发展规律，因为符合市场发展规律的东西，就会受到消费者持续的关注，就会有相对永恒的生命力；反之，即使侥幸获得了一时的市场热度，也无法逃避最终消亡的命运。

如果推销员一时糊涂，贪图一时小利，可能用不了多久，自己辛辛苦苦开拓的市场和顾客资源就会因为受到牵连而白白浪费，产品也无法再推了，推销行为就会被市场排斥，自己也得卷铺盖走人。

2. 市场空间大，客源就好找

市场还有多大空间，这也是做推销应该了解的方面，而且这一点还很重要，因为市场如果已经很成熟了，市场的覆盖范围已经很大、很密了，作为推销员的机会相应就少了。

打个比方，如果你家里左邻右里都在用一种产品，或者你周围都是做这一种产品的人，你连个客源都很难找，还怎么做推销，更不要想通过推销来发家致富了。反之，你身边很少人做，就有大把的客源供你选择，满世界逮谁都是顾客，那生意不好做才怪呢！

3. 产品的价值是否代表未来的发展方向

产品的竞争力还取决于一个因素，那就是产品价值是否代表未来发展的方向。比如现在中草药以其能够有效治本和副作用小等特点，已经越来越受到世界范围内的有识之士青睐，也是未来人体养生保健的潮流。如果推销保健品的话，那就要选择以中药为主要成分的，因为这不仅引领了潮流，而且还是未来的发展方向。

推销这样的产品，不仅市场价值可以提升，而且推销员自己也会因为产品引领了时代潮流，一不小心变成了顾客眼中的"潮人"，从而使自己的价值也得到相应的提升。

第五节 选培训奖励

判断一家企业的培训好不好,奖励制度是不是到位,一个最简单有效的方式就是看员工脸上的表情,如果个个脸上都阳光灿烂的,就说明他们对培训效果和收入水平都较为满意;如果一个个都耷拉着脑袋或者勉强挤出点笑容,可能就是赚不到钱也学不到什么东西的缘故。

一、选奖金制度就是选合理

奖励制度直接影响到推销员的积极性和企业的利益,弄得太低了没有人愿意干,即使勉强干了,也不肯卖力;弄得太高了,企业不但没法获得发展,甚至连正常的生产经营秩序也没法维持下去。

1. 奖金拨出比例

推销企业拿自己营业额的多少来用于市场分配,可从中看出企业主的心态。虽然办企业的目的都是追求利润,但如果分配机制没有处理好的话,就容易形成经营中的恶性循环。

(1) 太小,推销员没钱赚!

如果一个企业拨给全国经销商的奖金比例为30%的话,我想,无论这个企业的实力如何、产品如何、教育培训如何,对于经销商来说,都没有什么实际的意义。因为,无论经销商如何努力,都没有钱赚,都无法经营下去。这种制度的设计违背了市场经济的规律。

(2) 太大,甚至超过零售价,无非就两种情况:

①圈钱、诈骗。企业主或者目光短浅,重短期利益而轻长期效益;或者为了一己私利,不惜以身试法。

②伪劣产品。产品以次充好,要么过期变质,要么原料低劣,加工粗糙;或者干脆就盗用他人的知识产权,以假冒的品牌充斥市场。

(3) 合理，60%。

在流通环节，不管采用什么营销方式，总会有零售商要求零售利润，批发商要求批发利润，代理商要求代理利润。

根据市场经济规律，流通利润60%是比较合理的，即便于充分调动市场合作者的积极性，又利于企业的良性发展，还可以由此抑制相应的竞争对手。推销员在这样的企业平台发展，也少了一些不必要的顾虑。

2．制度设计简单

设计推销奖励制度看似就像"画个符"这么简单，其实都是根据市场、企业和产品的实际情况精心计算出来的结果，不但能够体现企业的赢利模式，更能从中看出设计人的水平。

(1) 人人都会看得明白。

越简单的制度就是越好的制度，因为制度设计的目的无非就是让人产生工作的动力，别人连看都看不明白哪还有什么动力可言。所以，无论谁一看就能明白的制度就是最容易了解的制度，也最容易激发人的意愿。

(2) 太复杂就是玩魔术。

有些制度设计得像是一个哑谜，要么就是故作高深的像是读天书，要么就是绕来绕去的让人看后一头雾水，个中的"乾坤"也就会让人退避三舍。

3．层级合理，重激励效果

好的奖励制度也不是不负责任地一味拔高或者降低，而是应该在充分尊重经济规律和市场现状的基础上，尽可能地做到合理，才能真正达到激励的目的。

(1) 初、中、高级都可赚到合理的钱。

这是一条直线上升的线，也是能够确保推销每个环节以及成员，都能健康发展的生命线。

(2) 几种不合理的制度设计。

①初级大，中级、高级比例小。

只顾近利，没有激励性。

②初级小，中级大，高级小，呈一根抛物线。

初级难赚钱，中级不赚钱，高级没希望。

③初级小，中级小，高级大。

只有少数几个推销员可赚到钱。

二、选培训就是选实用

选择企业还有很重要的一点，就是看这家企业的培训工作做得如何。

现在，好像企业都越来越重视员工的培训工作，但普遍的情况是，企业花了大把的钱，讲师费了九牛二虎之力，员工通宵达旦地花了很大的工夫，结果，达不到预期的效果不说，还搞得上上下下、里里外外，大家彼此埋怨。

这就说明，有些事，光有热情还远远不够，还应该在方式方法上多下功夫。

1. 简单

但凡说到培训，一般人都喜欢用系统、完善这样的词来形容，我倒认为未必。

相比之下，反而是一些形式简单、内容实用、行动起来具可操作性的培训才更为有效，因为所有的培训无非就一个目的：通过提升员工能力来提高生产力。

简单并不等于草率，而是对一些信息进行过滤的结果，既可以排除由冗长所造成的人力资源的浪费，又避免了因为输入的信息过多而不易运用所造成的矛盾。

2. 务实

实用也包括适用的含义，指的是因材施教，因为无论是多么好的知识，都要立马能够帮助工作，即刻能够帮助解决实际问题才行。否则就会是：竹篮子再美，用来打水的话，也只能是一场空。

3. 有效

培训要做到有效，就是培训的内容要具可操作性，也就是让培训的受众便于掌握，便于复制，越容易做越好。

因为推销员的文化程度、接受能力难免参差不齐，所以有效性这一点，在培训当中，就显得尤为重要。

4. 有力量

人们总喜欢挂在嘴边的是：知识就是力量。其实，知识只有用出来才是力量。换句话说，只有真正有效的知识才能产生力量，因为所有的知识无非都是一个作用，那就是提高生产力。对于推销来说，干什么活才需要用上相对应的知识，才是最好的知识。否则的话，非但发挥不了预期的作用，可能还会因此酿成灾难。

所以，我认为，判断一个培训好不好，就是看它是否能够输送有效的知识，并让这些知识迅速转化成生产力。

5. 有能量

好的培训不但要能传授有用的知识，更要有激励效果。

"人是需要一点精神的"，再出色的人，如果没有好的能量作支撑的话，也不会有好的动力，就不可能做出好的业绩。

一个好的骑手，如果想让自己的赛马取得好成绩，光靠饲喂好的饲料可能还远远不够，还要想方设法地给予爱抚、与其配合，并懂得如何让它兴奋起来，才能够在需要的时候，激发它最大的潜能。

第六节 选择决定推销员的命运

俗话说，人的命，三分天注定，七分靠打拼。这七分打拼，除了精神之外，那就要看你自己会不会选择。

对于推销员来说更是如此，选择得好，做起来就得心应手；选择得不好，做起事来就会磕磕绊绊的，总出不了好的业绩。所以，从某种意义上说，选择，确实决定了推销员的命运。

一、人的认知也易迷失

人其实是一种很奇妙的动物，当事物的发展顺乎人的心意的时候，人就很清楚自己想什么，自己要什么，但当事物的发展偏离了人原来的意愿时，或者现实情况远非他们所想的那样时，往往就会变得六神无主起来。

1. 主观原因造成的迷失

人的主观倾向性经常会欺骗自己，原因是我们以往的经历改变了我们的主观判断。比如：你原来的梦想是搞文学，而且自己一直也是朝着这个方向努力的，结果因为自己最喜欢的表姐一次小小的感冒就被庸医治成了终身残疾，于是，你就想当医生，不让表姐这样的悲剧重演；可是，你又看见电视里很多穷苦孩子读不起书，就想搞推销赚钱帮助他们；后来，你亲眼所见很多进城务工的农民怕吃苦不愿进工厂干活，就干着盗挖市政设施、飞车抢劫的勾当，就又想当警察抓他们，后来又觉得还是当作家唤醒他们更好，到了最后，连自己也不知道要干什么好了。

2．客观环境造成的迷失

现实与理想之间是永远找不到平衡点的，从某种意义上说，人其实就是环境的产物。我原本想进机关当个公务员，结果，笔试考了全市第一，没料到面试第一轮就被刷下了；后来别人介绍给一个大学校长开车，没想到介绍人狮子大张口要5万元中介费，结果拿不出就没去成；干脆一气之下开了家小餐馆，不到一年又赔了个干干净净。只得进公司求职发展，结果忍受不了这家六天工作制，又不喜欢那家有个无能的主管，到人才市场一看，这家不好，那家又不妙，到最后，自己都不知道究竟想怎样了。

二、兴趣和应该

工作或者创业，我们通常都喜欢按照自己的好恶来做抉择，喜欢按照自己的审美标准和价值观来看待身边的人和事，这样的话就很容易受到其他外来因素的影响，很有可能做出相对错误的判断，从而失去许多机会。

而成功的人并非只顾及自己的兴趣，而是总考虑别人的兴趣，这正是需求所在，也是一个人经过理性权衡利弊后真正应该做的……

1．自己的兴趣未必就是别人的兴趣

我们通常都有这样的体验：自己玩得很好的朋友，却跟一个你并不喜欢的人也是好朋友。这说明什么问题呢？这只能说明你对那个人未必了解，你看到的也可能仅仅是表面现象而已。因为，你好朋友之所以与你成为好友，说明你们之间有很多共同的，或者相似的东西；同样，你好朋友之所以与那个人也是好朋友，那他们之间肯定也有很多共同的东西。

那为什么你和那个人又没能成为好朋友呢？因为自己的兴趣未必就是别人的兴趣。

尤其对于推销就更是如此了。你可能不喜欢这个人的长相，你也可能讨厌这个人的为人，但是这有什么关系呢？你的工作就是通过你的产品，能够对他有所帮助，并且通过你的帮助使得他变得更好一些，更符合你的审美标准。

为此，我们可以不计较对方的诸多令你不愉快的因素，也可能正是这一笔交易，偏偏成为了你们进一步了解的纽带。那时，可能你就会惊讶地发现：其实，你好朋友的好朋友，也未必就像你表面上看到的那样。

2. 别人的兴趣就是自己的兴趣

做推销首先就是要引起别人的兴趣，这就需要我们以别人喜欢的方式做应该做的事，因为成功的人按"应该不应该说话办事"，失败的人按"喜欢不喜欢说话办事"。

对别人来说也是这样，我们可能初次与人接触时，并未引起别人的兴趣，甚至别人也可能对我们的形象、产品、性格有所抵触，这都无伤大雅。之所以这样，是因为他对我们尚未了解，可能还有某些误解，只要我们多点耐心，坦诚相待，真诚地与对方沟通相处，时时处处多为对方着想，他们就会发现，我们的产品是如此地适合他们，来得是如此地及时，又是多么地令他们感兴趣。

3. 想让别人感兴趣就必须自己先感兴趣

我们中国人都知道这样一句话：己所不欲，勿施于人。也就是说，连自己都不喜欢的东西，千万别介绍给别人，我们推销产品，首要的条件应该是我们自己觉得好的，可能的话自己首先变成消费者，通过亲身体验，对产品的优点和不足都有切身的感受，有发自心底的热爱。这样的话，向顾客推荐起来才会生动，否则，干巴巴地连自己都打动不了，还怎么打动顾客。

三、为自己选择，也为他人选择

我们在选择职业时需不需要参考别人的意见，这是推销行业一直争论的问题，因为推销是个极具挑战的行当，开始做的时候会有点艰辛，也容易引起别人的误解，没做过的人也会觉得好像很难，所以不同意是一些不了解个中道理的人常见的态度，完全没有必要为此大惊小怪。

我对此的意见是：可以，但要正确对待；因为内行和外行的意见是不一样的。亲朋好友大多是外行，所以应该反其道而行之：支持就放弃（烧热水），反对就行动（泼冷水）。

1. 我们为自己选择

绝大部分的人都喜欢以自己的兴趣爱好来选择职业，却从来不想一想，自己的所谓兴趣爱好是否能创造价值，是否能给自己的亲人带来什么好处。

有这么一件事就很能说明问题。曾经被媒体炒得沸沸扬扬的一个叫杨丽君的女孩，一厢情愿地爱慕着香港明星刘德华。直爱得近乎痴迷的程度，以至于自己快30岁了也不出去工作，也不考虑嫁人，天天啥事不干地明里暗里追求华仔，害得老爸老妈十几年为她的这一兴趣爱好买单不算，老爸还为此付出了自己的生命。

又比如，你想专业踢足球，想帮中国足球扬眉吐气，就啥事不干地把几乎所有的精力都用来看比赛，到处捧场。

这些愿望好不好？确实很好。但千万不要影响自己正常的生活，因为愿望毕竟还是愿望，不能当饭吃。

2. 多听听专家意见

我们做推销，由于容易受到以往经验的影响，很多情况下，都会因为可选择的东西太多而挑花了眼，自己也不知道自己该选哪个，这种情况，就需要别人的引导，再加上自己的判断，才能做出正确的决定。

这里有两个问题应该注意：一是旁观者清，可以凭以往的经验和对这件事的认识，客观地给点建议，有点什么需要也容易求得帮助；二是旁观者毕竟不可能比你自己更了解自己，而且也不可能设身处地地站在你的角度考虑问题，况且还有可能带着主观的偏见，所以尽可能还是找对推销工作有点了解的人商量。

最后，别忘了专家的意见也仅仅是参考，大主意还得你自己拿。所谓"意见大家说，主意还得自己拿"就是这么个道理。

3. 选择前多问自己几个为什么

如果确确实实还是拿不定主意、下不了决心的话，还有种最为有效的方式，就是选择前多去了解，多问自己这样几个为什么：

（1）行业的发展趋势是这样吗？
（2）这种产品见得多不多？
（3）消费人群大不大？
（4）这家老板懂不懂行？
（5）我能赚到钱吗？

如果答案为"是"，那就别犹豫了，就是这家了。

四、成功，从选择开始

我常常会为自己的一个选择感到庆幸。

我几乎是没怎么读小学就稀里糊涂地上了初中，等初中毕业升高中的时候似乎才觉醒过来，对于没有什么背景的农村孩子来说，如果不愿过一辈子"头朝黄土背朝天"的日子，考大学就是唯一的出路，但那时全国的高考录取率还不足8%，农村连3%都不到，千军万马过独木桥拼的就是功夫，除了自己的努力外，很重要的就是有个好的辅导老师。

那时我就面临着一个选择：高中是去重点中学读个普通班好呢，还是就在一个普通中学读个重点班？当时，所有人给我的建议都是前者，而我却选择了后者。因为我觉得好学校未必都是清一色的优秀老师，而一般的学校里也难免会有几个出类拔萃、德才双馨的好老师，并且他们会相对更加上心。

结果证明了我的选择正确，我如愿以偿地上了本科录取线，读了师范大学，成了村里第一个大学生。

所以说，我们能否成功，在某种程度上还取决于自己对自己的评价，这就是我们通常意义上的个人定位。

我们在做任何选择之前，都应该明白我们要什么。

人人都想成功，人人都需要成功，人人也都可以成功。但现实生活中又确确实实有太多的诱惑在迷惑着我们，有太多的误解在干扰着我们，有太多的闲言碎语在影响着我们，以至于我们原本可以出发得更早，原本可以走得更远，却因为自己的犹豫和不够坚定的脚步，从而使得我们现在被远远地拉下了很大一段距离。

好在现在，一切还为时不晚！

生活中，我们有太多的不顺心，也有太多的不如意，但我们又无法逃避，我们必须坦然面对，因为我们不甘于平庸，不想自怨自艾，我们自己的生命需要也只能由我们自己去承担，我们自己的命运更需要自己去把握，更需要我们通过自己的不懈努力去改变。

其实想想看，在我们人生的旅途中，是否出现过能够改变命运的机会？如果你当初抓住了任何一个机会，现在都可能是一个成功的人。现在你之所以还生活在苍凉、凄惨、遗憾中，那是因为在机会面前你总是说"NO"，现在如果机会再度出现在你面前的时候，你能为自己未来三年的生活做出正确的选择吗？

今天的生活是你三年前的选择，今天的选择也决定了你三年后的生活。

三 道

心态

——成也心态，败也心态，与他物何干

第一节　心　态
第二节　心态
第三节　成功者的「六心」
第四节　推销中不应该有的心态
第五节　积极进取和消极等待

幼童时期很胆小,所以直到读书前,我都几乎没怎么出过村子。原因是要想出村,就必须经过一座青石板桥,现在想起来充其量也就10厘米宽、20多米的距离,但在儿时我的眼里,它却是个难以逾越的障碍。

曾经一度很羡慕那些胆大的小伙伴能够大步流星地走过去,甚至能在上面飞奔。自己也曾背着人试过好几回,但没走几步就不得不像大部分女娃子一样骑在桥面上,即使这样,还是不敢把自己的身子再往前挪动多少,反倒是因为越来越强烈的胆怯,迫使自己每次都不得不重新再一点一点地挪着往回退。好的是唯独在我这一点上,家里人并不在意,不出村也就意味着不容易在外面惹是生非,但我的一个堂哥反倒看不下去了。

也就在我将要进学堂读书的前几天,堂哥说是背我过桥,结果却把我丢在桥心不管了,硬是逼着我靠自己的力量走过了桥。

堂哥告诉我:你要相信自己,如果心里觉得自己一定能过去,你就真能过去;同时,过桥时什么也不要想,抬起头,眼睛往前看,然后笔直地走过去就行了。

第一节　心

一个人能取得多大的成功,取决于他的心有多大。

一件事做成了,我们归功于心;一件事做砸了,我们就认为是心在作怪。

那么,这个"心"是个什么玩意儿,又是如何作怪的呢?

"心"常常让我们明白许多,又让我们总是陷入糊涂。我们想搞明白,又偏偏搞不明白。而恰恰是因为这个总也搞不明白,让我们又总想搞个明明白白。

一、什么叫"心"

自从人类有思想开始,就试图解释由心引起的一系列现象,包括思想本身的根源。但正如思想本身一样,因为总也找不到一个满意的答案,所以,人类也开始了对心不懈的探索。也尝试着从各个角度对心做一个比较全面的解释。

1. 心是器官

从医学来看，心就是人体的一个器官，承担着人体的气血循环。

一个人，只有气血调和正常、通畅，五脏才能得以安宁，才能功能正常地运转，身体就会健康；反之，身体各器官就容易产生病征，人体就会感觉不舒服，就会生病，严重了，就会危及生命。

2. 心是上帝

圣经上说：心是上帝！

据说，上帝创造了宇宙万物，不知自己该到哪里去好。于是上帝就躲到心里去了，所以，心即上帝，有神格、有人格、有位格、有无穷的潜力、有无限的潜能。

其实，心即智慧的意思。

3. 心是魂魄

中国古人认为：人，除了有形的躯体之外，还有无形的七魂六魄。人死了，躯体化为灰尘，而魂魄西游天堂。

4. 心是太极

《易经》说：心是一个太极，有阴有阳，是宇宙万物的遗传基因。心是宇宙，心是天，心是地，心是人，心是自然，既有形，也无形。

我的体会是，推销也是一太极，也是心，人心决定了推销的成败。

二、"心"在推销中的作用

既然心这么重要，而且既有形，又无形，那么，在人的行为当中，心，又处于怎样一个位置？又扮演了一个什么样的角色？又在其中起到了一个什么样的作用呢？

我们知道，支配人行为的是大脑，而支配大脑的又是什么呢？

看来，就只能是心了。

我们说：情由心生，行由心动，心动才有行动。

心就像是在"垂帘听政"，表面上看不见，实际上掌控了全部，人体有个风吹草动，都要听心的指挥。

我们学与不学、说与不说、做与不做、爱与不爱、买与不买……其实，说穿了，都是受心的支配。

1. 接受自己

人很多情况下都是无奈的，因为人的理想永远高于现实。

为什么我们的配偶很少是我们的初恋就是这么个道理，原本我们心中早有白马王子或白雪公主，挑来挑去的最终也只能跟这样一个人共同生儿育女；原本我们的理想是成为这个或者是成为那个，最终连自己也没有想到还是做起了推销。

但既然选择了就要勇于面对自己，情愿也好，不情愿也罢，反正"就这么做了"！那就把这件事情做得有模有样的，用行动来证明我们自己。

2. 斩断后路

要做好一件事情，最忌讳的就是瞻前顾后、犹疑不决，之所以会这样，是因为人总是给自己留有一条后路，以致常常被自己耽搁了。但如果别无选择的话，情况就大不一样了。

小时候我最爱看一些打仗的电影，总是弄不明白，那些国民党军队个个穿得有模有样的，武器也一个比一个先进，人数也特别多，可为什么面对很多方面都不如自己的解放军，反倒总是一败再败呢？

直到长大后我才似乎明白了一些原因，决定战争胜负的其实还是人，哀兵必胜，骄兵必败。国民党军之所以节节溃败，就是因为他们即使在危机到来的时候也不愿背水一战，不愿断了自己的后路。

3. 因势而变

推销也并不是所谓的"一根筋"就能把事情做好的，因为市场的情况千变万化，顾客的心思不但令人琢磨不透，还经常会发生变化，甚至也常常会有意无意地制造些难题，弄得我们很为难，这种时候就不光需要我们的耐心，还需要顺应潮流的变化。

对于不按常规出牌的人，有时也不得不换一换出牌的套路。

坐过公交的人都会有这样的体会，上下班高峰时很难挤上去，如果你的位置确实已经排得有点后，想从正面挤上去的结果，往往只能是眼巴巴地看着一辆接一辆的车，载满一批又一批的人开走，你却一次又一次地挤不上去；而此时换个思路，从侧面上的话，反而就往往很容易成功。

三、"用心"和"尽心"

做什么事除了方法外，最重要的还是看你是否对这件事认真花了心事。

我们做推销工作也是一样，事情没做好，我们总认为是因为这个原因，因为那个原因，却总也不愿意在自己身上找原因，不愿问问自己：我用心了吗？而且，即使是用了心，我又是不是尽心了呢？

1. 用心应该用在哪

人的能力有多大，有时连我们自己都觉得很惊讶。有些表面看起来不可能的事，需要用心时才会有惊人的力量。比如，机关上班的王女士，平时足不出户的，总说自己记性不好，在一个小区住了十几年，连对门姓甚名谁都叫不上来，自从做了推销员以后，不到半年，小区里 200 多户人姓甚名谁，家里有几口人，从事什么工作，有哪些爱好，喜欢穿什么衣服都搞得清清楚楚；这就叫用心。

2. 尽心可以尽多少

我们形容一个人对某件事情是否上心喜欢用"尽心尽力"来表达，但这究竟有多大力量谁也说不清楚，有些事平时觉得不可能，但到了关键时刻，就会产生神奇的效果。举个例子：一个平日里大大咧咧、马马虎虎，懒得连家里的油瓶倒了都不愿扶一下的丈夫，一旦妻子怀孕了，就像是变了一个人，不但表现出从未有过的细心，而且体贴得有些令人生腻。这就叫尽心，也是由心态引起，适用对象没变，但是情境变了。

3. 要用心，更要尽心

不知大家有没有注意到这么个现象，问到一些成功者成功最大的体会是什么，绝大部分的成功者，也不管是哪个行业的成功者提得最多的就是：用心和尽心。既然你已经决定了做这件事，就要尽心尽力地把这件事做好，不管遇到什么，都不能动摇你的决心。

只要用心，就会使我们认真地对待每一件事情的每一个环节。

只要尽心，我们就会主动地，千方百计地去克服每一件事情发展过程中的每一个困难。

第二节 心　态

我们对待事物所持的态度就是心态，有阴阳两面，有积极和消极之分。按照阴阳学的理论，积极的心态属阳，消极的心态属阴。虽然从阴阳学的角度来说，有了阴阳，事物才能平衡。但对于做事，积极的心态起到的是积极的作用，对事物的发展总能起到推波助澜的作用；而消极的心态，非但不能推动事物发展，反而阻碍了事物的前进与发展。

有这么个故事就很能说明其中的道理。

故事说的是有个秀才第三次进京赶考，住在一个常住的旅店里，结果，就在考试前两天，他居然做了三个梦。

第一个梦，是梦到自己在墙上种白菜；第二个梦是下雨天，他戴了斗笠还打伞；第三个梦是梦到跟心爱的姑娘脱光了衣服躺在一起，但是背靠着背。

这三个梦令秀才既喜又忧，还隐隐地有些害怕。于是第二天，秀才就找算命先生给自己解梦。

算命的一听，连拍大腿说：你还是回家吧。你想想，高墙上种白菜不是白费劲吗？戴斗笠还打雨伞这不是多此一举吗？跟姑娘都脱光了，但却是背靠背，那分明就是没戏做嘛！

秀才听后，心灰意冷，回店收拾包袱准备回家。

店主觉得奇怪，询问之下秀才道出原委，店老板一听就乐了：我也会解梦啊，我倒觉得，你这次一定要留下，你想想，墙上种菜不是高种（中）吗？戴斗笠打伞不是说明你这次万无一失吗？跟姑娘脱光了背靠背躺着，说明你翻身的时候就得到了。

秀才一听，很有道理，于是精神抖擞地参加了考试，结果中了个状元。

这个故事告诉我们，做任何事情，如果是抱着消极态度的话，就一定是失败的结果；如果是抱着积极态度的话，就会得到意想不到的收获。

一、积极的心态属阳——像太阳

按照阴阳学的定律,积极的心态属于太阳的正面,给人温暖、光明的感觉。有一句话这样形容:积极的心态像太阳,照到哪里哪里亮。

1. 什么是积极的心态

积极的心态就是凡事不找理由、不找借口,无论发生什么都不沮丧,不等待,不抱怨,不回避,不推脱,是主动的、自律的、开放的、改革的、自信的,遇事总是先反省自己、努力找到解决问题的办法,并对不管是帮助过自己,还是没有帮助过自己,甚至是还为此阻挠、坑害过自己的所有人,都抱着感恩的心态。

2. 积极心态的阳属性

按照阴阳学理论来解释,人的心态如果积极的话,就是阳气上升的时候,这时人的周身会热血贲张,情绪也容易变得亢奋,思维也会随之出现从未有过的敏捷,这时的人也正如处于太阳的正面,炽热、澎湃,好似有一种无形的力量在后面推动。

3. 积极心态的太阳作用

积极的心态总是让人有一股暖洋洋的感觉,而且还有种奇妙的功能:会传递。凡是沾上阳气的人,都会受到影响。

有这样一件事让我很受启发,我在很小的时候,曾经见过一个乞丐,大冬天的,还穿着衣衫褴褛的单衣,但为了生活,他还得回到冰雪皑皑的户外,冻得实在熬不住了,他就举头望望太阳,当时我并不以为然,后来无意中试过一次,还真灵。虽然太阳光很刺眼,但确实感觉很温暖,而且不管你觉得穿得多么少,感到有多么寒冷,只要这时抬头望着太阳,就会立刻有一股暖流涌遍全身。

二、消极的心态属阴——像月亮

生活中最不幸的事情往往不是贫穷或者疾病,而是你身边出现了一个或多个缺乏积极进取精神的人,缺少远见卓识的人,遇到问题总是选择逃避,稍有不顺就唉声叹气,总是阴晴圆缺地摸不着头脑,并像瘟疫一样迅速蔓延,以至于你也不知不觉地受到影响,如影随形地想摆脱也摆脱不了,并在不知不觉中偷走你的激情,使你渐渐颓废,变得平庸、失落。

1. 什么是消极的心态

消极的心态就是凡事总是找理由、总有借口,要么满腹牢骚,要么推脱逃避，遇事往往采取"等、靠、要"的办法，与积极的心态相反，是他律的、封闭的、守旧的、自卑的，总喜欢有事没事地指责他人，看什么都不顺眼，对什么事都喜欢抱着一种敌视心理，别人做得稍不顺他的心意，就以为别人有意与他过不去，故意刁难他，并为此怀着深深的仇恨。

2. 消极心态的阴属性

阴阳学把太阳的反面视作阴，于是就出现了与白天相对应的夜晚，阴气上升，浊气来袭，既蒙蔽了人们正常了解事物、判断事物的双眼，同时也给很多阴暗的、负面的东西提供了可乘之机，稍有不慎，就会乘虚而入。

3. 消极心态的月亮作用

消极心态其实就是那些喜欢在黑暗中乘虚而入的东西，事物发展顺利的时候尚且可以像十五的月亮一样圆圆地发出光亮，但一旦出现了困难，或者不顺他意的时候，就很容易变成初一的月亮，半圆或者残缺地跑出来，有意无意地发泄负面情绪。严重时，就会像传染病一样四处侵袭，不容易得到控制。

可能原本你很优秀，但由于周围那些消极的人影响了你，使你缺乏向上的压力，丧失前进的动力而变得平庸。

三、心态定律

按照辩证的理论，心态的阴阳也有其自身的规律，有互根、会消长，有合一，那我们就要善于把握这种规律，以便积极地去化解、去引导，在可能的情况下，把消极转化为积极。

1. 互根观念

根据《易经》的阴阳理论，没有阴就没有阳，没有阳也就没有阴。在心态上也是这样，没有消极心态就没有积极心态，没有积极心态也就无所谓消极心态了。所以，在推销过程中，我们对于顾客的消极心态、积极心态，都应以平常心对待，不以消极太多为悲，也不以积极太多而喜，心静如水，我们才能迅速达到推销的目标。

2. 消长观念

阴消阳长，阴长阳消。无论对于个人来说，还是对于团队来说，如果积极的情绪占主流时，消极的情绪就会受到抑制；反之，如果消极的情绪势头太旺，积极的情绪也会被消耗殆尽。因此，在推销活动中，推销员要做的工作就是用自己满腔的热忱去感染顾客，让积极的心态充满整个推销行动。

3. 合一理论

阴阳并不是绝对的，阴中常常会有阳，阳中也免不了会有阴。积极的心态里也难免会有点消极的情绪，消极的心态里也掺杂着一些积极的因素。

对于个人和团队来说，都属于正常情况，既不可掉以轻心，也不必为此而大惊小怪，弄得人人自危。因为，输入积极的信息就积极，输入消极的信息就消极。

第三节 成功者的"六心"

一个成功者之所以能够成功，除了一些客观的原因之外，主观上还是有很多积极的因素在起作用的，最常见的就是他们普遍具备了积极的心态，而且无论遇到什么，总是以积极的心态占了上风。

那么，积极的心态究竟包括哪些？成功者必须具备哪些心态呢？

一、老板心——成功人士的心理支柱

并不是当老板的才可以有老板心，对于普通人来说，就是想出人头地，就是不愿甘居人后，而老板心就是可以支撑你实现愿望的心理支柱。

1. 有强烈的渴望

做老板的就需要有比常人更强烈的对成功的渴望。

那究竟什么才能算得上是真正的渴望呢？打个比方，别人把你的头按在水里3分钟，说给你1000万元，问你要不要，一般人都会说要。第一分钟的时候问你要不要，你说要；第二分钟的时候问你要不要，你虽然很难受了，但想想1000万元对你很重要还是说要；按到两分钟十秒，两分钟五十秒的时候，问你要不要，这时候你不要了，因为你快断气了。这时你会激发你的潜能，用尽最大的力气猛地把头从水里面探出来说：我什么都不要了，我只要空气。

你这时要空气的感觉就叫作渴望。

有这种心态的人，才能做老板，否则就只能做普通员工；反之，你若是没有这种渴望，你就不能做出优秀的业绩来。

2. 永远为别人着想，满足别人的愿望

当老板的，就应该永远有为他人着想之心，而不计较个人成败得失，有宽广的胸怀，有关爱他人之心，以满足他人的需要为己任。

作为一个推销员，在经营自己的推销生意时会碰到两个问题，我把他形容为，一个是上游公司，一个是下游公司。我们要做生意，就要找上游公司进原材料，永远卖给下游顾客。做错了的人，永远怀疑上游公司赚了他很多钱，那他就做不到老板，赚不到钱。有的永远怀疑下游自己的员工赚了好多钱，顾客讨了多大的好处，他也做不了老板，赚不了钱。

我们做推销，自己做老板，永远要不计较个人得失，正确地对待上游公司，也应该理性地对待下游公司，这样他才可以推动成功，才能把事业做大、做强。

3. 永远解决问题而不是制造问题

当老板就要不制造矛盾，而是时时刻刻都能解决问题。

要经营好我们自己的生意，就免不了会处理一些事务，并不是事物本身有问题，而是人与人之间有差异，一起做事，总免不了产生误会。

作为一名职业推销员，我们就应该及时发现问题，在问题尚未出现时就能做到及时化解，出现了就要及时解决。就如人们平时说的那样：大事化小，小事化了。但如果处理不好的话，就非但不会化解问题，反而会增加新的问题。

以前我就遇见过这样一个女推销员，有事没事就爱在背后嚼其他同事的舌头，弄得同事间关系紧张不说，她自己的业绩也始终提不上去，因为她把精力都用于说别人闲话去了，也把自己坑苦了，总是惹来同事与她理论，她自己也成天就忙着解释，那还有心思干事。

人与人之间的许多摩擦和问题，其实都是一些误会，我这里介绍一个化解误会的方程式给大家，保你万试万灵！

问题产生时，首先双方都要冷静下来，最好拖一下，回去睡觉，明天再解决，这叫冷静。

其次，双方都要把问题的"非问题"，如情绪、面子等清除掉，把问题的主要矛盾找出来，这叫过滤。

最后，对主要问题的分歧，想出合理的解决方案，达成共识，问题就化解了，这叫交易。

即：冷静＋过滤＋交易＝化解问题。

二、学习心——开启成功之门的金钥匙

学习和自觉、自愿地学习,对于一个成功人士来说尤为重要,因为学习除了可以尽快掌握前人总结的经验之外,还有一个很大的功能就是可以时刻提醒自己避免错误,少走弯路,增强信心。

1．学习的内容

职业推销员要学习的东西实际上有很多,如企业文化、行业趋势、产品知识、销售技术,以及为人处世的技巧、解决问题的方法和其他有益身心健康的东西。这样既可以丰富自己的知识,也可以缩短与客户的距离。

(1) 相关知识的掌握。

从事一个行业,你得了解行业的一些基本情况,例如这个行业目前在市场的一些表现,以及未来可能发展的趋势;你既然服务这家公司,那也得能说上公司的一些基本的情况,例如什么时候成立的,总部在哪办公,老板叫什么名字,以前是干什么的,做这行多长时间了;你推销产品,就得了解产品的性能、原理、功效,以及同类型的产品,甚至与竞争对手的产品相比有哪些优势,有哪些劣势,等等。

只有对这些情况了解得越多,才能讲得越生动。

(2) 相关技术的演练。

知识多了是包袱,只有把知识用出来才是力量。

虽说推销不需要很高的文化,也没有太多的技巧,但有些技术如果掌握了,工作起来就会很顺手,比如,ABC法则的运用、微笑的技术、邀约的技术、沟通的技术,虽说起来都不难,但要做好也确实不容易,我们在具体操作中都会遇到,但有心的推销员却是想方设法先自己训练,可先自己一个人练,然后自己给自己评价,或者叫家里人给你做参谋,看看还有什么地方需要加强,还有什么方面可以改进。

(3) 成功习惯的培养。

人的智商其实都差别不大,很多成功人士之所以成功,其实就是有很多好的习惯而已。

要成功也确实需要保持这些习惯,而且这些习惯并不难做到,但又确确实实能帮助我们更快地成功。

2．学习的原则

要想真正学到一些东西,还必须掌握一定的方法和必要的姿态,我们暂且将

其称为学习的原则。

（1）空杯地学。

同样一句话，在不同的时候听，会听出不同的道理。

要想真正在学习中有所收获，放低我们的姿态很重要，因为我们以往也多多少少听过一些课，翻过一些书，有些内容可能你以前听过，有些内容你可能自己都有不少见解，但这有什么关系呢！你就当第一次听说，也许再听一遍自己会有不一样的感觉，这就是人们通常喜欢说的"空杯心态"。

对于一个成功人士来说，"空杯心态"是很重要的一个品质。林语堂曾有这样的话："人生在世——幼时认为什么都不懂，大学时以为什么都懂，毕业后才知道什么都不懂，中年又以为什么都懂，到晚年才觉悟一切都不懂。"

有则《三个杯子》的比喻，很生动、很形象，我们不妨从中审视一下自己，看看自己属于其中哪种杯子。

①杯口朝下搁着。

②杯口朝上，可是杯底破了个洞。

③杯子里头有脏东西。

其实，三个杯子都不空，但都装不了干净的水。

①杯口朝下的——水倒不进去。

②杯底破洞的——边倒边漏。

③杯里有脏东西的——水倒进去就脏了，不能喝了。

（2）谦虚地学。

谦虚实际上说的是做人的一种态度，学习就更是这样。如果觉得自己高明，有"老子天下第一"的思想，那什么东西都吸收不了，甚至会让人产生厌恶之情。所以，孔子都说"三人行，必有我师焉"。不仅表现的是一种谦虚的人生态度，更是体现了一种虚怀若谷的品质。但反过来，如果我们以一种谦虚的态度学习书本，就很容易汲取知识；如果我们以一种谦虚的态度对待他人，就很容易与顾客亲近。与顾客没有距离了，推销工作就很容易深入。

（3）边做边向师傅学。

"光说不练，假把式"，这是说理论联系实际的道理，推销工作也是这样。

边做边学，做为先。若想在较短时间内掌握推销的窍门，还需要跟那些推销界的前辈学，与好的师傅为伍，悉心聆听、反复琢磨、认真推敲、勇于实践，因为师傅是过来人，他的很多方法都已经用实践论证过了，是经过一次次失败总结出来的正确的方法，这样，你便可以少走许多的弯路。

不过，向师傅学习，也要把握三个要领，因为好经验的本事是不会传给外人的。

（1）越骂越要学。既然是师傅，在你面前他总得有点架子，所以通常应该很谦恭地对待，甚至对他某些因为脾气不好所产生的粗暴行为还要真心忍让。殊不知，他越是骂你往往证明越是喜欢你，觉得你是可塑之才；若是不想你成才，他大可听之任之。如果你不对师傅谦恭，不真心忍让，到头来你什么都不会学到，吃亏的还是你自己。

（2）偷偷观察，悄悄磨炼。俗话说"教会徒弟，饿死师傅"。许多师傅都有自己的绝招，一般不会轻易示人，即使是亲生子女也未必能得到真传。这就要你做个有心人，对师傅在实际操作中的每一个环节都要烂熟于心，并且认真观察每一个小动作和细微表情，以及与众不同的话术。同时，还要仔细揣摩个中原因与用途。有条件的话，可以背着师傅予以练习，因为一旦被发现你在觊觎他的不传之术后，可能会引起他的不愉快，而影响你的进一步学习。

（3）听话照做。通常人都容易受主观影响，师傅教的可能与你理解的有所不同，遇到这种情况，千万别产生怀疑，更不能与师傅发生争执，你只需照着师傅说的努力去做就行了，因为师傅之所以这样说，肯定有他的道理。也许你也仅仅看到事物的表面而已，如果一定存有疑义，那也得事后回家去自己再琢磨琢磨。

（4）模仿＋改良＝创新。

学习的秘诀首先是模仿或者叫抄袭，然后再进行改良（但原则不能变），你就是创新了，才可以青出于蓝而胜于蓝，形成自己的风格。

发明蒸汽机的瓦特曾直言不讳地告诉世人：我不是什么发明家，而是改良家；因为在他之前，已经有人造出了类似的机器。

发现万有引力的牛顿说："我之所以比别人看得更远，就是因为我站在巨人的肩膀上。"

三、信心——征服生存环境的唯一诀窍

人有时确实很怪，当你做一件事情的时候，若是觉得做不成，那原本可以做成的事情还就真做不成了；反之，若你觉得一定能做成的话，那本来也确实不容易做成的事，还偏偏就做成了。

这其实就是一个信心的问题，不仅对自己有信心，还要对合作者有信心。这样做起事来才会没有后顾之忧，才会全力以赴。

1. 自信心与生俱来

每个人生来就是冠军。作为一个推销员，永远要感觉自己是最优秀的，为了表达这个观点，我们不妨想想人是从哪里来的。因为人是从数以亿计的精子中脱颖而出的，"一声枪响"，它们在弯弯曲曲的过道上拼命地向前冲，差一点就遭受遗弃，质量差点的都牺牲在过道那里了，只有自己是质量最好的，表现最优秀的，所以最后保留了下来，胜利地与其中一个卵子结合，最终才诞生了一个与众不同的你。所以说，人之所以成为人，我们之所以有机会来到这个世界，本来就是通过剧烈的、残酷的竞争，成为最后的冠军。

想想看，击败了数以亿计的竞争对手是何等的了不起，还能说对自己没信心吗？

2. 信心为何总是受到制约

如果说在这个世界上没有一个人希望你成功！你信吗？但事实确实就是这样残酷。

人来到世间以后，各种环境，包括家庭环境、社会环境对人都会有种制约的作用，多了就会使我们的自信心受到挫折。

随着年龄的增长，自信心也会越来越受打击。比如，在家里你爸爸正兴致勃勃地看球赛，一不小心，你把电视机关了，爸爸是不是要打你？在学校，你正玩得起劲，老师命令你坐到位置上去，认真听讲，你愿意吗？长大了，爱上一个自己很爱的人，家人又偏偏要说他（她）不值得你去爱。

所以呢，家长、学校、社会，各种各样的因素，都在制约你的信心，每个人基本都是这么个规律，人的年龄越大，就越没有信心。就好比说，18岁的女孩找个爱人一定比28岁的条件要高，28岁的女人又比38岁的条件高，年龄越大，找爱人的信心都要差些。

既然我们选择了推销这个行业，就必须无条件地突破这道关。

什么叫突破？那就是：说自己平时不敢说的话，做平常人不敢做的事情。

所以，做推销，有一句话必须要天天朗诵，那就是："我是最优秀的，我是独一无二的，我是最棒的。"就应当事事充满信心，时时充满信心。

如果把冠军、制约、突破这三个道理想清楚了，那我们就把自信想清楚了。

3. 自己对合作伙伴的信心

推销是一个合作的事业，所以你除了对自己有信心外，还需要对你的团队和合作伙伴有足够的信心。你在一家企业做推销，你对这家企业了解多少？你对产品了解多少？你对营销制度了解多少？你对教育水平了解多少？你对这家企业真的有信心吗？你相信跟着这家企业干就能成功吗？

一定要是真实的回答，千万不要自己欺骗自己。等我们静下心来的时候，我们把自己一个人关在空旷的屋子里，我们问自己：我对自己有信心吗？我对卖这个产品有信心吗？我对这样推销有信心吗？

你冲完凉，全身心地放松地躺在床上，也问自己，我真的有没有信心？对制度有没有信心？对教育有信心吗？

如果答案是肯定的，那么你的选择就对了，就证明你对自己的合作伙伴是有信心的，这就好比娶对了老婆一样，你问自己，我这个老婆我喜欢吗？娶这个老婆我值得吗？我娶这个老婆我开心吗？如果这些答案都是肯定的，那么恭喜你！你这个老婆你就娶对了，你就好好珍惜吧！

如果你有自信心并对你老婆充满信心，你的家庭就会有希望；如果你对自己的合作伙伴有信心，那事业就充满前景。

四、平常心——调整失败与成功的平衡器

推销是挖井的行业，绝对不是挑水的行业。

挑水就是我们通常意义上的打工，就是今天上班，老板发工资；明天上班，老板发工资；后天不上班，老板不发工资。

什么叫挖井呢？就是我打算在这挖口井，我开始挖几锹的时候，可能没有一点水喝，甚至还不小心挖到一个石头，结果把我的锹也搞断了。但你要坚信，只要能挖到水，就会源源不断地有水喝。

做推销就如挖井，可能会出现一时的失利，但却有源源不断的利益，所以应该抱有一颗平常心。

1．积极参与不着急

打个形象的比喻，天鹅划水，表面看来是悠闲地在水中漫步，时不时地还会向天空高亢地吼一吼，正如诗人写的：曲项向天歌。但实际上呢，它的两只脚却是在不停地划水，这样才能保持身体平衡以及前进的姿态。

还有个现在市场上流行的比喻叫"积极参与不着急"。如果推销的保障是客户，那客户在哪里我并不知道，它就相当于扑克游戏中的54张牌，假如J、Q、K、王是客户，1—10不是客户，问题是我不知道哪个是1，哪个是10，哪个是J，哪个是王，于是，我们就要去把J、Q、K、王摸出来。

有人一摸可能就是JQK，有人一摸一个2，或者是10，做推销员就是要坚守一个信念，我把54张牌摸完了，我的客户就一定来了，那就要求我们积极参与

去摸，但不要着急，因为有了几个客户你就高兴。你一高兴，差不多失败也就开始了；也不要因为自己开始找不到几个客户而着急，因为你一着急就摸不下去了。

经常听到运动员获冠军后回答记者提问"当时你怎么想？"经常听到的回答是"我没有想太多，就按平时训练时一样，做好每个动作就行"。

冠军临战的心态其实就是这样，要说想不想拿冠军，废话！只要到这个运动场上，谁都想拿冠军。但有时候就是这样，越想拿就越拿不到。

没经验的推销员往往容易犯的错误就是着急，没出业绩急，出了业绩也急。其实大可不必，每次做业绩前都别想那么多，就按照师傅教的努力去做，业绩自然就会上来了。

2．自傲和自卑都不是平常心

有些推销员稍稍有点成绩就妄自菲薄，以为自己很了不起，就看不起别人。与此相反，有些推销员业绩稍稍有点不理想就会感到很自卑，觉得没脸见父母家人，没脸见同事领导。其实自傲和自卑两种心态都没有必要。你好，还有更好的；你差，还有比你更差的。

当然，此时同事和别人的赞赏或者鄙视，可能会多多少少影响你心里的平衡。没关系！泰然处之，保持一颗平常心。有成绩了，自己继续努力；暂时落后了，迎头赶上。重要的是，要勇敢地接受自己。

如果自己都不接受自己，自己都瞧不起自己，还怎么让别人瞧得起你呢？

比如说，你是个女孩，你脸上长了个雀斑，总是怕被人议论自己，怕别人笑话自己，就不敢出门了。这就叫自卑，其实大可不必，既然有了雀斑，你改变不了这个现实，那就应该愉快地接受它；况且，你怎么就知道别人不喜欢你的雀斑呢？说不定别人还就看上了你有雀斑这一点也不一定呢！

与自卑相对应的就是自傲，你有本事或者有点小本事小聪明就瞧不起别人，就认为别人都不如自己，具体的表现就是：喜欢搞点花花肠子，喜欢耍弄人，喜欢搞点恶作剧。还别说，生活中这种人还真不少，我们有些推销员也喜欢这样，还解释这只不过是自信心爆棚而已，这也不是平常心。

《范进中举》是我们很多人在中学就学过的课文，其中就涉及自卑与自傲的过程。范进是个士人，他一直生活在穷困之中，又一直不停地应试，考了20多次，到54岁才中了个秀才，他因此被岳父胡屠户和邻里看不起，自己为此也很自卑；但当考取了举人之后，一夜之间，从被人藐视的"现世宝"变成受人尊重的"老爷"，就飘飘然地以为自己是个人物，以致见到喜报的时候，因欢喜狠了，官迷心窍，昏倒在地，救醒后又发起疯来，拍着笑着，不顾一切地走到集上去；多亏一位报子出了个好主意，找来岳父胡屠户，狠狠地打了他一个嘴巴，这才清醒过来。

五、坚持心——自我强度与韧度的较量

任何事情的成功都需要个过程，千万不要抱着不一定能成功的想法而不愿意坚持，可能就在你感觉几乎就要绝望的时候，奇迹可能就在这时出现了。

为了能够当上总统，林肯为此坚持不懈地奋斗了差不多20年。其间，他经历了失业的痛苦，企业倒闭、债务缠身的打击，几次竞选失败，但他无论如何都没有放弃，并且一次次地坚持，终于梦想成真。

1. 坚持什么

在南美洲安第斯高原海拔4000多米，人迹罕至的地方，生长着一种花，名叫普雅花，花期只有两个月，花开之时极为绚丽。然而，谁会想到，为了这短短两个月的花期，它竟然等了100年。

在这等待的100年中，普雅花只是静静伫立在高原上，栉风沐雨，用叶子采集太阳的光辉，用根须汲取大地的养料，寂寞地等待，顽强地坚持，直到绽放出自己的美丽……

其实坚持也有两层含义。坚：意志坚强，坚韧不拔；持：持久，有耐性。坚持心就是不放弃自己的梦想，坚持心就是自己有种不服输的精神，坚持心就是不达目的不罢休的决心，坚持心就是顽强的意志。

我们看马拉松比赛，尤其是竞走比赛，比赛到了一定的时候，运动员都已经筋疲力尽了，体力都严重透支。有些坚持不下去的，就中途退赛了，越是接近终点的时候，退赛的运动员就会越多。

为什么呢？就是因为坚持不下来。而坚持下来的人，往往因为前面的运动员退赛或犯规被罚下，冷不丁一不小心就得了冠军。可能原本他们平时的成绩并不是太好，但恰恰就在于，他们在关键的时候能够坚持；他们相信自己的付出一定会有丰厚的回报。

2. 为什么要坚持

在我们的生活当中，总是会有很多很多的无奈，特别是一个人想干出一番事业，想能够有所成就时，都会遇到这样或者那样的阻力。

其实想想也很简单，想成功，想要过上好的生活，你就要比别人多付出，也验证了那句话：付出才会有所收获。天上不会掉馅饼，自古至今都没有记载过天

上掉馅饼的事。

与其他任何工作一样，推销工作也很容易遇到挫折。在挫折面前，强者会越挫越勇，弱者往往就会选择逃跑，或者退却。越挫越勇者，总是享受快乐；逃跑退却者，只能感受沮丧。而通常的情况是，你可能只需要再坚持那么一会，就能获得成功，你也可能就差那么一点坚持，就与成功失之交臂。

3. 什么时候最需要坚持

大哥曾经给我讲过这么个故事，说的是甲、乙两个人相约挖井，出发前，他们带足了几天的干粮和饮用水就上路了，定了契约：谁的锄头挖出水，井就归谁。

第一天，两人都抢着刨土，生怕水出来时，少了自己的份，直到累得筋疲力尽为止。第二天，天还没亮，甲乙两人又争先恐后地开始了，因为他们认为水很快就会冒出来了，谁都希望是自己刨的那一锹，幸运地就能刨出水。结果，太阳落山了还是没见到水。但他们都坚信水很快就会冒出来，所以，当天夜里，两个筋疲力尽的人也不顾自己身上的酸痛、乏力，都几次偷偷爬起来，刨上几锹土，希望自己能发现水并得到这口井的所有权。

终于，天亮的时候，两人开始泄气了，有气无力地又干了一天，带来的水和干粮也快吃完了，于是乙有些气馁了，打算打退堂鼓，但心有不甘，就又这么熬了一天。

到了第五天，他们带的所有的东西都吃完了，井口还是没有一点动静，又累又饿，眼看再这样下去，都得饿死、渴死不可。乙终于不再坚持了，他害怕自己未坚持到井出水就已经渴死了，于是就扔下锄头，饿着肚子，连滚带爬地往家赶。

可是令谁都想不到的是，就在乙离开后半小时，甲就刨出水了。一口清洌的井水，不但令他成了十里八乡的名人，而且他还因为出售井水成了当地的首富，风光无限。而与甲同去的乙呢？一起刨了差不多100个小时，就因为少了最后那半小时的坚持，就与富裕的生活擦肩而过，终生过得郁郁寡欢。

生活往往就是这么富有戏剧性，当年讲这个故事给我听的大哥至今还在家里种地，而我却已经通过自己的努力不但在城里有了自己的家，还有了自己的产业，区别就在于我一直坚持。这也让我明白了一个道理：人人都想成功，而人人又都怕困难，也许就在你被困难几乎压垮，气馁而准备放弃的时候，可能只需要再坚持那么一会，就成功了。

六、感恩心——一条倍增生命价值的心路

感恩是人的天性,而且随着人的年龄越大,感恩心就会变得越差;这里要听明白一个概念,我说的并不是年龄越大,感恩心就越少。因为年龄大,感恩心并没有减少,而是变得差了,为什么呢?因为被社会扼杀了,而且年龄越大就扼杀得越多,感恩心也就自然而然地变得越来越淡,因为这个社会充满了尔虞我诈,充满了勾心斗角,充满了利益之争,充满了势力之变。这里面包含两层意思:

一是感恩是人的天性,因为孩子一开始说话叫的就是为他怀胎十月的妈妈。

二是年龄越大,感恩心越淡。这个充满了利益之争、势力之变的社会把人的天性中的感恩都给扼杀了,以致儿子不尽孝,丈夫不尽责,妈妈不持家。

但作为一个推销员,我们就必须恢复这种人类美好的本性,至少我们自己应该做到这样,也就是凡事都持有一颗感恩心。

1. 感恩的好处

我们经常说这样一句话,那就是:真诚的感恩是无法拒绝的。

顾客如果不想买你的东西,他可以找出千万条理由来拒绝你。这很正常,因为顾客永远都是找问题的,是杀价的,商人永远是解决问题的,是处理异议的。

顾客可以认为我们的产品包装不好,可以认为我们的价格过高;可以认为我们人长得不漂亮,可以认为我们的文化水平不行。但有一点他无论如何不能拒绝你,那就是你的真诚的感恩,或者说是真诚的爱心。

2. 仇恨的坏处

仇恨是一种负面情绪。人的本性就是不满足,仇恨就是你们或他们严重地侵犯了我以及我们不满足的、追求幸福的权利,从而引起的一种敌对情绪。而当这种敌对情绪的严重性达到一定量变的时候,就会引起质变,就容易使人产生过激的行为。

在推销工作中,虽然还没有什么事让我们到剑拔弩张的程度,但顾客一句不经意的话,或者一个不礼貌的动作,可能会让我们不仅尴尬,而且还很气愤,甚至从此记恨或者就此翻脸。

其实大可不必。顾客之所以这样,多半还是因为不了解,况且我们做推销的更应该从自身多找原因。也可能是我们一句不够严谨的话,或者一个不够检点的动作惹恼了顾客,产生抵触情绪或者敌对态度也说不定呢。

仇恨容易伤人伤己,失去友谊(买卖不在情意在),失去目标,等等。

退一万步说,我们做推销的目的原本就是为了赚钱,这世界上什么人都有,

还真没几个跟钱过不去的。

最最重要的是，我们没有时间仇恨。只有心怀感恩，顾客才会无处不在。

3. 心怀感恩心，路就更宽广

感恩是一种美德，也是一种境界，是值得我们每一个人用一生去珍视的博爱教育；是值得我们每一个人用一生去培养的一次宝贵素养；是值得我们每一个人用一生去完成的宏伟壮举。

受人滴水之恩，当以涌泉相报。

送人玫瑰，手有余香。

感恩让你的市场无限扩大，仇恨让你的市场越来越小。

在你人生的路上，可能走了20年，也可能走了30年、40年，甚至更多。你是不是应该感谢你的妈妈呀？你是不是应该感谢你的爸爸呀？如果感谢的话，你干吗不将自己这么好的产品买下来送给他们呢？

再想想，从小到大，你哥哥就没有值得你感恩的吗？你上学的时候，他经常接你；别人欺负你的时候，他为你出气。如果有，那你为什么不将这么好的机会与他一起分享呢？

静下来时，我们不妨用智慧的头脑再仔细想一想。那么表哥呢？姨妈呢？姑妈呢？同学呢？邻居呢？还有抢走你爱人的那个同学呢？是不是也有权利分享？

再想想，和你一起坐车的，和你一起坐飞机的，和你一起上过卫生间的，请问在那么一个臭气熏天的环境下与你呆过几分钟的人，你是不是也应该感谢。那你又为什么不将这么好的东西与他分享呢？

所以，推销最大的技术是什么？最大的秘诀又是什么？我认为，那就是永远记住别人的好，那就是以行动真挚地感谢一切。

第四节 推销中不应该有的心态

心态也是个人价值观的表现，就是你自己对某一种事物对与错的最后的那个评判标准。不同的价值观就会有不同的观念；不同的观念会产生不同的行为；不同的行为会有不同的结果。做推销原本是很自然的现象，也是很平常不过的事情，但有些推销员却不这么看，尤其是一些新入行的推销员，总觉得自己矮人一等，很没面子。

其实，任何人在没成功之前是没有面子可言的，往往只戴了一副假面具，放下假面具，你才能成功，成功的人才有真正的面子。

一、自己放不下面子

人人皆说面子好，面子太多亦烦恼；世人皆被面子累，抛开面子方为高。

人生就是一场戏，每个人每天都在演戏，谁都戴着面具。所谓面子，就是社会交往中的假面具。

1. 同级的面子

同级之间很多情况下的面子其实就是虚荣心。同窗聚会，最喜欢的就是比较；同事一段时间不见，最喜欢谈论的也是谁谁的变化，经常出现的情况就是有意识地拔高，生怕传到其他的同学或同事耳朵里会因此看不起自己。对于当事的同窗或同事也是这样，怕自己做推销跌分，感觉混得不怎么样，丢了面子。

其实想想还真的是过虑了，一是做推销并不能说明自己的经济状况；二是推销本身并不构成别人瞧不起你的理由。

而且说不定你现在的财务自主、工作自由的状况，还是别人所羡慕的呢。

2. 上级的面子

很多推销员害怕向上级推销，害怕以前的领导、现在的领导、自己的长辈，弄不好会因此责备自己不懂事，不务正业，甚至碰到忘性大的会收不上钱，结果又赔面子又赔钱。其实这也是想多了，好的产品如果确实能帮到领导或长辈，他还会记你一辈子的好。

至于收钱的事，在商言商，领导或长辈也不会因为贪图这点蝇头小利而破坏了在你心中的形象，况且他们也会在你面前自觉自愿地表现出自己的涵养。

3. 下级的面子

中国人的习惯总是喜欢在下级或者晚辈面前表现自己的威严，这点与西方人有着很大的区别，西方人长幼之间是亲密无间的朋友，所以他们的晚辈可以直呼长辈的名字，这样反而表示一种平等，一种尊重。

推销员之所以不愿向下级推销，一是怕因此欠了下级一个人情，以后不好管理；二是怕下级会因此看不起自己。其实下级愿意掏钱买你的产品，一定是他有这个需求，所以，反而是你的产品帮助了他。

二、害怕被人拒绝

推销员还有一个通病，因为多多少少都有被拒绝的经历，所以害怕又一次遇到顾客的拒绝。其实想想世界上无论是政治上的，军事上的，经济上的，文化上的，哪一个伟人没有遭到过拒绝，又有哪一个成功人士没有吃过闭门羹。而恰恰是因为别人拒绝你，才显示出你的强大，让顾客没理由不敢见你。

1. 当面拒绝令自己下不来台

拒绝最怕的就是当面，弄得本来好生生的场面，一下子变得面面相觑，结果彼此不仅会因为这件事生分不少，反而弄得自己下不来台。其实，这个问题最好的解决办法就是：转移话题。待此事稍微淡化了，又可以旧话重提。

2. 担心以后不好意思见面

有些推销员也担心被拒绝后以后大家见面会不好意思。也确实想得太多了，想想他都不在乎，你还在乎什么？有经验的推销员在处理这些问题的时候偏偏还有意地主动与拒绝过他的人打招呼，这样反倒令他觉得过意不去，终有一天会主动成为你的顾客。

3. 自尊与职业尊严

平庸的心态造就平凡的表现。平凡的心态造就不平凡的表现。很多情况下，自尊心不过是自己给自己套的枷锁。

设想一下，一个女人如果在冬天的时候被外人看见自己穿短裤的样子一定会大呼小叫，但同样的事情，要是发生在夏天的话，就会觉得是再平常不过的事了。

一个人的心态、观念,造就一个人的人生结果。只有心态、观念改变了,行动就会改变。而只有行动改变了,结果自然就会改变。

三、觉得自己比顾客聪明

心态也包括自己对于别人的态度。推销工作的性质就决定了我们要与各种各样的顾客打交道,他们文化程度不同,生长环境不同,理解能力也不同,这就需要我们给予足够的耐心。但有些推销员自恃比顾客懂得多一些,就喜欢表现自己,甚至还玩点"雕虫小技"。

1. 癖好显摆

有些推销员生怕别人瞧不起自己,凡事都喜欢压人一头,好像世上的事就他最懂,从不考虑听者的感受。殊不知顾客之所以有今天的成功,很大程度上并不比你笨,而且他遇见过各种各样的推销员,可谓阅人无数。你过分聪明的结果就会让他觉得自己像傻子一样没有面子,怎么可能再买你的东西。

2. 喜欢忽悠

自从小品《卖拐》红了之后,"忽悠"也一夜间成了热门的名词,有些推销员也跟风地开始忽悠起顾客来了,遇上顾客提问回答不上来的时候,要么就是能蒙就蒙,随便胡诌几句,要么就是打"马虎眼",随便搪塞几句,碰到马虎的顾客,尚且能侥幸成功,碰到细心点的反而让顾客心生反感,原本想成交的,也会因为他觉得你不够坦诚而使这单生意失败。

3. 缺乏耐心

由于推销是个不断寻找顾客的过程,因此就免不了与各式各样的人打交道,其中不乏各个领域的成功人士,他们可能会对你的产品、服务、经营方面,提出一些中肯的意见。有经验的推销员会视若珍宝,但没太多经验的推销员就会显得不耐烦了。

这其实一下子就失去了两样东西,一是少了一次学习的机会,因为顾客之所以有今天的成功,毕竟在某一方面有超人之处,对你可能有所借鉴;二是可能就少了一次"贵人相助"的机会,因为彼此谈话投机的话,就很容易成为挚友,不但能成为你永久的顾客,还很有可能一不小心就让你一夜之间跻身于成功人士的行列。

第五节　积极进取和消极等待

要想让事情变得更好，首先要让自己变得更好。

而要让自己变好的一个最为有效的方法就是不断地为自己输入积极的信号，而不是一味地等待事情按你自己的意愿发生转机。

一、积极是成功的前提

大凡成功者做事都有这样的习惯，要么不做，要么就把事情做好，而且无论遇到任何阻力都不会动摇，遇到任何困难也不会退缩，无论处于怎样的低谷，都会以积极的态度去看待并处理问题。

1. 自律

要成大事，就要能够自己约束自己。

其实无论做人还是做事，最容易也是最难的就是管住自己，管住自己就是敢于对自己负起责任。

2. 说话讲究

只说自己该说的话，只做自己该做的事；而不是一味地不顾别人的感受，自顾自个地只说自己喜欢说的话，只做自己喜欢做的事。

3. 持经达变

懂得应该怎样守规矩，应当怎样明变化，无论发生何种情况都坚守自己核心的价值观，同时不断根据外在的变化调整自己的行动。

二、消极是失败的开始

任何失败都是由消极引起的。消极并不可怕，可怕的是不懂得如何摆脱，对于个人来说，如果不及时走出消极情绪的话，就很容易被击垮；对于一个团队来说，如果不及时控制消极情绪的蔓延，团队就很有可能由此崩溃。

1. 他律

他律就是凡事需要别人来管，否则就容易放任自己。

表现为做事不够主动，像算盘珠子一样拨一下就动一下，一天到晚都需要有个专人盯着才能做出点事来。

2. 说话刻薄

有些人吃不得一点亏，稍微遇到一点不合自己心意的事情，就喜欢以刻薄的语言予以还击，好像这样自己就占了上风，对同事这样，对顾客也是这样，结果整个团队都被他变成了火药桶，稍有不顺，就会被点燃。

3. 怨天尤人

有些人喜欢多愁善感，遇到自己状态或者情绪不佳时，不去想怎样改变现状，而是一味地唉声叹气，总认为自己生不逢时，别人大多不理解自己，社会又对自己如此的不公平，由此心生怨艾。

三、消除消极情绪的方式

其实，客观来说，人人都不希望自己总是被消极的情绪笼罩，但又总是苦于找不到消除消极情绪的办法。以我个人的体会，主要有这么三种方式可以试试。

1. 否定消极

否定消极事件的存在，以此来限定和消除由消极情绪产生的不快感。如果仍旧挥之不去的话，就将其归咎为主、客观原因。

2. 自我辩护

从不同的角度评说消极因素的原因与后果，让自己适应不可避免的事实，然后很镇定地想办法改善最糟糕的情况。

3. 自我打岔

当消极情绪袭来的时候，有意识地分散自己的注意力，为自己创造良好的心情，并有意识地培养自己的幽默感、快乐感、幸福感。

四、态度等于报酬

教我过桥的堂哥，不但成熟得早，而且做起事来也非常精明。那时还是计划经济的年代，因为家里孩子多，经济较为困难，所以他没读完初中就辍学了，跟着队里下地干活挣工分，那时一个工分才合着一角多钱，刚够买一斤盐，但对于贴补家庭很管用。

那时生产队规定是早上 8 点敲钟开工，下午 6 点敲钟收工。几乎人人都是踩着点上工,按点收工,而他却每天早上都要提前 5 分钟下地,收工的时候也是最后一个。生产队长为此很是满意,那时一个女劳动力干一整天才记半个工,却破例给他记上一个工,为什么?因为生产队长并非需要整天盯在地里,只需早上布置工作,晚上验收工作就可以了,眼里看见的就是他早出工,晚收工的这么个对待劳动的态度,为此,生产队长还多次在会议上公开表扬他。

而事实上那时的堂哥也就一个十二三岁的小孩子,也干不了太多活。没干多少活就能获得好的报酬和荣誉,都得益于自己的态度。

态度其实就是横在我们每个人面前的石头,同样是一块石头,可以做你的绊脚石,也可以做你的垫脚石。

四道

修炼

——所谓修炼，就是养成成功者的个性和习惯

第一节　「喜欢」和「应该」
第二节　自我管理
第三节　「点头、微笑、鼓掌」都会传染
第四节　陪同和做笔记
第五节　克服忧虑
第六节　目标、计划、行动

对于孩子们来说，最开心的事就是"爆米花"，每当挑着这样的担子的人在村里出现，都是孩子们的节日，因为一段时间的零食也就跟着来了。那时只需一角钱，一碗大米就能变成一大盆米花，若是再掺上点玉米或者豆子什么的就更香了，一般的家庭也都会让孩子们拿着盆排着队。

　　米花师傅一手拉风箱，一手转炒锅，将米变成几倍的米花一般只需十几分钟，但好坏却很见功夫。

　　一是掌握火候，添加焦炭和拉动风箱，火弱了，米不熟就发不起来，火太旺了就容易把米烧糊。

　　二是旋转也很有讲究，不但要求力度均匀，而且顺时针方向和逆时针方向要搭配好，否则炒热的米就很容易在锅里碎掉。

　　三是最后起爆时一定要干脆，动作迟疑或者拖沓都会导致这一锅米花最后失败。往往声音爆得最响亮的，也是爆的最为成功的。

　　在炒锅里修炼了那么久，就是为了最后的那一次爆破。

第一节　"喜欢"和"应该"

　　每个人来到这个世界都带着自己的使命，对社会的使命，对家庭的使命，对个人的使命。从主观上说，每个人都不想庸庸碌碌地度过自己的一生；但客观的情况却是，绝大多数的人都只不过是匆匆的过客。原因很简单：成功的人只做"应该"做的事，说应该说的话，而失败的人却顾着自己喜欢。

　　"喜欢"指对人、对事的一种态度，一方面有喜爱的意思，另一方面也有愉快、高兴的意思。但是，喜欢与爱二者还是有一定的区别与联系的。"爱"比"喜欢"的意思更深一层。

　　对于自身的努力来说，喜欢是最基本的要求，因为喜欢，你才愿意付出；只有付出了，你才可能得到。很多人之所以计较，就是因为还不够喜欢，但职业要求你必须对自己所从事的工作抱以浓厚的兴趣，只有这样才可能把原本枯燥的东西变得有趣，从而把一份在别人看来平平常常的工作做得有声有色。

"应该"表示情理上必然或必须如此，从价值论角度来说，应该就是从众多的价值判断、价值选择和价值行为中取其价值量或价值率的最大值。

对于与外界的交往来说，应该的才是正确的。因为应该，所以就会把不同对象的要求视为价值标准，从而时时刻刻调整自己。

推销员的工作性质就是要从众多看似有价值的事物中，找出最有价值的，并循着这个规律，牢牢围绕价值这个主线去说话办事。

一、"喜欢"的都是失败的

一般人都喜欢以自己的好恶来决定自己该做什么，不该做什么，这样虽然满足了自己的兴趣，但在对外交往中却往往会因此吃尽苦头，同时也容易离预定的目标越来越远。

1. 自己喜欢不等于别人接受

一般人都愿意以自己喜欢的方式说话做事，却不愿过多地考虑别人对此的感受。因为你觉得好并非代表别人也认为好，你自己喜欢未必就代表别人也一定就喜欢。

对于推销来说，你若是受自己的主观意识支配的话，行为就很容易因此受到羁绊，也就会丧失很多与顾客接触的机会。

2. 喜欢的未必就是需要的

谁都见过这样的场面，如果不用花钱，你让一个幼儿抓东西，他一定会抓颜色最鲜艳的，他感觉最好奇的；而成人呢？就会抓最有价值的那一件，却不愿考虑自己是否需要。

在推销过程中，你可能看到一个人时很不喜欢他，但你需要他买你的东西。

3. 别人行未必自己也行

人的精力毕竟有限，而且哪一行想成功的人都不计其数，有些事情需要有广泛的社会背景，比如金融、矿业、市政工程、房地产开发，我们不具备条件，所以被迫放弃；有些事情需要很专业的技术，像飞机制造、计算机编程、精密仪器研发，我们也没有条件，所以也只有另谋他路；还有很多事情好是好，但需要有一定的客观条件，我们一时半会的又很难满足，所以也很难成功。

二、"应该"的都是成功的

他人是否愿意帮助我们，取决于人家是否对我们有兴趣。而我们想要使他人

四道　修炼

把我们当回事，就首先应该把人家当回事。

最简单，也是最有效的办法就是，说应该说的话，做应该做的事。

1. 以顾客喜欢的方式

很多人，一提到顾客喜欢的方式就是"价格折扣""买一送一"这类俗套的促销手段，好像顾客都是贪便宜的主。

其实这些都是商家一厢情愿，想当然的，大错特错！

首先，顾客真正喜欢的方式其实还是"受到重视"，是时时处处能够体会到舒服的那么一种感觉；每个人都做过顾客，之所以愿意花钱买东西，除必要的东西外，在乎的其实什么都不是，就是一种在其他地方得不到的气氛，在其他地方享受不到的心情。

再者，由于受成长环境、教育程度、个人审美趣味等因素的影响，每一个顾客说话的方式、做事的风格、处事的态度都千差万别，这就需要我们因人而异。比如，对方是个好静的教师，你就不能大大咧咧地与他接触；若是换作楼下开小快餐店的老板娘，太讲究了反而让她嫌你做事磨叽……

2. 做顾客喜欢做的事

顾客喜欢什么有时也要因人而异，因情境而异。不过，有两点确实是所有的顾客都喜欢的，一是你卖产品给他，你自己用过了没有，如果有就谈谈你自己使用的切身感受；如果没有，那岂不是把他当作实验品，出了问题你负得起这个责任吗？二是你得尊重顾客的一些个人习惯，比如晚睡晚起的习惯，比如边干活边听音乐的习惯，比如大冬天冲凉水澡的习惯等，如果你把一个处处马虎的人的家收拾得干干净净的，他可能还会很不开心，因为这样反而让他找不到要拿的东西。

3. 做益人利己的事

在商言商。俗话说"无利不起早"，没好处的事谁也不愿干，也违背了我们做推销的宗旨，要付出，当然也要索取。

有的推销员为了完成业绩就干脆将产品私自降价或者赔本销售，弄得顾客反而认为我们从中赚了很多钱，结果"吃力不讨好"。如果反过来，你不是简单地降价，而是很有礼数地给人买点小礼物，顾客反而认为你会做人。

其实也应该这样，该花的钱要花，该拿的钱要拿，我们做推销的也要讲个效益，这样才能享受做事的快乐。

三、"喜欢"和"应该"的相互联系

"喜欢"和"应该"也是一个事物的两个方面，我们喜欢的并不一定是我们应该做的，反之，我们经常做的事情并不都是我们喜欢的。

这里就牵涉持怎样的心境对待的问题，为了使别人接受自己，就要把一些看似枯燥的事情变得有趣，善于按照别人的意志去调整我们自己。

如果我们有心观察一下就不难发现：那些在生意上做得很成功的人，往往并不是因为他很会做生意，而是因为他很会做人。

从这个角度上来说，所有的成功者都是付出者。

第二节 自我管理

我们做人、做事，总喜欢按照自己的个性来处理，时间久了就成了习惯。有些习惯可能在你看来很好，可在别人眼里就未必；有些习惯对别人可能有益，对你却无益；还有一些习惯可能既无益于别人，也无益于自己。

一个人要想成功，需要具备很多条件，身体的条件，心理的条件，习惯的条件等等。所以我们如果要想成功，就要有意识地调动自身的所有因素，为实现自己的梦想而努力，就像经营企业一样，把自己经营好。

一、健康管理

人的身体器官也有自己的习惯和脾气，工作时更是有自己的规律，我们如果顺应的话，就可以预防或免除由此带来的麻烦。这就跟管理企业一样，你不但要把底子打好，而且也要时不时地维护，及时发现问题，及时解决问题。

1. 顺应人体生物钟

在中医看来，我们体内有很多毒素，凡是不能及时排出体外、对我们的身体和精神会产生不良作用的物质都可以称为"毒"，例如瘀血、痰湿、寒气、食

积、气郁、上火。这些毒素堆积在五脏之内，就会加速五脏的衰老，然后由五脏供养的皮肤、筋骨、肌肉、神经也就跟着一起衰老了。虽然毒素深藏，但它们在身体表面还是留下了蛛丝马迹，不同的样貌代表毒素藏在哪里，我们要找出毒素每天排出的规律，协助器官尽快把它赶出身体。

1：00～3：00 胆的排毒时间。

3：00～5：00 肺的排毒。此即为何咳嗽的人在这段时间咳得最剧烈，因排毒动作已走到肺；不应用止咳药，以免抑制废积物的排除。

5：00～7：00 大肠的排毒，应上厕所排便。

7：00～9：00 小肠大量吸收营养的时段，应吃早餐。疗病者最好早吃，在6点半前，养生者在7点半前，不吃早餐者应改变习惯，即使拖到9点、10点吃都比不吃好。

21：00～23：00 为免疫系统（淋巴）排毒时间，此段时间应安静或听音乐。

23：00～1：00 肝的排毒，需在熟睡中进行。

半夜至凌晨4点为脊椎造血时段，必须熟睡，不宜熬夜！

2．人体这台机器该修早修

我们最熟悉的人体，就像是一台构造复杂的精密机器，你除了合理使用外，还得时时保养，及时维修，如果稍微疏忽，就容易"小毛病变成大麻烦"，等到下决心想修的话，一切都已经晚了。

做推销的更要有好的身体，一是推销的工作性质决定，我们需要有个好的体魄才能努力做事；二是需要时刻保持一种最佳的精神状态出现在顾客面前，否则，我们病快快的，顾客也不待见。

3．呵护自己的生殖系统

无论男人还是女人，似乎平时都很在意自己的生殖器，其实最容易忽视的也就是自己的生殖系统，总觉得，即使有点毛病，还不至于危及自己的生命。

这个认识真的非常要命，生殖系统是我们的生命之根，不仅决定了我们的"性福"指数，而且还是我们身体的"晴雨表"和体内"毒素"的主要排泄系统。

对于女人来说，生殖系统里还包括一个既特殊又很重要的器官——宫颈，因为细菌很容易自阴道侵入，滞留宫颈，也造成了宫颈最容易产生病变，从而形成可怕的宫颈癌。尤其在炎炎夏日，细菌会异常活跃，侵袭力也会随之增强。

二、时间管理

世界上确实有很多的不公平存在，唯独在时间上，对谁都是公平的。

每个人的时间都是有限的，这就要求我们利用有限的时间，尽可能做多一些事情，除了努力之外，还要科学地安排我们的时间。

时间管理就是引导我们按照轻重缓急，来安排做事的优先次序。

1. 给生命拟份时间表

假设我们一生的时间是30000天，我们用去多少天，还剩下多少天？假如我们一个人一生工作的时间是40年（14600天），我们已经工作了多少天，还剩下多少天？假如我的生命还剩下一分钟，我想对这个世界说些什么？

时间对于处于痛苦中的人来说，是种煎熬；对于没有目标的人来说，也就是多混少混的问题；而对于那些已经成功，或者正渴望成功的人来说，就有无尽的价值。

2. 合理分配自己的时间

合理分配自己的时间，就是把事情分为四档，分别为：A. 重要又急迫，B. 重要而不急迫，C. 急迫而不重要，D. 不急迫又不重要；每天、每月，甚至每年，多做A类、B类事，少做C类、不做D类事。

所谓效率就是多做重要与紧迫的事，这样就避免了重复的次数，也就有效地节省了时间，成功人士也大多信这个道理：有效的一个就够了，没效的做得太多也没用。

3. 尊重并珍惜别人的时间

判断一个人是否守信，一个最基本的标准就是看他是否遵守时间，如果一个人懂得珍惜别人的时间，那就是懂得珍惜生命。因为他深深明白一个道理：浪费别人的时间无异于谋杀。

三、性情管理

有这么句话，性格改变命运，就是说的情绪在为人处世方面的重要性。

喜怒哀乐是一个人的天性，生活中如果这样，还被人视为"性情中人"，但在与人交往中，如果不加以节制的话，就会被视为不够成熟，严重的还会导致事情向不好的方面转变。所以，成功者常说：成功不是因为你知道做什么，而是你知道不该做什么。

1. 认错，先认错，永远认错

情绪里面有个很重要的问题就是认错，有些事明明是自己错了，还强词夺理，脸红脖子粗地不肯承认，为什么有这种结果呢？就是爱面子。

既然人人都要面子，那么，我们作为一个推销员，要想让别人接受，要想让别人喜欢，就要反其道而行之，那就是经常认错。

这里面涉及三个方面的核心问题：

（1）永远不要让你的客户认错。

我们有些推销员推销时说得头头是道，顾客听说了，也认可了，但顾客就是不买。

为什么呢？因为推销员给顾客的感觉是他比客户聪明些，动不动就纠正顾客说得不够正确的地方，顾客的脸拉不下来，所以不买他的东西。他也不想想自己推销的这东西，天天接触，你对一些，别人不对一些都很正常，你当然这方面比顾客聪明些，说不定，你的顾客在另一方面比你更聪明呢。

所以，与其让客户没有面子拉不下脸来，不如表现得让你自己显得没有顾客聪明，这是一个优秀的推销员所应该具备的素质，应该尽可能地让顾客多说，自己认真倾听，顾客就会有种满足感，就容易觉得有面子，成交的概率就会大很多。

（2）我先认错。

你永远不要伤害顾客的脸面，比如说不要与顾客争论，你一场争论失掉一个顾客，因为顾客伤了心，他怎么可能还会买你的东西，所以你先认错比什么都管用。

聪明的推销员都喜欢用这一招，那就是顾客与自己不管谁对谁错，总是自己先认错，这样看似吃亏，实际上是占了大便宜，想想看：早心知肚明的事，你这样做一是显示出你的风度，二是对方反而觉得有点不好意思，他一感动，不买你的东西他自己都有点过意不去。

（3）即使客户错了，我也认错。

这是最狠的一招，即使是顾客错了，我也说是我的错，因为做推销员需要弹性处理与顾客的关系，才能更有效地推销自己的产品。其实在处理人际关系方面也是一样。即使用于处理家庭琐事也同样管用，比如：就算是老婆错了，你也端杯茶，给老婆认个错，说老婆啊，都是我的不好，你老婆也不是傻子啊，躺在床上一想，自己错了，老公还认错，反而更爱你。那顾客也是一样啊，当面你认了错，好，回去后想想觉得过意不去，就天天打电话来买你的东西。

真正的推销战略不是你有三头六臂的本事，往往最简单，也最管用的就是：认错。

2. 说归说、听归听、做归做

老天给人每个器官都有其独特的作用，但如何运用却可以体现一个人的智慧。

做人也好，做事也好，太实在了往往是缺心眼，耿直从某种意义上来说就势必蠢笨。

比如现在满大街都能见到城管撵摆摊的小贩，有一天你也摆了，城管来了，说你几句，耐心听了；表示歉意，你也说了。但如果就此再不在这摆摊了，那就有点傻了，因为其他地方也一样有城管撵，一家老小的生计全在这里，太讲究了就要挨饿。

（1）顺其自然并非随心所欲。

我们说可以偶尔随性并非说你可以不加思考地想怎样就怎样，而是指要有针对性的策略，因为不同的人会有不同的性格，也会有不同的看问题的角度。

我们都说脾气倔不好，但有时偏偏就是倔脾气才容易打动人。我们说骂人不好，但对于有些人骂几句反而更起作用。

（2）不同的时间空间产生不同的效果。

任何情绪的表达都是合理的，但一定要把握特定的时间和空间。因为不同的话、不同的动作在不同的时间、空间里产生的效果就会不一样。

比如你夸别人福气，若是在家里夸，无异于夸女主人贤惠；若是在办公室夸，就有说别人工作清闲、乐于安逸之嫌。

3. 隐瞒不等于欺骗

要想使事情向自己所愿望的方面发展，就应该给自己留点"库存"，因为任何事都有正面负面两种作用，如果不管不顾地把自己脱得精光，可能就要为此付出代价。所以，必要的隐瞒非但算不上欺骗，反而可以算得上是生活的艺术。

都说女人的秘密喜欢交给别人保管，但没有一个女人会把自己的事全部告诉别人，哪怕是自己最信任的母亲也不例外。

夫妻之间也需要隐瞒，因为有些事出于这样那样的原因可能一时就发生了，不知道也没有什么，但如果让对方知道了就是一种伤害。

四、推销员的成功六套路

大凡成功人士的成功习惯也绝对不是与生俱来的，而是通过不断地修炼得来的，开始可能会有些不习惯，但需要强迫自己这样做，久而久之，也就习以为常了，不但成了一个好的习惯保留下来，而且还会成为一种下意识的行为。

要想在推销方面有所成就，还得掌握一些必要的套路。

1．列名单

业绩好的推销员都是列目标客户名单的高手。

列名单不妨按"五同"的原则分类：同亲、同乡、同好、同行、同学。并且先不管对方买不买，做不做，列下来再说。

名单列得越大越好，同时做到不做"判官"，而且还要不停止增加新名单。

列名单其实就是做顾客的人事档案，除了写顾客的基本信息外，还要详细记录顾客的生活习惯、事业状况，以及和顾客接触、交易、服务时的各种细节，这种细节会决定你推销的成败。

2．会邀约

邀约就是邀请、约定，是一个推销员的基本功，目的是为了让顾客了解产品。

邀约过程中需有一个老板的心态和一颗平常心，既要有强烈的渴望，又要坦然地面对任何结果。要想提高邀约的成功率，通常要把握这样四大原则：

（1）自然原则。

既不要刻意，好像自己有求于别人；也不要随意，好像自己对这事无所谓。前者容易使人产生上当受骗的误会，后者会让对方对此事不够重视。

（2）三不谈原则。

一不谈公司，二不谈产品，三不谈生意。只告诉顾客有款好产品请他来了解，一切问题见了面再说。

（3）二选一原则。

在时间上给对方设定两个方案，让对方选择，既尊重了对方，又不给对方留出拒绝的余地。

（4）时位原则。

邀约时有两个问题一定要注意：其一，时间的把握，要在合适的时间进行邀约，总不能晚上11：00点邀约顾客吧；其二，身份的把握，相对于对方自己处于怎样的一个身份，比对方地位低，还是地位高，抑或平级？应该以相应身份的口吻和态度应对顾客。

3．善跟进

正确的跟进是不断发现人的需求并用某种方式满足人的需求，错误的跟进是总希望去说服对方。

（1）跟进的心态。

长期跟进、迅速放弃。对于已经参加了会议也谈得比较深入的顾客，如果还没有明确的购买意向，千万不要死缠烂打，因为勉强多出一个顾客来也没什么太大的意义，但还是可以长期保持联系的，因为也许过一段时间，他的观念就转变了，或者给你介绍其他顾客也不一定呢！

（2）跟进的原则和技巧。

跟进看起来只是保持联系、继续沟通、洽谈这样的小事，是人就会，但其实要做好的话，还是要讲究一点艺术的。

1）跟进的原则也是"三不跟进"。

①时间不对不要跟进。人家不方便的时间，千万要管住自己的嘴，否则，反倒容易惹怒顾客。

②空间不对不要跟进。有些场合不适合讲，结果你讲了，一是人家没往心里去，二是没给顾客留点面子。

③人不对不要跟进。有些顾客可能不希望除他之外的人知道这事，所以，最好就是等到只有你们两个人单独在一起的时候再说，这样成功的概率也会大很多。

2）跟进的技巧有很多，这里只介绍几种最常用的。

①情为先。上门跟进千万不要空着手去，最好是随手捎上点小礼物，这样别人就认为你这人是懂得好歹的，也就不好意思当面拒绝你。

②留下少许资料。见面时最好给对方留下点资料，并声明要还回来的，这一是让对方觉得资料的重要，因此会仔细阅读；二是给下一次见面做个铺垫。

③约在一起看些DVD录像。每次都谈事不免有点功利，也比较枯燥，最好就是一起看点相关的录像，又生动形象，又容易使人印象深刻。

④带去见个资深的推销老师。一是换一个人谈，就会从不同的角度印证这件事；二是资深的老师更有经验，也能多给你一点专业的指导。

4．懂承诺

承诺既包括对自己的承诺，也包括对他人的承诺。

对于自己来说，决定了的事就要信守对自己的承诺；对于顾客来说，承诺就是一种保障。人之所以对人有戒心，很多情况下就是因为总听不到承诺，推销也是一样，推销员与顾客进行一通交流之后，顾客心动了，可就是总不见行动，有些迟钝点的推销员这时就会有点手足无措弄不明白，其实这时顾客就在等你的一句承诺,他担心如果这产品没有说的那么好怎么办,这时如果推销员适时以坚定的语气说出质量保证和售后服务工作的承诺,那这档买卖立马就成功了。

5. 勤检查

推销员不但要时刻检查自己对产品知识、行业知识、营销计划、工作流程及技术、团队管理、素质提高等方面的掌握情况,还要通过当面、电话、网络、手机、电邮等一切可能的形式,了解顾客使用产品的感受、困难、反应等,这样才能做到及时发现问题,及时予以排除,以利于工作更顺利地推进。

6. 擅复制

复制就是指教会新手建立推销团队的意思,是传承一种技术思想和灵魂。

(1) 内容:产品知识、营销知识、行业知识、工作流程、成功心态、推销技术、企业精神。

(2) 方法:复制的方法并不复杂,只要简单地做就行了。大致有以下两条:

1) 以身作则。要人掌握,首先应该自己先掌握,既有利于对操作过程有个清晰的了解,也容易使以后的管理更加具有针对性。

2) 学会、做会、教会。只有"我做给他看,他做给我看,自己做给自己看",才能把推销之术迅速复制给初入行的推销员。

五、 克服自己的失败习惯

其实人与人之间本来只有很小的差异,但是这种很小的差异如果忽视了,并且不及时跟进的话,就可能造成巨大的差异。

习惯就是这么一种造成差异的东西,可以帮助人成功的习惯如果一直延续下去,就成功了;可以导致人失败的习惯如果不及时克服的话,就必然会让人失败。看似不经意,也好像无伤大雅,殊不知有的时候就是因为这么点小小的习惯,就会导致推销工作的失败,严重的还会酿成大错。

1. 死不认错

人总是爱面子的,很多时候明知道自己错了,但是碍于面子关系或逞强不服输的心态,习惯了把错误推脱到别人的身上,即便已经有实质的证据也不愿意承认自己的错误,这种打死不认错的心态和习惯,不仅没有保住自己的面子,反而影响了自己在别人眼中的形象,间接给自己的成功之路设置了障碍。

知错,不一定就能成功,但是不知错,成功永远都是白日梦。

2. 抱怨多于行动

很多人在遭受挫折的时候,习惯把自己面对的一切不满归咎为外界的因素,认为就自己最不幸、最委屈,这样不仅把自己推到失望和低落的边缘,还让自己对于周遭的事物产生严重的不认同感以及集体排斥感,长久下去,结果只有一个,就是接受面前的失败,换个环境重新再来。

如果只是靠不断地变换环境来获得短暂的心理平衡,那么,你注定了是一个失败者。与其不断地抱怨,不如给自己多点积极的心理暗示,把目前的苦难和挫折看作成功的踏脚石,总结自身的缺点,结合工作的性质以及工作对象的要求,转压力为动力,转换方式和心态,并落实到具体的工作之中,用行动代替抱怨,绝对会让你有意想不到的收获。

3. 不知道自己想要什么

经常会听到身边的人对生活充满了抱怨,日子得过且过,甚至感觉人生迷惘没有方向,当有人问他究竟想要什么的时候?答案往往是连他自己也不清楚,这是都市人尤其是"85后"很显著一种现象。对自己的职业生涯没有规划,对于自己想要成为一个什么样的人完全没有概念,这也是"被毕业""被工作"等词语流行的原因。

不知所求而求之,无异于神女有心,襄王无梦,成功也只是海市蜃楼。目标是成功的前途、行为的动力,只有知道自己想要什么,知道自己想要成为什么样的人,才能把推销工作做好。

第三节 "点头、微笑、鼓掌"都会传染

由于种族和地域的影响,人类肤色、语言都有很大区别,也给相互间的交往带来了很大的困难,唯独"点头、微笑、鼓掌"是全世界通用的,而且人与人之间,即使语言完全听不懂,也可以通过这三个动作来做一些简单的交流。

一、点头招来好运

那些沿海经济发达地区的公司,总喜欢在门口放个"招财猫"。招财猫的手

一动一动的总是招手，欢迎客户登门，就是欢迎财富到来。

点头就是表示你对一件事情、一个观点、一个人的肯定，也是一种最容易获得别人支持的一种态度。这个世界上成功的人的习惯就是点头，失败的人的习惯就是摇头。

我们点头，内在的意义也就是招来好运，你找来的顾客这尊财神留不留得住，往往取决于你点头的次数。

1. 会点头就是会招财

一个人从生下来开始，脖子就会动，就懂得点头，而且这两个动作比说话还来得更早。

即使每个人的价值观不同，对事物的认识各异，只要轻微的一个点头动作，就会立刻拉近两个人的距离，也比任何的语言都来得有力。

广东的公司是最喜欢在前台的位置摆一尊"招财猫"的，进门就见"招财"，顿时让人心情舒畅，那要谈点什么事情也就容易多了。

听一些懂行的朋友说呢，广东的"招财猫"大多是从香港请过来的，举起左手的意思是"招财"，而举起右手呢就意指"招福"；如果是使用两只招财猫的话，一左一右的，那么，我们需要的财和福就都能一起到达了。

2. 点头和摇头都会传染

点头表示认可，摇头表示否决。它的特质是具有传染性的，与感冒一样。想想看，如果在推销的时候你总是点头，顾客也会下意识地跟着你点头，最后你问这个东西好不好，顾客往往也会下意识地点头说好。反过来，你如果总是摇头的话，顾客也会莫名其妙地跟着摇头，那就算再好的东西，顾客也容易跟着你摇头说不好。

二、微笑成就大事

我们说成交有个秘诀，就是要有一个良好的环境。而微笑恰恰就是我们可以不受任何条件限制，所创造的最好的环境。

微笑也被推销的人普遍认为是留不留得住顾客、留不留得住财的一种行为。

如果你仔细观察就会发现：生活中开心的人，成功的人，脸上始终都充满笑容；而失败的人呢，脸上个个都愁眉苦脸的。

作为一个推销员，首先就要学会微笑，喜欢微笑。因为，我们别忘了，微笑是我们最有杀伤力的武器。

1. 微笑的秘密就是留得住

笑在生活中是绝对不可缺少的一部分，有百益而无一害！是人与人沟通的纽带！不管彼此认识不认识，见面第一件事就是含笑点头，微笑还是感恩的一种表现。

我以前曾经收留过一个看起来有点笨头笨脑，只有小学文化程度的推销员，就因为他会笑我要了他，结果他果然表现不凡，业绩连续三个月公司排名第一。其实算起来他哪方面都比不上别人，他的武器也就这么一个：就是会笑。他自己介绍自己走到哪都带着镜子，每次见顾客前，他总要先对着镜子练5分钟微笑，直到满意了才见顾客。

2. 微笑就是挂财

人在微笑的时候，眼睛、眉毛、嘴角都是上翘的，天上即使有馅饼掉下来，也都挂得住；而愁眉苦脸的人呢，眼睛、眉毛和嘴角都是下垮的，就算天上真的掉下馅饼，哪怕砸着了他也挂不住，只会掉到地上。

3. 用笑留住顾客

一个微笑能让顾客拥有好的心情。有心理学家计算过：一个好心情能让人保持10～20分钟的时间。也就是说，我们一个很简单的微笑动作就能换得顾客10～20分钟的好心情，而这10～20分钟的时间就足以让我们留住顾客，成交的概率就会大出70%。

微笑给人一种舒服的感觉，因为你微笑，所以顾客也微笑，大家的心里都觉得很舒畅，在这样的氛围里谈生意，交易就更容易成功。

日本推销之神原一平就很善于借助微笑来帮助做推销，并为此付出了很大的努力。

在发现微笑在推销中的神奇作用之后，为了弥补自己长相丑陋的缺陷，于是，他就花了相当长的时间刻苦练笑。为此专门买了10块镜子，分别放在家中的床头、洗漱间、马桶边、衣帽架、鞋柜、浴室、厨房等各个活动的地方，练习自己在各种环境、各种动作下微笑的本事。每天起床第一件事就是对着镜子笑，上厕所也笑，冲凉也笑，连系个鞋带这一会工夫也不忘练习。

为此，原一平总结出笑容在推销活动中的九大作用：

（1）笑容是传达爱意给对方的捷径。

（2）笑具有传染性，你的笑容可以引起对方笑并使对方愉快。

（3）笑可以轻易地消除两人之间严重的隔阂，使对方门扉大开。

（4）笑容是建立信赖关系的第一步，它会创造出朋友。

（5）笑容可以激发热情，提高工作效率。

（6）笑容可以消除自卑感，弥补自己的不足。

（7）如能将各种笑容拥为己有，了如指掌，就能洞察对方的心灵。

（8）笑容能增进健康，笑一笑，十年少。

（9）笑容可以增强面部肌肉活动，增强免疫力。

原一平认为，婴儿般天真无邪的笑容是最具魅力的。于是，他就花费了很长时间练习婴儿的微笑，直到他在镜中出现与婴儿的笑容相差不多时才罢休。他练习的步骤是：检查自己的笑容有多少种（原一平认为自己有含义不同的 39 种笑容），列出各种笑容要表达的意义，然后再对着镜子反复练习，直到镜中出现所需要的笑容为止。

三、鼓掌招来横财

据我研究，鼓掌就是发横财，是快速通向成功的一种动作。换句话说，成功的人，都是很会鼓掌的人。

不知道大家注意到没有，到中央开会的人都应该算是成功人士吧，你不用说他就会自动鼓掌；而如果你有机会到农村开一次会试试，你要是鼓掌，他说你神经病，说出来你还别不信，越是贫穷的地方还就越不懂得鼓掌。

由此就分析出"成功的人会鼓掌，不成功的人就不会鼓掌"这个概念。那么，对商人而言，那些钱越多的就越会鼓掌，钱越少的就越是不会鼓掌。

1. 掌声的作用

鼓掌呢，实际上是一种呼应的行为。因为成人教育时间长了都很疲惫，那时不时地鼓个掌就可以提高情绪，让别人有个舒服的感觉。鼓掌也可以锻炼身体，"十指连心"啊，锻炼锻炼手指，也锻炼锻炼心，可以消除疲惫。

鼓掌是怎么发明的我没有考证过，但奇怪的是全世界几乎都用掌声来表达态度和起激励作用，而且最适用的场合就是会议。

会议上鼓掌有三种作用：一是可以解乏，开会一般都坐着，不活动，时间一长就容易犯困，所以需要适时地有点掌声予以解乏；二是可以运动一下手部关节，同时掌心相击也有益于通过掌心的神经反射达到激活人体细胞的作用；三是台上讲话或者表演的人也都需要一点掌声来激励。

有这样一个故事：一个街头卖艺的人，其琴声悠扬，令人听后很是感动，也吸引了不少行人。拉完一曲，周围的人纷纷向钱罐里丢钱，转眼工夫，钱已装满了罐子，但卖艺人脸上并没有人们希望看到的欣喜的笑容。

后来，还是一个旅游者像是想起什么，突然抬起手来带头鼓起掌来。

此时的卖艺人眼里溢出了感激的泪水。可见,卖艺者要的不仅仅是钱,他寻求的是知音,期待的是对他琴声认可的掌声。

没有掌声的演出是可怕的,有谁受得了死一般的寂静;没有掌声的人生是可悲的,有谁愿意在压抑中生存?

2. 鼓掌要恰到好处

当然,我们鼓掌也不能瞎鼓,比如,人家讲得正起劲的时候,你来一通掌声,那岂不是捣乱;人家太投入,一不小心出了点小意外,你鼓的就是倒掌。

这里顺便有一个问题需要提醒,也是大家多多少少会遇到,既关心又不好意思问的问题,那就是:开会的时候,你听得入神(或者精神开小差),情不自禁地鼓起掌来。可当你定一定神,发现全场只有你一人在鼓掌,而此时所有人的目光都盯着你时,你怎么办?

面临这种情况,人通常都会觉得很尴尬,往往最常见的动作就是羞红着脸埋下头去。

我的意见是,这种情况索性将错就错,继续鼓下去。别人见你这样,也会随之附和地跟着鼓下去。与会的人也会因此对你的印象深刻,因为你向别人表达的不仅是一种态度,还是一种机智。

鼓掌表达的就是自己的一个态度,你态度好的话也就容易换取别人好的态度。

3. 掌声招财

我的经验是:每次会议,如产品说明会、推销员培训会等,推销员的掌声配合得好的,业绩就会好。

会鼓掌就是会发财,在腰部鼓掌的人发大财,在头顶鼓掌的人就会有飞来横财。

人生需要掌声,鼓掌不仅可以调动人身心的正常发育,也可以促使人快速地拥有财富。

第四节 陪同和做笔记

陪同是情，我们做推销员的，讲的就是情在先；做笔记是义，既是对主讲人有义气，也是对随你而来的顾客有义气。因为你把顾客带来的目的就是为了让他听讲、让他了解，你唯一的手段就是做笔记。

一、陪同就是惜财

通常我们约好了顾客，就应该以一个主人的姿态和礼节，处处表现出对顾客的重视和关心。陪同，讲的是份情谊，比如你陪同顾客参观考察公司，他最熟悉也最相信的人是你，结果，你把他丢在那里，陪同事说话去了，他会感觉非常不舒服。我们好不容易招来的财运，就有可能因为顾客被冷遇了而泡汤。

懂得惜财，就要在陪同时做到下面几点：

1. 做到形影不离

与顾客保持形影不离，有几点好处：一是让顾客有种尊贵的感觉，二是可以避免顾客因为自己随便乱走而看到你不愿意他看到的东西，三是免得顾客问同事或者其他顾客，得到的答案与你跟他说的有点不一样。

2. 做到有问必答

顾客到一个新的地方，听到、看到一些新的东西，总喜欢问一些新的问题，有些甚至是有点稀奇古怪的问题，这时应该做到有问必答，如果有的问题自己不便回答，就引见其他上级或同事回答。

3. 点滴＋点滴＝成功

顾客既然应邀而来，我们就该尽地主之谊，即使背对顾客也要保持百分百的体贴。沏茶倒水这样的事自不必说，顾客上洗手间就有讲究，我的经验是：请顾客参加会议时，要在会前带顾客上洗手间，其方法是有意无意把顾客带到卫生间，自己先方便起来，顾客一定也会方便起来，这样，开会时才会轻松。

二、记笔记就是记财

记笔记对于推销工作来说就是记财。因为笔记的内容，诸如业务进度、顾客资料、会议内容、学习心得、工作体会等，就是推销员所拥有的财富，必要时还可以当作一个给自己解围的道具。一个好的推销员往往也是记笔记的高手，不但随时随地带着笔记本，而且还要随时随地记下日后可能给自己带来财富的东西。

1．笔记既方便自己看，也方便别人看

从一个笔记可以看出一个人的理解能力和做事的缜密程度。

对笔记是经常容易出现的情况，如果大家会后能够互相对一下的话，既可以避免遗漏，又可以杜绝理解上的偏差，还可以加深印象。

所以最好是把笔记做得清楚些，如果在此基础上有点自己独特的理解和创意，势必更能获得别人的好感。

2．记笔记的好处

记笔记是为了学，为了懂，为了用。记笔记的原则是以听为主，以记为辅；简练明白，提纲挈领，详略得当；难点不放过，疑点有标记；不乱，不混，条理清晰。尤其对联想、发现的问题，要及时记录，可能这就是你创造新东西的元素。

笔记要留有空白处，便于复习时补缺。这里应该注意几个问题：

（1）记录。在会议或联络顾客的过程中记下一些重要的内容。

（2）简化。会议或约见顾客之后，尽可能及早将一些重要的信息凭回忆补充。

（3）背诵。把一些主要的内容尽量完满地叙述，加深印象。

（4）思考。将自己的随感、意见、经验体会之类的内容，与笔记内容区分开，写在卡片或笔记本的某一单独部分，加上标题和索引，编制成提纲、摘要，分成类目，并随时归档。

（5）复习。每周花10分钟左右时间，快速复习笔记，主要是先看回忆栏，适当看主栏。

俗话说，好记性不如烂笔头，你每天睡觉前看看，更容易记住。做笔记最大的好处是便于重复地温习、强调。

3．不做笔记的坏处

若是不做笔记的话，我们非但记不住一些有用的信息，而且用时也容易手忙脚乱，心里忐忑不安。更重要的是，主讲人会觉得他说的东西对你不重要；其他

与会者会觉得你对这次会议不够重视，那他们也会因此不重视。

三、做笔记的妙用

做笔记还有个不易被人觉察的好处，就是可以帮助你在必要的时候做掩饰之用，尤其在会议时，你带了顾客，你又忙着做笔记的话，就能产生几个方面的妙处。

妙用一：用自己的态度表达讲话的重要性以及自己的重视程度。如果顾客讲话的时候你做笔记，你给他的感觉就是你很重视这场会议，他也就会跟着重视起来。

妙用二：显得注意力集中，别人在讲话的时候，顾客可能临时就会想到有很多疑问要问，你不做笔记的话，你是回答他好呢，还是不回答好呢。你回答他，感觉像在开小会，你不回答他，又显得你不近人情，顾客一个问题问你，你却不回答他，还怎么成交啊？你此时如果正在做笔记，他一看你在做笔记，也就不好意思再问，他不与你说话能干什么呢？只好继续听讲去了。

妙用三：可以作为一种掩饰的道具。会议上说的万一与你说的有些出入的话，或者有突发的事件使你有点尴尬，这时，做笔记就会成为你掩饰自己的很好道具。

第五节　克服忧虑

人最大的敌人是自己，而自己最大的敌人其实就是忧虑。

忧虑就是不安、愁烦或恐惧的感觉，这些感觉通常与消极的思想联系起来。

有趣的是，许多成就非凡的人都是忧虑的人。他们担心因自己的不慎会导致什么不好的结果，这也促使他们即使在自己顺风顺水的时候也不敢有任何松懈。但也有人会出于一些考虑而把忧虑隐藏起来，并非没有，只是他们不想让别人知道自己的忧虑而已。

所以，事实上每个人都会忧虑，只是表现的方式不同。

一、活好自己的今天

人之所以忧虑，就是因为把有些东西看得太重了，对于过去了的事情老是放不下，对于尚未到来的事情又总是担心。

这时最需要的就是调整心态。人的一生只有三天：昨天、今天、明天。昨天已成过去，明天还没到来。我们无法把昨天请回来，明天也不可能提前拥有，我们可以把握的其实只有今天。

1．昨天已经过去

虽然有些过去的事情，或辉煌，或失意，或难忘，但毕竟已经产生了结果，想改变也无济于事，如果仍耿耿于怀的话，就是自寻烦恼。

2006年是我人生的低谷，就在那年，辛辛苦苦打拼出来的市场大好形势一夜之间垮塌了。就是这一年，抚育、培养了18年的孩子，在考雅思、赴澳大利亚的路上，发生了意外，走了。接踵而来的是婚姻解体。真正的是家破人亡，真正的是家庭大地震。

那时我才真正体会到了什么叫失魂落魄，整天就像梦游似的，想去哪里，要做什么，全然不知。只要睁开眼，满眼见到的都是血淋淋的事实；闭上眼睛，满脑子都是过去的一幕幕，像蜘蛛网一样挥之不去。唯一能做的就是让酒精灌醉自己，才得以暂时忘记痛苦。幸好，在半醉半醒之中，还清晰地记得自己讲了无数次的一句话"昨天已经过去"，才随时间的流逝而清醒过来。

2．明天还没到来

明天究竟会发生什么，谁也预料不到。我们可以为明天计划，但不要为明天忧虑。

我读书时的同学，多数是人民教师，其中，读书时比我优秀的同学多得是。但是，几十年过去后，他们带着羡慕的眼光看我（其实，我认为每个人的生活道路不一样，不能用同样的标准去衡量人生的成败得失），说我是个什么企业家、成功者。

其实，我慢慢地体会，如果他们当初也下海，很多同学的成就会比我大！为什么他们没下海呢？其原因就是为明天忧虑：怕老了没有退休费而老有所养。而我当时只是想：我今天过得就很难，过得都不好，还管老了如何呢？就这一念之差，教育战线少了位优秀的老师，而社会上多了一位混饭吃的所谓企业家！

所以，推销要想成功，就千万不要为明天而忧虑！

3．活在当下

克服忧虑的第一要素，用卡耐基的话说就是：筑两道墙，把昨天、今天、明天隔开，活好今天。

有这样一个小和尚，他每天早上都要清扫院庙里的落叶，冬秋之际，一阵风一阵落叶，小和尚为此很苦恼。后来有和尚提醒他，你明天打扫之前先用力摇树，把能落的叶子全摇下来，后天你就不用扫了。小和尚照着做了。但第二天他到院子一看，满地还是落叶。小和尚明白了：不管自己怎么用力，该落的叶子还会落的。

世上有许多事是无法重复、无法提前的，唯有认真地活在当下，才是最真实的人生态度。

我们都以为自己还有大把的时间与精力，可以一步一步去实现自己的理想，从而就在等待中消耗着自己的生命。要幸福快乐，就要有所行动，就得主动地活好眼前的每一天，一天中的每一个小时，一小时中的每一分钟，一分钟里的每一秒。这着实不太容易，其实要做的话也很容易，因为幸福还是不幸福，都取决于你个人的心态，只要你能坦然地面对生活，不要伤感那些已经逝去的东西，也不要忧虑明天尚未出现的东西，把握好今天，把握好眼前，就能轻轻松松地享受属于你自己的幸福。

活好今天，给昨天一个美好的回忆，给自己一个充满信心的明天。

二、不断运动可解除忧虑

科学研究表明，剧烈的运动不但能加快心率，还能暂时放空大脑，因为运动虽然只是很机械的动作，但需要身体诸多器官相互配合，才能保证动作的协调，而这些都要听从大脑的指挥，大脑忙起来了，自然也就无暇忧虑。

其实，我们之所以忧虑，从某种意义上说还是因为大脑"闲的"。试想一下，如果一个人有一大堆的事正在处理，哪还有什么时间忧虑。

三、克服忧虑公式

给大家介绍一个克服忧虑的万灵公式，当你们忧虑时，不妨应用此公式，保管马上就能解除忧虑。

1．我的忧虑是什么

有人说，忧虑就是把已经过去或者尚未到来的重担放到现在；忧虑就是全神贯注于已经发生或者可能发生的令人痛苦的后果。

忧虑通常产生于以下三种情况：一是自身受到某种威胁；二是面临选择；三是过去的经历。不妨检查一下，看看自己属于哪一种，找出自己最忧虑的究竟是什么？

2. 最坏的结果会是怎样

担心结果是一个人正常的心理行为，但如果要是因为担心结果而久久放不下的话，就是一种心病了。

当然，忧虑也可能是由一个人的第六感引起的，如果重视的话就可以适当地排除隐患。这时就不妨拿一张纸、一支笔出来，郑重其事地将这件事可能出现的结果都列举出来，看看最坏的结果是什么。

3. 最坏的结果出来，我能承受吗

知道了每一个结果，然后问自己：这个结果我能承受吗？如果答案是"可以"，那好，就安心睡你的觉去吧！爱咋地咋地。

4. 努力工作，不让最坏的结果出来

既然我们把所有大大小小的结果都想周全了，最好还是有必要避免最坏的结果发生，那就调动你的一切能力，努力去做，不让最坏的结果发生。这样，即使发生了，原先的状态也可能会变得轻微许多。

5. 坚持努力工作，赢来美好的结果

人生路上，免不了有不顺心的时候。想上大学，没有足够的钱交学费；想找工作，没有文凭装脸面；想住豪宅，没有票子买地皮……于是有人就发出这样的感慨：假如我们得到先知的点化，那该多好！如果我们能预先得知以后的事情，那该有多棒！事实上，我们能吗？不能。现实摆在面前，我们必须得承认，但是有些事还是可以预见的。重要的不是会发生什么，而是我们应该做些什么。

对于好的事情，我们接受它；对于坏的事情，我们要改善它。凡事要往好处想，并坚持努力工作，赢来一个美好的结果。

第六节 目标、计划、行动

我们把自己的梦想具体化了就是目标，是个人、部门或整个组织所期望的成果，是我们努力的方向和行动的指南；而计划就是我们为实现目标而做的具体安排，要求实用和可行；行动就是我们实现目标的行为、步骤和具体措施。

一、100%目标 +0%方法 =100%成功

有科学家曾做过一个实验。100个心理学家，100个教育学家，100个企业家，从甲地走到乙地，条件是要用不同的方法走过去，只要有人用别人走过了的方法，就要重新回去再想办法走。

结果，三天三夜后，300人居然用300种不同的方法走过去了。

这个实验说明了两点：一是目标的重要性；二是有目标才有方法。

只要有了目标，我们就能直面困难，就能不折不挠地把自己逼至极限，才会绞尽脑汁地想办法完成，这样才能使一些表面看起来不可能的事变为可能。

一个跳高运动员所跳的高度并不是一日练就的，而是一厘米一厘米地逐步练出来的。有专家做过一个实验，请奥运跳高冠军运动员重复跳高时，都可以达到冠军的高度。但是，如果拿掉跳高用的标杆，冠军永远也跳不到冠军的高度。

没有目标，我们就不会努力，因为我们不知道为什么要努力。就像大海中的航船，如果不知道靠岸码头在哪里，那么即使加再大的马力，又有什么用呢？

不断为自己设立一个期限，并且转化为可以达成的目标，就可以一个脚印一个脚印地努力予以实现。

1. 你为什么不设立目标

一个人若没有满腔的热情，即使能力再强，思维方式再正确，都不能结出硕果，因为没有明确的目标！但现实中也确确实实有很多人始终找不到自己的目标，原因有三。

（1）不知道目标的重要性。
（2）害怕失败。
（3）怕人耻笑。

2. 怎样设立目标

目标并不是一时的心血来潮，制定时应该充分考虑自己的实际情况，开始可能有些误差，但通过不断纠正，就会变得越来越精确。

（1）有期限达到。对于个人来说，长期目标属于自己未来的前景，应该定个10年以上；中期目标是自己努力的方向，一般有个3～5年的时间就比较合适；短期目标就是需要自己一步一步实现的东西，一两年，几个月，几天都行，主要是给自己下达一个指令。

（2）目标设立必须是自己的愿望，而不是别人的期望。千万不要勉为其难地做，只有自己心甘情愿的目标才有意义，否则就是为了应付而做的差事。

（3）目标是在某段时间内可以达成的。否则，无异于"画饼充饥"。

（4）尽量用文字、图像具体化的方式激励自己。

（5）达成小目标时奖励自己，以期能达成大目标。

（6）目标应比能力所及来得更高一些。

3. 财富目标方程式

说是方程式，其实就是为达到目标而设定的具体可行的数据。主要有：

（1）数值：我究竟想赚多少钱？

（2）时间：多长时间赚到？

（3）代价：准备付出怎样的代价，是全力以赴还是边做边玩？

（4）行动：立即行动，行动时不管你准备好了没有。

（5）坚持：坚持不断地行动，直到达成目标。

二、计划就是围绕目标画一个圆

有位朋友曾给我讲过她小时候帮妈妈团毛线的故事。

团毛线时起初什么都没有，但是只要用拇指为点绕上几下就有了核心的目标，剩下来只需要抓紧毛线，从核心的线头开始，耐心地一层一层地加厚，一层一层地累积，最后，终于会有一个大而厚实的线团。

人生亦是如此，你有了那个核心的点，也就是目标之后，还不够，还需要一圈一圈地像绕毛团一样制定计划。就像画画时，我们先画上一个圆，然后以一生为半径，画出人生最美最好的图画。

那么，我们怎么去画自己的圆呢？

1. 为什么要做计划

具体性，也就是量化指标，比如年收入、月收入，每周甚至是每天要做哪些事，需要具备哪些条件等；时间性，给主要目标设定达成的日期；挑战性，制定切实可行的计划和给出承诺；视觉化，可检查，可修正，不断提升。

2. 怎么做计划

任何计划的制定都有一定依据，要根据具体实际情况做计划，虽然在执行中必须无条件地严格执行，但也不是刻板地一味照葫芦画瓢，可以在圆的框框内，根据自身的情况予以调整，但不得突破，我们只可以把这个圆无限地做大。

3. 如何调整计划

计划的"圆"其实就是我们要完成一件事情的准则，也是保障我们实施的具体措施和分解细化的目标，同时还是我们做好事情的具体依据。如果缺少了这个圆，执行起来就会没有头绪，也会各干各的变成一团散沙。但是，我们常常会发现做出的计划在实际执行中会产生误差，因为计划没有变化来得快。所以，我们不仅要学会做计划，还要学会如何调整计划。调整计划的原则是：结合目标和实际情况，做出合理的调整。

三、只有行动才能保证成功

再宏伟的目标，再详细的计划，如果不行动的话，一切都还得归零。只有行动了才会出现预期中的结果，否则，想得再好也就无异于空想。

1. 行动的意义

如果你想成功，如果你已经想好了通过推销来达到成功，那么，现在就开始行动吧！因为如果我们不行动，再好的梦想也会毫无价值，再好的计划也会渺如尘埃，再宏大的目标也会像空中楼阁一样看着很美，但永远不可能达到。

在我们家乡流传着一则《阿强与阿花谈恋爱》的笑话：两情相悦的后生阿强与姑娘阿花决定处对象，有一次阿强约阿花出来，向她表示自己很爱她。说第一遍的时候，阿花娇羞地低下了头；说第二遍的时候，阿花靠着树幸福地闭上了眼睛，等待阿强有所动作；当阿强说第三遍的时候，阿花终于忍无可忍地给了阿强一个耳光。愤怒地说了一句："你怎么只会说，不会做啊！"就跑了。

只有不断行动，才能达成目标。

2. 怎样行动

一旦行动了就千万别停下来，因为一旦停下来，就会有这样或者那样的消极的因素乘虚而入，趁机干扰我们，不让我们实现自己的梦想。

那我们就义无反顾地行动起来，什么时候也别停下，什么力量也休想来阻止我们。只要我们不停止自己前进的脚步，我们就早晚能过上自己梦寐以求的好日子。

（1）不停止使用产品。

只有真正使用了自己推销的产品，我们才能说出切身的感受，我们的分享才能打动人。只要顾客知道了我们自己也爱用自己的产品，就不会感觉我们把他当实验品。况且我们自己就是产品的老板，干吗不用自己的产品。

（2）不停止学习。

看碟、看书、听录音，一是能帮助我们掌握知识，二是能不断地激励自己。只要我们每天进步一点点，加起来就会非常可观了。

（3）不停止参加会议。

会议可以借力，一是会议营造的环境可以借力；二是会议可以更方便我们的上级帮助我们；三是会议也有激励的效果，参加会议对推销员而言，也是一种自我激励。

既然这样，那我们干吗不把每月的会议，每周的会议都统统记录下来，并且风雨无阻地每次都准时参加，每次都带一个顾客参加呢？

（4）不停止跟进。

一是我们要紧紧跟进上级，汇报思想，了解咨询，请教问题，得到帮助；二是我们要紧紧跟进顾客，了解动态，掌握情绪，提供力所能及的帮助。

（5）不停止零售产品。

我们要随时将产品带在身边，随时把产品介绍给身边的人，因为产品的消费主要还是要靠消费者，了解消费者的需求，关注消费者的使用情况，提供消费者需要我们提供的一切帮助，这样的话，消费者就会陆陆续续地介绍新的顾客给我们。

（6）不停止每日总结。

总结我们今天做了什么，我们哪些地方做得好，哪些地方可以改进，我们明天还要做什么。我们要做到每天总结，我们要做到每件事都总结。

目标要实现，第一要专注，第二要重复。当然，做任何事情都不会一帆风顺的，其中免不了会有连自己都觉得苦闷，甚至都无法容忍的事情发生。

3. 行动带动思维

如果问，人在危急的时候是先行动，还是先思维？相信大家都会不约而同说是行动，因为此时最迫切要做的就是尽快远离危急，至于向哪远离？怎么远离？可以边行动边想。

有兴趣的话，我们不妨搞一个这样的"无厘头"实验试试：走着走着，你突然在马路边停下来，郑重其事地朝一个方向望去。不用5分钟就会有很多人都会学你的样子。

有点莫名其妙吧？但却合情合理！因为他们的好奇心促使他们都想争着看看有什么有趣的事情发生，然后再判断这事对自己的影响。

行动的实质就是付出，你要学游泳，你就必须得跳下水去！

事实上，没有一件事是准备好了才行动的，都是边行动边完善。

修炼好以上各项，养成习惯，你就离世上最优秀的推销员不远了。

五道

法则

——运用得好，法则也能成为生产力

第一节　思考法则——时·位·中·应

第二节　表达法则——二选一

第三节　执行法则——一根筋

第四节　纠错法则——三明治

第五节　沟通法则——ABC借力法

第六节　ABC法则在沟通中的应用

第七节　ABC法则在会议中的应用

第八节　ABC法则在人际关系中的应用

小时候最喜欢做的事就是一个人看蚂蚁，经常是一个人静静地与它们呆上很长的时间，直到肚子实在是饿了才依依不舍地离开。

我发现蚂蚁是组织最严密的一个群体，它们分工很细，纪律严明，责任心很强，有着自己严密的法则。兵蚁负责侦察和战斗，工蚁负责搬运，蚁后则负责繁衍后代。通常负责侦察的蚂蚁一旦发现食物，就会第一时间通知其他同伴去报信，自己则在附近守护并与敌人周旋。一般大个的食物由几只、几十只，甚至数百只工蚁沿着固定的路线合力搬运，如遇敌人，兵蚁就会奋力战斗，如果有谁偷懒或者贪生怕死，就会受到惩罚或被团体抛弃。

我一直觉得蚂蚁一定有自己的语言甚至文字而将一些规矩作为法则固定下来，要么做任何事情怎么都是这样按部就班，井然有序呢？

蚂蚁是这样，自然界是这样，人类社会也是这样。不管是一个完整的国家，还是一个成熟的组织，只要想持续健康地发展，就离不开必要的法则，法则通常情况下指的是法度、方法、准则、规范；延伸开来，就是表率，就是效法，就是规律。掌握起来也很容易，听话照做，反复练习就可以了。

第一节　思考法则——时·位·中·应

要做好一件事情，有时光靠一腔热情还远远不够，还需要积极的思考。一个会思考的人就能适应环境的变化，使原本可以做好的事情，通过有效的变通，从而以更好的方式，把事情做得更好。

一、思考能给推销带来什么

很多人都认为，思考是聪明人的事，是当领导的事，一个绝妙的主意也不是一般人能够想出来的，其实不然，一个好的主意往往不过就那么一点：常规被打破。

我们经常会遇见这样的事，大家围绕一件事情绞尽脑汁，不说出来谁都不知道,一说出来,大家才恍然大悟了。其实,最深的道理,常常就隐藏在最浅显的事物当中。

1. 正确的判断

生意场上的事情瞬息万变,有的人创造潮流,有的人紧跟潮流,有的人跟风潮流……善于创造的,吃肉;懂得紧跟的,啃骨头;只会跟风的,动作快点,兴许能喝到点汤,动作慢的,就只能喝西北风了。

记得20世纪80年代的时候,有一种叫作"呼啦圈"的产品,曾经风靡中国的都市和乡村。开始的时候,每只售价30多元,家家店里都告缺货,有眼光的老板赚钱赚到手发软;后来大大小小的店都跟进,价钱就一直跌,直跌到3—5元一只也没有太多人买了;到现在,农贸市场旁边的"2元店"里都有卖,店主还抱怨卖得少,还占地方。

由此看来,在人的所有能力中,判断能力尤为重要,发现机会的同时,还要善于把握机会,判断对了就容易成功,判断错了就只能是自吞苦果。

2. 付出的高效率

同样是付出,善于思考的人就容易事倍功半,不善于思考的人就会变得效率低下。

我们以前有个推销员,论态度,他比谁都努力,但论业绩,却总是在团队里排名垫底。我有点不忍心,就帮他分析原因,发现问题出在拜访顾客上,他明明可以坐比较快捷的地铁,却因为想省下区区2元车费,硬是要选择总是塞车、停站、磨磨蹭蹭的公交车,结果,两三个顾客就要耽误他一整天的时间,而人家效率高的,这时已经谈完10个、8个了。

2元钱,较之10个、8个顾客,孰轻孰重,一目了然。

所以说,做推销也要会算经济账,任何时间都是有价值的。

3. 有效益的方法

要想做好推销,在方式方法上也要多动脑筋,这样做事才更能产生效益。

现在人们都倡导积极的思考,积极的思考是什么?我的理解就是不管遇到什么,都要多问几个为什么。很多时候,就是在这样的过程中,很多问题就会找到更好的解决方式。

有一年,南方冰灾,当时正坐着朋友的车被堵在高速公路上,大家不知道发生了什么事,都百无聊赖地等着道路的疏通,我放眼一看,有上百辆车,又是这样的天气,一定是出了大问题,忙叫朋友掉头往回跑。后来看新闻才知道,那段路一直堵了一个星期。事后,朋友都说我有先知先觉。哪有什么先知先觉啊!我就是多问了几个为什么，并果断地采取了相应的措施而已，也就避免了一场长时间被困车里的折磨。

二、思考的形态

作为一种意识行为，思考是看不见、摸不着的，思考的方法也是千变万化的，但也有相应的轨迹可循，表现的形态也无外乎就这么三种。

1. 直线思维

很多人形成了思维的定式，考虑问题都是程式化的，不会随机应变，思路也就不会开阔。看到了什么，或者听到了什么，都习惯了不加思考地用"都相信"或者"不相信"来简单地下定义，因此，无论遇到什么，都只知道机械地操作。

以前，有个小伙伴很有意思，他父亲带他到城里跟一个武术教练学了几个月的功夫，结果不久的一天，跟别人干仗。双方架势都摆好了，他突然大吼一声：等等！结果，他一板一眼地将学来的武术套路，按照动作程序用于招架人家飞过来的拳头。可想而知，那一仗，他这个有点武术功底的人，被没练过一天武术的人打了个半死。

2. 平面思维

这种人还是比较多的，一般在思考问题时，只考虑或东或西，或南或北，或对或错等两个因素的思维过程。有变化，但是在一定范围内的变化；有创新，但又容易受到一定框框的约束。比如，说到田野，他就只会想到与田野相关的河流、山川、小溪，一望无际的稻浪，一阵阵飘来的油菜花香……再要往多想，就难了。

通常，这种思维的人，适合做一般的管理工作，处理起事情来，能有所变通，但极为有限。

3. 立体思维

立体思维又叫"发散式思维"，就是在思考问题时，能依时、依地、依人、依量、依价等因素周详考虑的思维过程，看似天马行空、无边无际，但都是"有的放矢"的，善于运用多学科的东西，并对许多看似关联不大的事物加以整合，并针对一个问题出奇招、妙招，常能从司空见惯的事物中，找出既出人意料、又符合情理之中的解决方案。

这种思维的人多见于决策者，或者是某一领域的顾问或者参谋。

三、推销的思考是多维的

立体思维做策划，平面思维做说明，直线思维做执行。说是这么说，但在具体实践中，又并非完全一成不变的，常常会出现这样的情况，多种思维方式集于一身，视具体的事件和当时的环境影响，而主动地变化。一个人只有突破自己对自己的限制，才能够充分展现自己的才能；但在你的突破和展现中，又必须考虑与此相关的事物。

1．上级（天）、下级（地）、平级（人）的反应如何

我们做事情也好，运用什么方法也好，不能单纯地考虑自己如何省力，自己如何可以获得高效率，还应该考虑其他与此相关群体的感受。诸如：能够决定你、管理你、制约你的"上级"，如果与他们作对，他们就会让你"刹车"，给你"穿小鞋"，让你再有本事也使不出来；如果"下级"反对的话，就会不配合，就会抵触，甚至联合起来反对你；如果是平级的话，就容易设置障碍，就会"拖后腿"，让你做起事来碍手碍脚。

2．环境如何

人是环境的产物，我们想什么，我们做什么，都要考虑是否与环境相适应。如果与环境背道而驰，你就会栽跟头。

明明是阴雨天，你却要到户外晒被子；明明都已经后半夜了，别人都睡了，你却要把电视音量开得很大，结果，也就可想而知了。

3．身份如何

中国人喜欢用"没大没小"形容那些说话或者做事都不够讲究的人，这种人不但会被视为不礼貌，还会被人指责"不懂规矩"。

当过兵的人都懂这样的规矩，同样都是普普通通的士兵，人家就是比你早到一天，那在你面前也是老兵，你就要处处让着他，这没什么道理可讲，这是规矩，你不遵守这个游戏规则，就会处处碰壁。

比如，你要送东西，对小孩子可能就要送糖果，对老人如果也送糖果的话，人家牙口不好，也就不会领你的情。

4．时机成不成熟

我们说话、办事，很重要的一点就是把握时机，时机如果不成熟的话，就不容易成功。比如，你家邻居养了一只猫，你想借来家里捉几天老鼠，结果，人家正当宝贝一样捧在怀里，你冷不丁地开了这个口，邻居肯定很为难。但如果当时的情况是邻居正骂猫咪不懂事乱抓家里东西的时候，你恰巧开了这个口，成功的

概率就会大很多。

5．合不合理

你想要做成一件事，就应该考虑合不合理的问题，如果合理的话，再大的事也能办成，反之，再小的事，都可能是痴心妄想。

比如说，你想在老人活动室摆张桌子接受咨询，顺便找点意向顾客，这个主意好不好，当然好！但不合理，因为老人活动室是供老人娱乐的地方，被你这么一折腾，就违背了必要的情理。

6．团队的反应如何

俗话说：旁观者清。所以有好的点子，不妨先在团队里征求一下其他同事的意见，同事的意见可能是最客观的，也容易帮你不断完善，因为别忘了，你们的目标可是一致的。

所以，如果是与工作有关的事，你想做什么之前，不妨先听听其他成员的意见如何，如果大家都觉得好，那就是真的好；如果大家一致反对，那就说明两种情况：一则可能是觉得你的主意起不了什么实际的作用；二则这样做也许无意中伤及了大家的利益。

第二节　表达法则——二选一

"二选一法则"原本属于对外交往时的一种处理问题的技巧，是根据心理学的原理设计出来的简单易行的、可以帮助推进一件事情成功的办法。

我们任何观念、想法、约定、交易的表达和促成，最有效的方式就是：提供两种方案或结果供对方选择，由对方做出决定。

一、"二选一法则"的定义

推销中的所谓"二选一法则"就是指导我们在处理与交易行为有关的任何问题时，都预先给顾客提供两种选择，并且让顾客必须从两种选择中，选择其中一种。

最简单的例子就是"卖鸡蛋",同样是把鸡蛋卖给顾客。不懂"二选一法则"的人,可能会这么问:请问你要鸡蛋吗?

一般顾客的反应大多是:不要。

而懂得"二选一法则"的人,可能会这么问:请问你是要一个鸡蛋呢?还是要两个?

这时顾客的反应就会是:那就要一个吧!在一个和两个面前,他选择了一个在他看来最有利的结果。

二、"二选一法则"的好处

人都有一种拒绝的本能和受重视的需求,"二选一法则"恰好迎合了这种心理,在尊重对方的同时,也克服了人的"拒绝"本能。

1. 尊崇别人

我们说话、办事不能总以自己的愿望为转移,总要多多少少考虑一下别人的感受,听取一下别人的意见。因为即使身份再卑微的人也希望受到别人重视。比如,单位里分点东西,如果是散装产品的话,谁都希望先拿,这样可以供自己挑一下。又比如,商店里的商品只剩最后一件的话,也势必要降价处理才能卖出去,为什么呢?就是因为谁都会认为那是别人剩下的,勉强接受了也都是出于无奈。

所以,无论什么事情,如果给顾客提出两个选择的话,从某种意义上来说,不但尊重了顾客的感受,也使顾客心里多了一份满足感。

2. 克服拒绝本能

人对于被动的事情都有一种拒绝的本能,除非是他主动,否则的话总难免有种不安全感,生怕里面有什么对他不利的因素在等着他,顾客尤其如此。如果让顾客在一定范围内选择,也就排除了他的一些潜在的顾虑,他的拒绝本能也就相应地会被淡化,而且他还不好意思拒绝,否则的话,显得不近情理的人就不是你了,反而成了他了。

如果能做到这些的话,那原本出于被动的一方,也就可以由此变为主动的了。

3. 敦促下定决心

任何事物呈现的最基本状态无非就两种:"行"或者"不行"。如果先发制人地将事物确定为"这个"或"那个",实质上就将事情做了肯定的假设,只有

"此"或"彼"的选择而已。一般人冷不丁地接受这个信息，本能的反应就是：这事已经无法摆脱了，非此即彼，所以通常就会从两个中选择一个。

三、何时使用"二选一法则"

一般情况下，提出要求的一方都是处于被动的一方，因为在事件中总觉得是他的需求有赖于对方的施予。推销工作也是一样，在顾客购买产品前，推销员都是被动的，见与不见、听与不听、买与不买，都取决于顾客的意愿。但如果运用"二选一法则"的话，就能变被动为主动，而且适用范围也很广。

1. 成交的时候

顾客已经了解了你的产品和意图，也认可了你的观点，这时大部分的顾客都会在"买"与"不买"之间处于"举棋不定"的状况，这时就需要推销员适时地"推"他一把："您是先拿两盒试试呢，还是干脆一次就把一个疗程的全拿回家？"

这就把顾客推向了"买"这一条路了，只不过还有个"买多"与"买少"的选择。对于大部分顾客而言，这时就会选择"买少"这么一个结果，因为他下意识地认为，如果此时弄出个第三种情况，好像有点不合情理。

如果推销的是大件产品，还可以假设顾客的购买行为，例如：

"我们是给你送办公室去呢，还是直接送您家去？"

"我们有专人帮您安装，你是准备装客厅呢，还是装卧室？"

2. 观念的表达

推销员在表达自己的观点时通常运用"二选一法则"也比较容易奏效。例如：

"你是甘愿在家做一辈子的老妈子，还是愿意自己财务自主，做点自己愿意做的事呢？"

"我们是看着这么好的事情就这样从自己的眼前溜走呢，还是把握机会为自己的未来搞个倍增更加实际呢？"

在与顾客交谈或跟进的过程中，运用"二选一法则"的效果也很好。

推销员：我在深圳大约要待三天，如果我的时间允许，我会给你电话的，你除了这个电话外，还有其他的联系方式吗？

顾客：哦，这样啊？你可以记一下我的手机……

推销员：如果跟你联系，明后两天，你看你哪一天更加方便？

顾客：那就明天吧，明天下午3—4点钟最好。

3. 邀约的时候

现在通信发达，所以一般邀约可以通过电话、短信、网络平台等方式。但不管采用什么方式，都一定要得到彼此确认。因为快节奏的生活使得大家都很忙，即使是个闲人，也不愿在别人眼里表现出自己无所事事，所以，邀约时采用"二选一法则"也比较妥当。既把别人当作"时间宝贵"的人，也显示了自己也并非"无所事事"。例如：

"那大姐您看，我们是明天上午见面好呢，还是明天下午见面？"

"您看我是今天晚上去您家呢，还是我们明天早上一起去买菜？"

即使邀约的对象是陌生人，道理其实也一样。假设对方与你的关系为"零"，您只是知道顾客的名字和电话，你们俩从未见过面，而您又想亲自邀约并且自己亲自讲产品，就可以这样：

推销员：你好！麻烦你叫一下……

顾客：我是，您是哪一位？

推销员：我是……我手里有一张你很有特色的名片，有两种情况你选择哪一种：一种是你放下电话；另一种是我接着说，你希望哪一种？

顾客：这样啊，你就不妨说说看吧。

第三节 执行法则——一根筋

我们形容一个人脑筋不会转弯，就说他是"一根筋"。同时，也是对一个人在某一件事情上认死理，不善于变通的一种评价标准。并非褒义，但对于执行命令、完成工作方面，恰恰就需要这样一种"一根筋"精神。

成功就像一扇门，如果战略这把合适的钥匙我们已经找到，那么，现在需要的只是我们把钥匙插进去，并朝着正确的方向把门打开就行了。

一、执行为什么需要"一根筋"

执行也就是我们通常意义上的行动，就是在想好了怎么做的基础上，按照预定的目标和方法去把它做好。因为在此之前已经针对性地对可能涉及的方式、方法之类的事情认证过了，所以一般来说，只要坚决去贯彻就行了。

对于贯彻、执行，在一支军队里强调的"军令如山"，在一个企业里，就应该"令行禁止"，定下来的事，就应该不折不扣地贯彻，哪怕遇到什么问题，能做的也只是第一时间向上级报告，在没得到上级新的指令之前，还是得继续按原来方案执行。

二、"一根筋"是否就不能变化

很多人之所以受苦受累，很重要的原因就是不会变通。因此，一根筋里面其实包括两层意思，一层的意思是坚决贯彻，对于所接受的工作，答应或者承诺的事，必须不折不扣地去做，这是原则；另一层的意思就是无论遇到什么，都要千方百计地去完成，在不影响原则的基础上，懂得随机应变，这叫灵活。

1. 有所变，有所不变

有些事，大方向不能变，但是如何才能做得更好，这一点可以根据具体情况予以区别对待。一支军队去执行一场战斗，命令你部的任务是牵制A师，你不能走在半路上，发现B师更容易消灭，于是，调转头来改打B师，这就打乱了整个战略部署。但如果本来是要阻击A师的，结果发现A师要逃，临时改成了追击，这一点可以变，而且也必须变。

团队执行也是这样，规定了某一天开会，假设你的工作是迎宾，那你就得老老实实地在入口处站着，毕恭毕敬、笑脸相迎，这一点不能变。但此时来了个腿脚不灵便的顾客，你就需要临时搀扶着他找位置入座；如果此时你还是木桩一样在原地一动不动，视而不见、麻木不仁的话，那就是死脑筋。

2. 变化的是现象、方式、方法

"人不可能踏进同一条河流"，因为事物每时每刻都在发生变化。所以，在执行过程中，也不能完全地一成不变，要做好一件事情还是要针对具体的情况，做相应的调整。

"见机行事""看风使舵"，对于做人来说并不是值得提倡的，但是对于做事来说，不仅要提倡，而且还必须要求这样做。

如果一个人画了一只苹果，并要求后面的每一个人都以前面那个人画的苹果为标准进行临摹，那么，后面的人画的肯定是一个比一个更不像苹果。但如果后面有人见过现实中的苹果，虽然还是参照前面那只苹果，但后面人画的有可能就会比原先那只苹果更像苹果。

3. 创新中不变的是"原则"或"规则"

万变不离其宗,任何事物的发展都有一定的轨迹可循,也要遵循一定的准则。

创新并不是说就可以不管不顾地"天马行空"乱来,必须围绕目标和任务进行有效的行动,这是原则,不能有丝毫的动摇和改变。但如何做好,却可以根据实际情况,或者事物的变化予以调整。

"条条道路通罗马",规定时间内到达罗马这是原则,没有道理可讲。如何才能更好地到达罗马,那就是你的事。对任何性质的组织来说,都是如此。

三、怎样执行最有效

道理是直的,但路却常常是弯的。所以在执行任务中除了无条件执行之外,还有个怎样想方设法使事情做得更好的问题。因为,即使是最简单的事情也不可能有完全一模一样的方式。所以,执行也并非就是"照葫芦画瓢"这样简单。

1. 无条件执行

我们曾经很熟悉这样一句话:有条件要上,没有条件,创造条件也要上。

对于上级交代的任务,可以在接受任务的时候,把困难和要求都提出来,但对任务本身,你就必须无条件执行。

一件事情要执行好,首先就需要雷厉风行的作风,领到任务后马上着手行动,并在执行的过程中善于合作,自觉自愿、一心一意、尽心尽责地把事情做好。

2. 没有任何借口

美国西点军校是全球最成功的军校之一,在众多校规中就有这样一条:没有不可能。该校告诫每一个学员:信念产生信心,信心给人力量,战场上唯一的要求就是获胜。

我们无论做什么,首要的条件就是一定要竭尽全力,任何借口和斤斤计较都是不足取的。在做之前,只有成功这么一种可能,没有任何万一的因素存在;做完之后,无论如何都要做到:"不为失败找理由,要为成功找方法。"

3. 细节决定成败

我们都见过别人砌墙。技术再好的师傅也一定要严格根据所放的线来砌,否则,如果其中有一块砌得有一点点歪,即使排除美观这么个要求,也会给整堵墙造成安全隐患,严重的甚至会造成整堵墙,甚至整栋楼倒塌。

再大的事情也是由一个个微小的细节组成的。所以,一个成功的人,也是一个很善于处理细节的人,因为他们深知"千里堤坝、毁于蚁穴"的道理。要想做好每一件事情,就应该一丝不苟对地待每一个环节,如果一处马虎,就会处处马虎。

第四节 纠错法则——三明治

面包充饥,单吃有点乏味,如果在两块面包中间加块肉或者其他可口菜的话,品尝起来就会津津有味,西方人美其名曰:三明治。并由此总结出一个管理上行之有效的方法——三明治法则,即:夹在两大赞美中的批评。

要批评别人之前不妨先赞美对方,这是千年不变的"窍门",我们经常见到经验丰富的领导要批评人,总是先赞美一通,再开始批评,批评完了,再赞美一番。

如果能够适时地在推销中运用一下,常常也能收到意想不到的效果。

一、哪种类型的顾客可以批评

人都喜欢听好话,你要让顾客掏钱买你的东西就更是如此。因此,几乎所有的理论都强调对顾客要赞美,要挖空心思、竭尽所能地讨顾客的欢心。

对此,我有点不同的见解,我认为赞美确实很有必要,但也要因人而异、因时而异、因境而异。根据我的经验,适时的批评比赞美更有效,适度的批评有时更容易促使事态向好的方面发展。

1. 听多好话的人喜欢批评

生活中,手中握有一定权力的人容易受人巴结,听得最多的也都是好话、奉承话,如果能够反其道而行之,往往反而能引起他的注意,也较之于那些只会说好话的人来说,更容易得到他的肯定,因为他觉得你诚恳、真实,跟你在一起反而让他觉得有种安全感。

2. 顾虑太多的人等待批评

如果你正在因为某件事瞻前顾后,难以决断的时候,有人这时狠狠地批评你几句，反而可以促使你痛下决心，让你可以有摆脱后的轻松快感。所以此时的你非但不会生气，反而会感激这个让你下定决心的人，因为正是因为你的批评唤醒了他心中的豪气。

3. 有点迷茫的人需要批评

我有个远房亲戚在城里做官，为了我上大学的事父亲第一次带着我去托他帮忙，想分个好一点的学校。见我们空着手来，他很不高兴，话说不到几句就准备打发我们走。父亲见到这情况也只得一边夸那亲戚有能耐，一边为自己出门没有准备而有些懊恼。

眼看这事就要黄，没想临离开时我冷不丁蹦出一句：有什么了不起的，这么久才混了个副的。

这句无心的话立刻让他改变了态度，于是他重又把我们叫进去，留下了姓名和准考证号码。结果是我们非但没费一枪一弹，反倒还骂了人家就把事情办成了，这事让很多人都觉得不可思议。

这人当时做了四年的副处长，好不容易等到处长退休自己可以转正了，没想到上面"空降"了一个处长，让他的梦想破灭，正为是否应该调个单位迷茫呢！我一句无心的话反倒提醒了他。后来他没有调工作，反而比先前更加努力地做出了几个业绩，半年后就到别的部门当处长了，不到三年，居然升到了局长。

二、何时运用三明治法则

运用三明治法则批评人得注意情境，因为再马虎的顾客也有七情六欲，也要面子，所以不能不分场合地乱用，否则，他非但不会购买你的东西，反而会因此记恨你。

1. 非公众场合

这是很重要的一点，如果不注重场合，狠批一通，哪怕是夹着表扬，也是不给人留下情面，让人当众出丑。所以最好的场合就是私下，就你和顾客两个人，即使有人的话，也不能有局外人在场。

2. 对方征询意见的时候

有些顾客听也听了，问也问了，不给个明确的态度，被你逼急了，他就索性把"皮球"踢给了你，"你觉得我应该怎么做呢？"，其实这是他在试探你，心里早就已经排斥了。

这时候，如果马上就帮他决定，那就中了他的圈套。最好的方式就是立刻板下脸，"我一直以为你是个敢想敢干的人，没想到关键时候还是这么没主见！"

3. 顾客执迷不悟的时候

有些顾客"油盐不进",任凭你怎么说、怎么做,他就是不为所动,这时就要使用"三明治法则",让他认识到自己的境况,促使他下定决心。

三、怎样运用三明治法则

运用三明治法则是推销中走的一步险棋,是没有办法中的办法,所以也不能一股脑儿地瞎用,得讲究点技巧和艺术。有些固定的方法还是值得借鉴的。

1. 赞美中的批评

在通常情况下,顾客对产品越挑剔就越说明他有购买的诚意,只是想因此争取更多一点对自己有利的条件而已,这时既不能让顾客牵着鼻子走,也不能由此惹顾客不开心,最好的办法就是赞美中夹着批评。例如:"你的眼光就是不一样,一下就说到了点子上了,但是你知道吗?"一二三四地就指出对方不正确的地方,最后,还不忘补充几句好听的,"即使这样,我还是好佩服你,你让我学到了很多东西"。

同样是批评,这样的批评,听起来就让人舒服些,好受些,也就很容易接受。

2. 先抑后扬

遇到一些平时喜欢表现自己、很强势的人,首先就是要先压住他的势头,让他在心理上处于与你平行的位置,这样他才能接受你的意见。比如:杨哥啊,你就知道赚钱,对大姐的身体从来不闻不问,现在居然变得这样,但是话又说回来,你一个人在外忙乎,一大摊子的事,也确实顾不过来。

3. 晴天霹雳

对于一些自负的人,如果和颜悦色的话,就起不到相应的作用。不妨在他放松警惕时,冷不防地给他劈头盖脸地来上一通,就能取得预料的效果,这时就可以说着说着,平地给他一记闷棍:我真是万万没有想到你到现在还是执迷不悟,你这是在犯罪知道吗!对自己不负责任也就罢了,你想过嫂子吗?想过自己的儿子吗?

4. 起承转合

不论赞美,还是批评,首先都是要让顾客的心里引起波澜。不妨这样:就是因为你这样一拖再拖,才造成今天这样糟糕的局面(起),这算什么,这就是在活生生地糟蹋自己你知道吗(承),当然,也不全怨你,如果我早点关心你家的事也不至于变成今天这样(转),这样吧,我先带你跑跑,试试再说(合)。

需要记住的一点是，批评的目的是为了推销，所以，无论哪一种批评，最后都别忘了给对方一个可以顺水推舟下的"台阶"。

第五节 沟通法则——ABC借力法

ABC法则，也叫借力使力法则，是推销工作中常用的一个方法，通过相互间的分工配合达到推销的目的，因为简单而有效，所以在实际操作中被广泛推广和复制。

A是顾问，也就是成事的载体，可以是相关的物体，可以是相关的资料，可以是相关的会议，也可以是能够提供帮助的上级领导和推销团队的成员，作用只有一个：就是推销员可以借助的力量。

B是桥梁，也就是推销员自己，是连通A顾问和C顾客的纽带。

C是顾客，就是推销员希望将自己的产品卖给他的那个人。

一、怎么理解ABC法则

新推销员因为对工作还不够熟练，就需要通过相应的媒介或者有经验的推销员进行指导和辅导，从而达成目的；而老推销员呢，也可以通过彼此的协作与配合，从而营造一种推销的氛围。

因此，ABC法则辅导法是种非常有效的借力方法，它巧妙地运用了中国民间"四两拨千斤"的原理，既使新入行的推销员可以借力使船，又使老推销员不再仅仅靠一己之力孤军奋战。

二、ABC法则的原理

A：顾问。如会议、资料、上级领导和老师等。在沟通或者某次推广活动中，扮演着"演员"的角色。

B：桥梁（自己）。是A和C之间交流的纽带，在沟通或者某次推广活动中，扮演"导演"的角色。

C：顾客。是沟通或者某次推广活动中的受众，扮演着"观众"的角色。

【注】在整个推广活动中，B 既然被誉为"桥梁"，就要对 A 与 B 的整个交流过程进行掌控，因此，相对来说，分量最重。

三、ABC 法则的意义

"ABC 法则"一直被推销界视为"黄金法则"，对团队或者会议形式进行的各种推销活动的作用都非常明显。

1．建立、传导信心

做推销工作的常态就是"一对一"，但靠自己"孤军奋战"，成功的概率其实很小，一是自己一个"光杆司令"不易获取顾客的信任；二是自己也容易受客观因素的制约而变得气馁。所以，必须有一个推销环境和团队的相互鼓励才容易成功。失意时，有人鼓励你，帮助分析原因；成功时，有人提醒你，不断超越自己。

2．复制的重要方法

"ABC 法则"是被无数成功的前辈推销员证明了的，我们也无须深究其来历，跟着做就可以了。而且这种方法简单易行，很容易复制，即使新入行的推销员也无须特别地学习，只要融入环境中去，很快就可以掌握。

剩下的也就是听成功者的话，按照系统的要求做规范的事就可以了。

3．借力、使力、不费力地促成交易

很多懂得推销的人都知道有一句话：借力使力不费力，点头微笑数钞票。

的确，在推销过程中，如果学会了借力，将会取得事半功倍的效果；懂得如何借力，就可以做到自己不用费力就可以把产品推销出去。

因为"ABC 法则"说穿了就是一个相互配合、相互感染、相互借力的一种推销方式，只要把顾客邀约成功，让推销活动融入一定的情境中，那剩下的工作几乎不需要你再操什么心就可以水到渠成地进行了。

四、何时使用 ABC 法则

我们做推销工作的既要找产品的消费者，又要找事业的合作伙伴；既要让别人对产品感兴趣，又要让别人对事业感兴趣；既要对自己的生存状态感兴趣，又要对能够改变自己命运的机会感兴趣。而所有的这些操作又都离不开团队的协作与配合，所以说"ABC 法则"使用的范围很广，对于推销来说，几乎适用于方

方面面。

1. 产品推广时

借助"ABC法则"，推销员只需要将顾客带到一定的范围里，借助A顾问的力量就可以使原本抽象的东西变得具体，并且通过相互配合，协同作战，就可以把原本不算轻松的工作做得很轻松。

2. 经验不足时

对于新人来说，"ABC法则"可以弥补他们知识掌握不足、经验积累不够所导致的问题，因为有比你更有经验的上级作为A顾问可以帮助你、配合你，就很容易成交。

3. 遇到对手时

对于一些原本对推销也非常了解的顾客，甚至是自己做过推销并且可能现在还在做其他产品推销的顾客来说，你是真遇上对手了，但又何妨，你的产品可能恰好是他推销产品的补充，这时"ABC法则"就更容易使对方在一定的氛围下变得心动。

五、如何应用 ABC 法则

"ABC法则"讲究的就是一个配合，每个角色都有具体的分工，也都需要各司其职。在具体操作中也有很多讲究，千万不要越位。

1. ABC各角色的比重

实践证明，交易的成功率：B占50%，C占30%，A占20%。

2. 座位的安排

一定要让C坐在A的左边，而B一定坐在C的对面，因为毕竟A和C此前并不认识，都是因为B的缘故。C坐在A的左边，是因为A在沟通时，常常是边用右手写字、边分享，看得清楚。C听A沟通时，往往是低头看的，但有疑问时，会抬头看B。B坐对面时，C看B是抬头，这样的坐法，容易使C在整个沟通中形成点头的动作，有利于推销成功。

六、如何做个合格的 B

既然B是A与C之间的桥梁，目的就是让A与C顺利地通过桥梁会合，然后在A的引导下，协助A把C成功送到A的一方，为此，B需要做好如下工作：

1. 通报A与C的情况

只有对一件事情有了充分的了解，做起事来才能更有针对性。为了确保做到

"有的放矢"，B需要围绕这么几个部分通报：

（1）向A通报C的资料，以便A可以根据C的情况运用相应的对策。包括：个性、学历、经历、家庭背景、健康情形、经济状况、有无事业理念、兴趣爱好、作息规律等等。

（2）让顾客C看到公司的企业形象，使C对公司的背景、文化与实力，产生良好的印象。

（3）在C面前推崇A，让C事先就对A有个好的印象，树立A的权威形象。

2．促成A与C会合

作为A与C共同的熟人，B还需要选择一个共同的场合与环境，使A与C能够顺利地会合，并且彼此有机会进一步了解。

（1）邀请顾客C出席活动或与A认识。

（2）介绍A和C认识，介绍时注意遵循"A大C小"的原则，有意识地抬高A的地位。

（3）提起话题。一方面介绍C的来意（从事业、产品的角度谈需求）；一方面推崇A的影响力和权威作用。

（4）请A帮助C选择与确立自我定位，做出切合个人实际的使用产品或者创业的规划。

（5）用心听A讲解，做到五不（不插嘴、不抢话、不纠正、不离开、不做小动作）。只能是：点头、微笑、倾听、陪同，如果场合是在会议期间，对A的演讲，还要适时地进行鼓掌、做好笔记。

3．协助C下决心

B也不能被动地等待结果，而应该促使C尽快下决心。不妨从以下几个方面做相应的努力。

（1）等到分享完毕，B要替C提问题，同时还可以分享自己的体会，但绝对不能在这么宝贵的时间里替自己提问题。

（2）"临门一脚"：B要适时地说有信心的话，诸如"我们一起做""我会协助你"之类的话都很能增加C的信心。

（3）分别时，B带动C一起感谢A，以显示这次机会的难得，以及场面的郑重。

4．总结

送走C之后，B还要回来以谦虚的态度，同A共同检查得失，以利再战。

七、如何做个合格的 A

既然 A 在"ABC 法则"里扮演的是专家、顾问、权威的角色，因此就应该时时处处地都体现相应的能力与风度。

1. 平易近人
（1）提前到达等候 B 和 C，笑脸相迎。
（2）态度和蔼可亲，有长者风范。

2. 善于讲课和讲解
（1）懂得起承转合。

起：即起兴，引导，也就是聊家常，拉近和 C 的距离。

承：讲具体内容，准备两三张 A4 纸，边讲边写，讲完后，将记下的东西送给 C。

转：即分享或异议处理，处理 C 的疑义，用分享的方式解决，用事实告诉他应该采取怎样的行动。

合：即根据 C 的情况，吊胃口或者促单。

（2）讲完后短暂离开，让 B 了解 C 的疑问，然后再回来做异议处理。做到有问必答，一旦解答了就一定要让对方满意。

3. 懂得激励
（1）送走 C 后，与 B 一起检查得失，要多鼓励、多赞美。
（2）对 B 暴露出的错误用"二选一法则"予以纠正。

八、A 和 B 注意切入方式

要想达到理想的效果，就不能不管不顾地一股脑儿说到哪算哪，还应该格外注意切入的时机与方式。

（1）可以与 C 闲聊，渐渐地培养彼此的感情，增进相互的关系，并以此为切入点，慢慢地导入正式的话题。

（2）必须牢牢记住自己的最终目的，以免话题越扯越远。

（3）从家庭、事业、产品、观念切入，以关心的口吻和角度，渐渐引入主题。

（4）也可以从相关的故事切入，这样较容易被对方接受。

（5）可以从说自己的见证和与此相关的心路历程开始，引起 C 的共鸣。

第六节　ABC 法则在沟通中的应用

要想推销取得实质性的结果，沟通在其中发挥了很大的作用，常规情况下，推销员与顾客直接沟通就可以了，但当遇到一个有点棘手顾客的情况下，这时就要运用"ABC 法则"来帮助促成交易。

一、沟通前 ABC 的工作

要保障一次沟通能达到预期的目的，就必须在沟通前做好充分的准备，具体要做好下面这样的几个工作。

1. B 与 A 沟通

B 向 A 提供 C 的个人资料，并选定见面的时间、地点。

2. B 与 C 沟通

要先向 C 推崇 A，要让顾客 C 有种迫切想见 A 的愿望，但推崇一定要适当，不要毫无边际地过分夸大。

二、沟通过程中的工作

运用"ABC 法则"沟通纯属是不得已而为之的办法，质量的好坏，直接决定了顾客的意向，成功的话，就是多了一次交易；失败的话，反而有可能产生一定的负面因素。因此，务必认真对待每一个环节。

1. B 正式介绍 A

B 介绍 C 给 A 认识的时候，也可以简单地介绍一下 C，比如：这个是我的朋友 C 小姐，现在在哪里做什么什么工作，对我们这个生意非常有兴趣，想过来了解一下。

此时的 B 特别要注意的是，因为在这之前已经向 C 推崇 A 了，这次就不要再当面推崇 A 了，因为当面推崇叫拍马屁，中国人很讨厌的。B 此时可以这样说：这就是我上次向你提起的 A 老师，他做这个行业非常有经验，现在已经做得多么多么大了。我都一直在跟他学习呢，从这个老师身上我已经学到了很多东西。

2．B 代 C 向 A 提问题

针对 C 的情况，在其不好意思问的时候代其提问，以解除 C 的顾虑；这样，A 就立刻可以知道 C 的问题了，就可以通过对 B 回答的方式进一步地对 C 做更深入的工作，这也就是我们通常说的"敲边鼓"。

3．B 全程陪同 C

在 A 和 C 沟通的过程中，B 要在 C 的旁边专心致志地听 A 说明并不断地点头认同，也要做笔记和录音，以维持良好的气氛；同时，还可以学习 A 的语言表达和相关的话术。

特别要注意的是，整个沟通过程中 B 最好闭嘴，千万不要东张西望，千万不要接听电话，千万不要抢 A 话题等等做出有碍于沟通之类的干扰举动。这叫 D 动作，也即"猪动作"。

三、座位的安排

座位的安排是很有讲究的，除了西方人讲究的国际礼仪之外，如果还能顾及一些中国的风水学就最好不过了。

1．"A"坐在主位

所谓的主位就是对门的那个位置，这个位置如果坐着人，进门的人一眼就能看到，而且也便于坐在位子上的人的目光可以照顾到门外的环境。如果有两个门同时打开的话，则坐在两门正中间那个位子，可以同时顾及两个门进出的人。这在"风水学"上叫作"纳气"，如果有财运到来，也容易及时发现和被发现。

当然，一般较大的场合才开两个门，一般的家庭会议切记：只开一个门，并且严格控制无关人员的出入。

应当注意的是，当 C 坐错位子时一定要调整过来，就可以直接跟他说这是老师的位子，一是推出老师至尊的地位，二是也顺便暗中提醒了 C 也别把自己太当回事。

2．B 坐在"A"的右前方

B 最适合的位置就是在 A 的右前方，这样既可以面对 C，又方便察看 A 对 C 写的东西，以利于向 A 学习。

3. C坐在"A"的左前方

作为顾客的C坐在A的左前方,这样一是便于A在与C讲解时,可以在纸上写点东西,二是也可以让C看到B的表情。

在座位的安排上也要特别注意以下两点:

一是应当安排C坐在面对墙壁或者有遮蔽物的位子上,既减少外界对C的干扰,同时也容易让C有种安全感。

二是,切忌A与C面对面相坐,一般是C坐在A的左前方,面向人多的地方一定是A坐的位子。

四、沟通结束后的工作

从某种意义上说,一次沟通的结束也正是推销工作的开始,你不可能指望一次就能成功,需要反复的沟通才能见效。况且,还需要通过总结来提升工作能力。

1. 跟进铺垫

临别时,B要和C确定下次见面的时间和地点。

2. 总结工作

B与A研讨这次运用"ABC法则"沟通的成果和缺失。

【特别提醒】

在整个过程中,B一定要全程陪同C,使其有安全感。

有些推销员图省事,把顾客C介绍给A咨询后就以为万事大吉了,就自顾自地离开去忙别的事了,比如:黄老师我电话停机了,我去交个电话费顺便买部空调,天太热了,没办法,就一个小时我一定赶回来。李姐没事,我和黄老师很熟,你先在这听着,我办完事就回来,晚上我们一起吃饭。我先走了,等会见。事情还没开始,失败的结局就已经注定了。

大家想一想,一间安静的房间,两个陌生的人,你看着我,我看着你,怎么沟通,你让A怎么做?在这种环境下,A就是把这件事说得再好,再有吸引力,C都不会听进去的,因为C对A根本没有信任感。所以说如果做不到全程陪同,那就等于是烧水烧到了99℃,缺少了最后那一度也是白搭。

B要做的其实很简单,就是陪同,替C提问,听A讲,不时点头、微笑,表示赞同。

第七节　ABC 法则在会议中的应用

要做好推销就离不开相应的会议，"ABC 法则"在会议中使用效果非常理想。但要应用好，还需要掌握一些基本的方法。我们现在就来看看在一般的家庭会议中，我们要怎样做才可以做得更好。

一、会前的准备工作

一场说明会做得好不好，起决定作用的往往并不在会议本身，而在于准备工作做得如何。通常情况下，说明会的准备工作应该围绕下面几点展开。

1. 分析顾客（由 B 负责）

（1）A 向 B 了解"C"的情况。

A 是会议的主讲，是权威，是专家，就应该处处体现风范，没别的更好的办法，唯一可以做的就是在会前做足功课。了解得越详细越好，这样 A 在交谈中就容易把握主动，比如：在交谈中，为了不让顾客 C 紧张，A 就可以问一些家常事，如果 A 不了解 C 的情况，问 C 你孩子多大了，而 C 的回答却是，我还没有结婚呢。这时候的场面就会有点尴尬，影响沟通效果。

（2）B 邀约 C。

我们举办会议的目的其实就是完成一场演出，再精彩，没有观众到场也是白搭。所以说作为桥梁的 B 邀约是否到位就显得尤为重要，既不能刻意隐瞒，也不能心直口快。因为如果顾客 C 知道了会议的目的无非就是向他推销话，就会有所顾虑而不敢前往；但如果完全不知情，临场时就又会因为没有一点心理准备而感到有点突兀，甚至有种受骗或者被戏弄的感觉。这都不是我们希望看到的。

2. 确定事宜（由 A 负责）

（1）场地：小型说明会的场地一般选择 15～20 平方米的房间就行，大型会议通常选择在环境较好、设施齐备的三星级以上酒店的会议室。

（2）时间：上午 9：30 ～ 11：30

　　　　　下午 15：00 ～ 17：00

　　　　　晚上 19：30 ～ 21：30

（3）人数：小型会议一般有个 3 ～ 5 名顾客 C 就可以了，人数控制在 10 ～ 15 人最为理想。大型会议以坐满会议室为标准。

（4）流程：看宣传资料或宣传片—主持人沟通—主题讲解（制度）—分享（见证）—清场（留、送顾客）—结束—总结

3．准备物料（由 A 负责）

（1）相关资料：公司、产品、事业等方面的纸质或音像出版物。

（2）演示或试用产品。

（3）相关家具。

（4）相关文具（白板、笔、擦、纸等）。

（5）相关设备（电视、DVD 或电脑）。

（6）相关用品（水、杯、抹布等）。

4．主讲备课（由 A 负责）

5．安排分享人（由 A 负责）

6．邀约顾客（由 B 负责）

二、会中的工作

说明会其实就是一场演出，也是各个角色发挥的舞台，要想保证演出质量，就应该细致地对待每一项工作。

1．具体分工

要确保每项工作做到位，最好的办法就是责任落实到人，既可以各司其职，又避免出了纰漏相互扯皮。

（1）接待顾客（由 B 负责）。

（2）了解资料、播放碟片等（工作人员负责）。

（3）介绍情况，视说明会主题介绍公司、产品或事业（由主持人负责）。

（4）主题讲解（由 A 负责）。

（5）回答提问（由 A 负责）。

（6）分享产品使用、事业体会、心路历程等（由伙伴或老顾客负责）。

（7）邀请顾客 C 分享（由 B 负责）。

（8）分享（由伙伴或老顾客负责）。

2. 五项注意

会议的过程其实还是决定成败的核心，因为顾客不光是带着耳朵来听的，还带着眼睛来看，还带着鼻子来嗅，稍有什么处理得不妥之处，就可能导致整场会议非但达不到预期的效果，甚至还容易因此而招致不好的事情发生。

（1）绝不迟到。

如果有人迟到，顾客C就会认为这里的人都不讲究，他自然也会变得散漫起来，那后面说的所有话，做的所有事，他就都会抱着一种无所谓的态度。如果C是一个成功人士，她就非常有时间观念，可能也就是因为你的不守时，让她觉得你们这里连权威都这素质，其他人就可想而知了，当然她也更不会把这里当回事。这也意味着B先前在他身上做的所有努力都白费了。

（2）得体的应对。

无论团队任何人在回答C提出的问题时，都要直接回答，千万不要答非所问，万一要是有自己不会回答或者自己不便回答的问题，可以转由B本人自己回答，或者由C引见A回答。通过交流，让C感到与这个团队的人都很投缘，谈得很舒服，让他感到每一个人的诚恳，以及对他的关心。

（3）保持微笑。

笑脸相迎是建立良好人际关系的基础，它可以化解人的紧张情绪，拉近人与人之间的距离。设想一下，如果顾客C在一种轻松、愉快的环境里度过了一段时间，即使当时没成为客户，那也会带着一种舒畅的心情离开，事后对这里的人印象深刻，他对这里也多了份牵挂，那成为伙伴也就是早晚的事。

（4）真诚的赞美。

除了赞美顾客之外，我们还要习惯赞美系统内的合作伙伴，对他们的所有成绩和努力都要发自内心地关怀与赞美，特别是对于那些在此之前曾经在另一家公司做过推销的朋友来说就更有必要。

一定要先赞美对方，然后再说但是，因为那毕竟是过去的事情了，适当地赞美，不用去批评他过去所做的那家公司，恭喜他，已经有了一些推销经验，以后好的经验可以留下来，告诉他，他以前的那些经验很好，只是目前我们还用不上，我们系统有很多成功的领导人，他们以前的经验也是先放在一边的，现在也是跟着系统一起运作，而且他们现在运作得也是很愉快，也很得心应手。

（5）注意形象。

会议相对还是一个比较正式的场合，所以我们的着装也应该显得正式一些。通常男士必须是白衬衣，深色西装，黑色皮鞋，打领带，头发必须整齐，最好是短发，不能留长发。女士应该穿职业套装，不要穿吊带裙和漏脚趾的拖鞋，头发要干净整齐，等等。要让所有与会者感觉我们很重视这次会议（或见面），也显得我们很专业，像个认真做事的人。

三、时间的安排

任何事情，只要牵涉人，在时间的把握上就要有所讲究，一是时间点的问题：太早的话，显得你没太多事情做；太晚了，又显得你没把别人当回事。二是先后次序的问题，需要把握的是这样三个原则：身份低的等待身份高的，求人的等待被求人的，主动的等待被动的。

1．B 跟 C 应该先到

在 A 到来之前这段时间可以先让 C 对 A 有一些了解，讲讲 A 在这个事业里的故事，讲他的企图心，讲他在这个行业里的成长经历，在团队里如何付出，如何帮助下属伙伴等，让 C 对 A 有所期待。

2．避免三人同时到达

A 应在 B 跟 C 见面之后的 20～30 分钟内到达，尽量把握好这个时间点，这样做有两点好处：

（1）因为此时 B 正好向 C 介绍完了 A，正是 C 对 A 有所期待的时候，此时出现会让 C 有隐隐的欣喜。

（2）既然 B 与 C 是一起来的，那第一次来一个陌生场合的 C 就不会有陌生感，甚至从心理上还会有种安全感。

这里值得提醒的是，有两种情况应当尽量避免：

（1）A 和 B 先到。如果是这样的话，那 C 就会想这是他们商量好了的，八成是 A 与 B 联合起来想设计我，那他的心门很容易就会关闭，从而影响沟通的效果。

（2）A 先到。这样就体现不出 A 的尊贵，也容易使 C 觉得这件事情也不太紧要，况且，也没有时间让 B 事先向 C 介绍 A。

听明白了吗，其实人与人之间的关系有时还就是这样的微妙，所以时间的安排看似简单，实则里面包含了很多学问。

3．迟到的时间要准确

现在城市的交通不畅，好在通信还算发达，打个电话或者发个短信还是很方便的，如果 A 预计会迟到，那一定要及时派人给正等他的 B 和 C 打个招呼，通知对方稍等，最好有个准确的时间。

千万不要让对方空等，放人家"鸽子"的事绝对不可以发生；也绝对不可以等已经迟到了才记得告诉对方。

如果不小心在快到见面地点时迟到了，一定要讲对不起，我会迟到3分钟，或是几分钟，不可以讲我要迟到10分钟或半小时，这样C会感觉你是一个时间观念不强的人。

在整个过程中，B应该是第一个到达见面地点的人，他应将所有的事情提前做好安排。

四、会议结束，"B"的做法决定成效

会议结束，B最好不要马上就拉着C离开，而是应该坐在那里，让C对刚才的会议有所回味。

1．问C兴趣点

此时的B可以若有所思地问C对刚才老师所讲内容的看法，问对方对哪些内容比较感兴趣，从而发现C真正的兴趣点在哪里，这也有可能正是C的需求点。

2．引导C提出问题

B此时最好就是引导C提问题，对于C提出的意见或者问题，B要注意倾听，对于C谈的内容也要及时给予肯定。

3．B谈自己的理念

等到C的问题都说完了之后，B再谈谈自己的理念。比如：是啊，你说的也有道理，对于这个问题，我是这样想的……你觉得呢？

因为你先肯定了对方的意见，这样就不会引起对方的反感，反而可以让他跟着你的思绪走……

或者说，你说的这个问题我以前也碰到过，当时也跟你的想法一样，但是通过和成功的老师交谈后，我改变了那种想法，要不我们再就这个问题和某老师讨论一下吧。

记住，要想顾客成为你的合作伙伴，千万不要让顾客带着问题回家。

而实际工作中，我们的很多"B"就不是这样，在每次会议结束后，恨不得马上带着自己的"C"逃离会场，"走了，我们去吃饭吧！"。或者拉着"C"，"走，赶紧走，不然专卖店马上就要关门了，今天就买不成产品了"。让"C"感觉你拉他来就是为了让他买你的产品，不免会有一种"中套"的感觉。

五、会后的主要工作

一场会议结束了，并不是一次工作的结束。因为，恰恰就是会后工作的好坏，才决定了会议的效果。

1. 清场

把消极的顾客热情地送走，把积极的顾客留下来沟通、促成。

2. 会后跟进C（由B负责）

再好的推销会议也仅仅只是手段，真正的成交往往在于会后的跟进。

3. 总结（A与B共同完成）

真正好的推销员，并非多么会做，而是多么善于总结。

（1）"A"与"B"要研究、探讨当天的成果与缺失，便于下次改正和跟进。

（2）如果"C"决定买产品，"B"必须做好产品售后服务和跟踪。

（3）如果"C"决定参加这个事业，"B"必须鼓励"C"参加公司会议，教会"C"如何加入，教会"C"如何运用ABC法则。

（4）借出资料。每次沟通或会议后无论是否成功，"B"都要给"C"留资料，如光碟、书等，便于再次跟进。一定要告诉"C"资料是借给他看的，还有人等着看，请抓紧时间看，48小时内必须跟进。

（5）与"C"约定下次见面的时间。

（6）泼冷水。新人一般刚听完商机都很兴奋，就会大嘴巴到处讲，这时就会有很多他身边的人给他泼冷水，新人是没有免疫力的，只要泼冷水的人多，他就会对此没有太多信心了，也很容易就会放弃，所以要提前给他打预防针。可以这样忠告他：你回去先不要跟家人和朋友讲，因为你还不太懂，不会讲，也讲不清楚，自然会有很多人反对你的。等你通过几次学习对这个事业比较了解了，能讲清楚了，这样就不会有太多的人来反对你了。

当然，新人回去后，会不会就不讲了呢？当然不会，他还一样会去讲，一样会被泼冷水，但他这时候已经有了一定的免疫能力了，当他被泼冷水时，他会想到，哦，老师说的没错，看来我是应该先学习，再去跟别人讲的。这时，新人会再次投入到学习中，而不至于马上放弃。

最后，"B"在事后要对"C"进行进一步沟通。因为"B"和"C"是熟悉的，因此"C"比较容易向"B"讲出自己的真实想法，这时，"B"要主动了解"C"的情况和想法，并要将这些想法向"A"汇报，研讨方法，讨论怎样跟进"C"。

A+B要组成工作小组共同对"C"进行工作。在销售中，学会做"B"，借助各种"A"来帮助自己是一个非常好的方式，这也是销售中的黄金法则。在"ABC法则"中，"B"才是真正的主角。

第八节　ABC法则在人际关系中的应用

处理好人际关系是推销工作非常重要的环节，也决定了推销工作的成败和可持续健康发展的问题，一般推销员都很重视，也非常有经验。但也难免出现会因为误会等因素造成僵局或关系紧张的情况，这种时候，"ABC法则"也能起到异曲同工的效果。

一、如何借"A"之力

当两个人的关系出现僵局时，这时最能起作用的往往还是作为局外人的第三者，因为他的立场是中立的，看问题就比较客观，也容易被当事双方接受。

此时的"A"就可以充当这个"第三者"，可以说这是一个十分有效的办法。

这是什么道理呢？其实道理很明显，卖瓜的没有哪个不说自己的瓜甜的，但是，顾客往往不相信卖瓜的自己说的话，这时要是旁边有个吃瓜的人也说瓜甜，那这时顾客往往很容易就动心了。

我们很多推销员不知道相互配合的重要性，也不知道如何借助"A"的力量去处理人际关系。出现了问题，只知道自己没完没了地"傻"讲，只以为就自己比较了解对方，不相信别人，自己死扛，这其实是很"愚蠢"的想法，常见的结果是，双方争论得口干舌燥的，最后还落了个不欢而散。

打个比方：自己的子女自己总是很难管教，那要是交给别人就变得容易多了，这就是因为子女与父母之间太熟悉了，太了解对方了。

二、"B"怎样配合

既然有"A"这个"第三者"来充当"和事佬",那作为当事人的"B"最好的行为除了闭嘴之外,就是点头。同时,适时地认错、认错、主动认错。

除此之外,B的任何举动都只能是越帮越忙。

六道

分享

——一个伟大的推销员，首先就应该是一个分享家

第一节　分享的意义和目标
第二节　分享的类型
第三节　分享的程式
第四节　产品分享
第五节　事业分享
第六节　心路历程分享

因为亲水的缘故,所以在我们乡下,逢年过节抑或村里人谁家有个什么事都喜欢去东荆河边放河灯。将写有心愿的纸片叠成小船,再在小船上点上一小节蜡烛,以天地、自然、他人作证,让燃着蜡烛光的小船顺着河水向下游漂。也怪,即使有再大的心事,只要扎盏河灯放进河里就会轻松许多,心也像河灯一样,渐渐远去而被放逐了。

听老一辈人说,放河灯最重要的是心诚,从扎灯、点灯、放灯,每一个动作,都需要绝对的虔诚才灵验。所以,每次放河灯,无论对于放灯者,还是见证者来说,都是一件很神圣、庄严的事情,现场肃穆的环境,使得即使平时再淘气的孩子也会在此刻安静下来,因为每个人都把此事看作一次很好的分享过程。

许下自己的心愿,以天地为证,让别人分享你此时此刻的心情。

有心愿要表达是如此,要做好推销其实也是如此。

第一节 分享的意义和目标

一个人问上帝:"为什么天堂里的人快乐,而地狱里的人却不快乐呢?"

上帝没有直接回答,而是带他来到地狱,他看到许多人围坐在一口大锅前,锅里煮着美味的食物,可每个人都又饿又失望,因为他们手里的勺子都有一米长,谁都没法把食物送到自己的嘴里。

接着,他们又来到天堂,这里的勺子同样也是一米长,但是所有人都用勺子把食物送到了别人的嘴里,反而每个人都获得了食物。于是,这个人懂了,与别人分享快乐可以使快乐永驻;而不愿与人分享,结果不但解决不了别人的问题,甚至连自己的问题也解决不了。

一、分享的定义

分享就是讲自己真实的故事,它是推销活动中必不可少的一种方式,通常就是把自己使用产品的体会,做事的心得以及由此产生的心理变化告诉别人,让别人从中得到某种启示，使原本抽象的东西变得相对具体。

无论是分享什么，都要求做到真实感人、有的放矢。

1. 分享的目的是做见证

要做好分享，最有效的方式就是见证，把你知道的事情、真实的感受告诉别人。

因为人讲究的大多是"耳听为虚，眼见为实"，只有自己真实感受并体会到了的东西，别人才觉得真实；只有那些真实体验过的人说的话、做的事，才更容易使人信服，往往也更加具有说服力。

2. 顾客就是最好的见证

通常人们喜欢用别人的经验来作为自己的参照，顾客也是一样，他们不愿听推销员说更多的理念上的东西，因为他们普遍知道"王婆卖瓜，自卖自夸"的道理，有谁还会那么傻，说自己的东西不好的。

顾客是产品的直接使用者，对产品最有发言权，你说得千好万好不如顾客见证来得好，最好找一些有一定身份地位的顾客，让顾客现身说法比较有说服力。

所以，如果你想让推销工作做得更容易，就要想方设法让顾客来做见证，哪怕是哀求，也要顾客给你做见证。顾客说一句，顶得上推销员自己说上十句；你把自己说得千好万好，不如顾客说你一句好管用。

3. 名人是最有力的见证

名人属于社会上一种特定的符号，并大多具有一定的社会影响力和社会号召力，如果做见证的话，就会产生一种更好的说服效果，因为顾客的印象中名人总是占用了社会更多的资源，名人使用的产品也绝不会差，而且会产生这样的感觉：这样的名人都在使用，那一定差不了，这样大名鼎鼎的人物都在做，那一定错不了。

常常是名人在那一站，无须多言，就以行动表明了自己的态度，比任何语言都来的有力。

所以，推销界流行的话里面，有句很经典的话就是：推销最大的秘诀是顾客做见证，最好的秘诀是名人做见证。

二、分享的意义

无论是哪种分享，不外乎为了说明一个事实，阐述一个观点，传递一个信息。推销时运用分享，既可以煽动顾客的购买欲望，又可以激励伙伴的信心。

1. 激发顾客的欲望

对于推销来说，分享可以帮助顾客下决心。一是可以把自己因为此事所产生的一系列生理感受和心理活动向顾客诉说，让自己的亲身经历对顾客有个参照；二是可以以此感染和引导顾客，从而达到使顾客"心动"的目的。

2. 激励伙伴的信心

分享还有一个作用就是可以此来激励伙伴的信心，你把自己做这件事情前前后后的过程讲出来，伙伴就会有所借鉴，同时也传递了一个信号：你可以做到的事情，他也可以做到。

三、分享的目标

我们做分享，并不仅仅因为我们需要复述一个动人的故事，而是从我们的角度来表示一种决心。虽然，我们承认观察事物的角度有很多种，而我们知道的也可能仅仅只是其中的一种而已，还并不一定正确，但这并不构成什么妨碍，你只要如实地把自己的感受和盘托出就足够了，也就离目标实现更进了一步。

1. 说明问题

无论是哪种分享，最基本的就是要说明一个问题，你尽可以海阔天空地发挥，但不能毫无边际地任由自己一会说这、一会说那，否则，别人听了半天也不知你想要说些什么，你自己也白白地费了这么多口舌。

2. 震撼心灵

人在陷于某种束缚的时候总是难以自拔，就像被蜘蛛网困住了一样，想挣脱又缺乏必要的体力和勇气。这时如果外界突然给他一点力量，或是让他看到希望，此时，很多人就会借助这一点点力量而拼尽全力解脱。

顾客跑这么一趟，听你说了一通，并不一定期望太多的东西，往往只需要对他有所震撼，让他那一刻有了挣脱淤积在心中的某种东西的勇气就足够了。

3. 改变观念

人由于受生长环境和固有的知识局限，常常容易对某一种事物抱有固有的惯性思考方式，具体表现为：一方面想固守已有的东西，害怕失去，由此失去自己的既得利益；另一方面，心里也憧憬新的东西、新的观念。

第二节　分享的类型

按受众群体分，分享包括对推销业务的分享和技能提升的分享两部分。前者是对顾客而言，后者是对伙伴而言。

一、产品分享

很多产品都是一句两句话说不清楚的，最好的办法就是使用，把你使用中的感受说出来就可以了。当然，我们毕竟还是商人，哪有自己说自己不好的，就专挑好处说，只要把产品的好处说出来，买与不买，那就让顾客自己看着办。

1．做产品分享的好处

做产品分享最大的好处就是可以借此"吊别人胃口"。

人说穿了都是贪婪的，见到好的东西都想要，而且还没见过几个嫌多的，他如果喜欢，巴不得天底下的好东西都是他的，有些自己实在用不过来，也希望由自己用完再给别人用，哪怕是丢弃的结局也是他自己的事，这就叫占有欲。但他不说，他怕说出来别人都会因此躲着他，因此笑话他，而且他也限于这样那样的条件做不到，所以平常他都在拼命压抑自己，这会经你这么一分享，他被压抑的欲望又重新起来了。

2．不做产品分享的坏处

如果我们不做产品分享呢，顾客就只能眼巴巴地看着冰冷的产品，不知道这个产品能给自己带来什么；自己买了有什么用也是个未知数，光凭他自己怎么想也想不出产品的好处来，怎么还愿意花钱买下呢？

二、事业分享

人人都想创业，只是耽于这样那样的现实，受条件限制，怕输不起，怕由此影响自己的正常生活，怕常规的生活秩序会因此打乱，怕由此承受的心理、生理负担太重，致使自己无法承受，人都有趋富的心理，如果我们能将做事业既能轻松赚钱，又能学到很多本事，又很好玩，又能结交很多朋友等等这么多好处，都说给想自己做点事情的人听，那就会有好多人自觉自愿地和我们一起做。

1. 事业分享的内容

虽说事业分享都是说自己的事，但一定要是可以供别人学习或者对别人有所启示的，否则就是自说自话，所以，所讲的内容还需要围绕一定的范围。

（1）观念的分享。你最近读了什么书，碰见什么事，遇见了什么人，听到一句什么话，由此给了你什么启示，让你明白了什么道理，对别人来说会有某种启示。

（2）过程的分享。围绕某一项工作，从信息收集，到如何拜访、如何邀约、如何分享、如何沟通、如何跟进、如何成交，中间遇到了什么困难，又是如何克服的，说得越详细越好，对别人可以起到学习和激励的作用。

（3）破零的分享。业绩破零对于一个新人来说具有里程碑的意义，新人破零的感受既可以提升新人的士气，也可以对其他新人有所触动。

（4）增员的分享。新伙伴的加入对于团队来说是件大事，让大家彼此认识的同时，也让新老伙伴都多一次锻炼的机会。

（5）创意分享。你有什么好主意，又想出了什么好点子，拿出来与大家分享，既可以集思广益，又可以分享你的快乐。

2. 做事业分享的好处

做任何事情都离不开经验，如果将自己的经验与朋友分享，就能加深彼此的了解，增进相互的信任，建立更加牢固的友谊；如果与同事分享，就能共同进步，合作起来就会更加默契，就能提升团队实力。

谁不想拥有自己的事业，谁也不愿仰人鼻息、看人脸色生活，只是我们经常被家务或其他事物耽搁，对于女同胞来说就更是如此，结婚后往往为了家庭就牺牲了自己的事业。如果丈夫事业成功了就要被别的女人盯上，不够自律的就会到外面去拈花惹草；反过来，如果窝囊的话，全家人又都得跟着吃苦受罪。

3. 不做事业分享的坏处

如果每个人都将自己的一点经验掖着藏着，不愿与人分享，那么就会互相猜忌。对于团队来说，就会变得人人自危；对于朋友来说，若是我们不做事业分享，不把我们自己做事业当中的体会告诉那些想创业的伙伴们，他们就不会知道我们的事业能给他们带来这么多的好处，他们很可能还在痴痴等待中荒废自己，用搓麻将打牌这样无聊的事情来打发宝贵的时光，虚度自己的人生。

我们家楼下邻居家有个成年的儿子，没考上大学，就成天在家里上网，干吗？打游戏，一天只睡两三个小时，只吃一顿饭，没日没夜地打，整整两年，天天如此，父母也拿他没有办法，后来我就给出了个主意，他父母花几万钱把他弄部队上去了。嗨！才一年工夫，人模鬼样地回来了。不但抢着做家务，还逢人就热情地打招呼，看见拿重物的邻居还主动搭把手。为什么？部队是什么地方啊，要不那么多人花那么多钱玩着命的往部队挤，就是因为部队能让每个人都能看清楚自己的梦想。

三、心路历程分享

人的一生是短暂的，也是漫长的，在漫长的旅途中，会有许多人与你结伴而行，但真正陪伴你的，始终对你不离不弃的还是你自己，你的欢乐，你的痛苦，你的彷徨，很多情况下都要你自己独自承受，但如果你将这一切告诉别人，不但对自己是一种解脱，对别人来说也会有所领悟，那就应该大胆地说出来，点燃自己，照亮别人。说不定在这点燃的过程，你还照亮了你自己以前未发现的角落。

1. 心路历程分享的范围

我们每天都要工作、学习、生活、休闲，都会遇见很多人，发生很多事。有些事情平平淡淡，过了也就过了，没有多大印象；有些事虽然不是自己亲身经历，但却令自己领悟多多，甚至受益匪浅；更有一些事令人刻骨铭心、没齿难忘。

尤其是在推销过程中出现的喜怒哀乐，无论是亲眼所见，还是切身感受，都可以拿出来分享。是欢乐，大家一起享受；是委屈，大家一起品尝；是领悟，大家一起借鉴；是心愿，大家一起为你祝福，为你祈祷！

其实，分享的内容可以非常广泛，除了产品使用的效果外，还有很多可以帮助我们提升业绩，有助于我们解答困惑，能够增强我们信心的事情。尤其是从事推销工作过程中的喜怒哀乐。具体来说，可以从以下几个方面去衍生：

（1）读书。读了一本好书就是结识了一个好老师，获得知识的同时，可能也领悟到了一些道理，告诉大家，让大家也从中增加点见识，获得一点借鉴。

（2）培训。一场好的培训无异于一次精神的洗涤，不仅让你震撼，更可能让你的观念有了或大或小的转变，对别人也可能有所触动。

（3）观光。无论是自然景观还是人文景观，都是宝贵的结晶，让大家分享你的欢乐心情的同时，了解一点趣闻，增长一点见识，陶冶人的情操。

（4）家庭生活。家庭是我们每个人最熟悉，也最容易牵动敏感神经的地方，也最容易引起人的共鸣。

（5）生活趣事。生活看似枯燥，实则乐趣多多，拿出来分享，既可以调节气氛，又可以拉近人与人的距离。

（6）生活事件。过日子看似琐碎，其实里面包含了很多学问，也蕴藏了许许多多做人、做事的道理。

2. 做心路历程分享的好处

心路历程既可以激励自己，也可以激励他人。因为更全面、具体，所以最容易打动人，表面看起来，说的每件事都是你自己的故事，但这故事本身包含了你的爱恨情仇，就很容易触动听者，从而将自己心里原本深埋的东西激发出来，引起共鸣，也让被分享者进一步了解了你，并因为了解而变得熟悉，也会对你产生更大的信任。

人最脆弱的器官是心，最强大的器官其实也是心，心可以畏惧所有的东西，也可以征服任何的东西。其实，分享人在分享自己心路历程的时候，被分享人被自己压制的力量可能也随之喷发出来，由此就会产生像你一样拥有产品，拥有事业的冲动。

生活中的艰辛常常会使我们对生活失去信心，再幸福的人都有着不为人知的所谓不幸，只是很多情况下不愿让人见到而已，如果分享人说的也恰恰是被分享人历经的某件事情，他就会想，其实他也遇见过这样的事情，原本他也一样，就会对你有了更深一层的亲切感。

3. 不做心路历程分享的坏处

如果我们不将自己的心路历程与人分享，尤其是新伙伴就不会知道你为成功付出的艰辛，还以为除他之外，别人做出来都是挺容易的，就会想你天天就知道说那么多大道理，你哪知道我的情况，我的情况与你的不同，这件事可能你能做到，但我就不一定能做到，你有这方面的条件，而我不行，我既没有这个也没有那个，即使做了，也无非是给别人垫个背，凑个数而已。

因为人的一生中都经历过大大小小的失败，失败的滋味也确实不太好受，累积多了，就会对自己是否能做好某件事感到怀疑，进而对自己是否能做好这件事丧失了应有的信心，这个时候就需要有个外在的力量进行助推，才能帮助自己重新找回自信。

● 第三节　分享的程式

分享是一种态度。一份快乐，如果可以两个人分享，就变成了两份快乐；一份痛苦如果能够两个人分担，则变成了一半的痛苦。

不懂得把快乐与他人分享的人，他的快乐往往就会变得毫无意义，而大家一起兴高采烈的时候，每个人的快乐都在成倍地增长，这才是真正的快乐。

一、成功分享的特点：戴帽子和穿鞋子

与人分享很重要的一点就是要激发人的梦想，怎么激发？最简单并且最有效的方法就是：震撼他的心灵，转变他的观念。

为达到震撼和转变的目的，我们需要做什么呢？

不需要太多，只需要将我们买东西和卖东西时的真情实感说出来就可以了。为什么这样讲呢？因为你不能给人虚情假意的感觉，虽然分享就是演戏，但要演得逼真，所以，从程序上讲呢，不管做什么分享，都围绕下面两点就可以了。

第一要"戴帽子"。就是表明自己的几个问题，我是干什么的，叫什么名字，住哪里，很高兴在这里分享，我很感激。

有些分享人一上来连家门都不报，人家顾客都不知道你是什么人，不知道是你自己要讲呢，还是为了那一点工资，公司强迫你说假话，你对此要有个态度拿出来。你要感谢的人是谁？你会卖产品不是天生的，你不管卖什么产品，卖什么东西，都是顾客给你带来的，你要有感恩的心。

第二要"穿鞋子"。分享结束时，再次表达感恩，还是要呼应前面，真要感谢、感恩。

前面的感恩是表明哪个人让你认识了这个产品，或者哪个广告让你认识了这个产品；后面的感恩是哪个企业生产了这个产品。

虽然都是感恩，但对象却不一样。前面一个感恩是自然心情的表达，后面一

个感恩是把这好东西告诉别人。前后连贯，你就达到了一个震撼心灵、转变观念的目的。在效果上，也就把听者的热情和欲望都调动起来了。

二、如何做分享

做产品分享是推销过程中一个很重要的环节，也是件很严肃的事情，所以我们一定要认真对待，并且严格按照操作规程去做。在心境上，还应该注意把握好以下几个方面：

1．端正一个态度——真诚

我们做产品分享时一定要真诚，如果你心不在焉或者虚情假意的话，别人很容易就能看出来，更别说原本就带着疑惑态度来的顾客了，他就会想，你这是在给我演戏呢，八成是挖了陷阱等我往里跳，他非但不会买你的东西，甚至对你的为人都有看法，你不仅因此失去了一个顾客，还很有可能会因此失去了一个朋友。

2．明白两个目的

做产品分享时虽然要求真诚，但也不能口无遮拦地天马行空，想怎么说就怎么说。我们有些推销员就很容易犯这样的毛病，很爱做产品分享，每次分享也都能做得很真诚，但偏偏喜欢说兴奋了就由着自己的性子，想说什么就说什么，结果说了半天也说不到正点上，最后说了什么连他自己也说不清楚了。这样，既浪费了宝贵的时间，也容易错失推销的良机。

你可以选择说什么，也可以不关心推销的结果，但你必须明白你说这些是为了什么，你图的是什么效果，你想达到什么目的。

（1）令人感动。只要顾客被感动了，才能达到震撼他心灵的目的。

（2）找出需求。只有激发了顾客的梦想，你才能找出他真正的需求。

3．围绕四个心情

（1）开始接触时的心情。

（2）购买时的心情。

（3）使用以后的心情。

（4）现在的心情（分别感激介绍好产品给你的人，生产的公司，产品让你得到了什么，表达你的决心）。

讲产品就讲我当初接触时对产品认识上有什么问题，购买或使用一段时间后的体会如何，此时此刻我的心情如何。

其实不光是讲产品，讲其他的也一样适用。

我有一次在郑州，正赶上"七一"，人家搞庆祝会，我被人临时拉到河南省委组织的庆典会上做演讲，台下坐了几百名处级干部。我一下蒙了，没准备呀！但我想不能就这样跌份吧，好歹来几句，于是我就做了一个分享：我的中国心。当时也不过就按分享的方程式，讲了些自己热爱祖国真实的感受。

讲完之后我还是有点紧张，心"嘭嘭"跳得厉害。

但此刻的台下，早已是掌声雷动。

所以，一个推销员水平的高低，完全可以从其分享的功夫中见分晓。

三、分享时应避免的几个不良现象

我们在分享时，表面看起来就是说出自己的真实感受，实际上我们的一言一行、一个不经意的动作，一个微妙的眼神在顾客的眼睛里就是大事件，就会令顾客很不舒服，归纳一下，有以下几点必须引起注意。

1. 忸怩造作

忸怩造作是作为一名推销员的大忌。在与人分享过程当中，若是你忸怩造作，会给顾客一种轻浮与不稳重的感觉，让顾客难以产生对你的信服感。

试想一下，若是有人在与你分享谈心的时候，总是嗲声嗲气，甚至挤眉弄眼，你做何感想？若是在与你沟通谈论时，又一副不自然，不大方，含羞做作的样子，或是词不达意、吞吞吐吐、慌慌张张的，你又做何感想呢？我想一定不是觉得这人别有用心就是脑子有问题。

其实，在与顾客分享产品、事业、心情与自己的感受的过程当中，率真地表现出自己的本性，顺其自然，不加修饰，才是最受欢迎的。

扔掉忸怩造作，顾客会更容易相信你，不但会成为你产品的忠实消费者，更会把你当作自己的一个朋友，不但让你分享他使用产品的感受，更让你分享他的生活、他的情感、他愿意说及不愿意说的一切。

2. 过分谦虚

谦虚是中华民族的美德，有句名言说的好："谦虚使人进步，骄傲使人落后。"然而过分谦虚就往往会事与愿违、适得其反。

中国人懂得谦虚，但是过分谦虚，就会给人一种骄傲、虚伪的感觉。你明明在某些方面不错，顾客真心夸赞你，你却一味谦虚甚至调侃自己，这样会让顾客觉得，你在这方面这么优秀都说得自己那么差，那他在你眼中就更不上档次了。也许因为这样，你得罪了顾客还不自知。

在与外国人沟通的时候更要注意。外国人不懂得中国式谦虚，你过分谦虚，往往会给他们带来错觉，你都说不好了，那肯定就不好了，这样一来，你认为还有谈下去的必要吗？凡事都要讲求个度，物极必反，适当的谦虚是美德，会让顾客觉得你没有端架子、很随和，过了那个度，会让人觉得你是在炫耀，会觉得你个人品质有问题，很浮夸。

3. 言语随便

一个优秀的推销员，是知道在何种场合下，审时度势地说出怎样的话来的。因为他知道什么该说，什么不该说，什么说了会给顾客留下好的印象，什么说了会让他人或是自己陷入尴尬的境地。

分享中，最忌讳的就是说话大大咧咧，语言不分轻重、不分对象、不分场合地一通乱调侃，尤其是拿台下的听众说事。

比如："那次，我去某某家里，为我开门的是他们家保姆，我一看，穿得那叫一个讲究哟！这哪像一个保姆啊，尤其是烫的那头（眼光拼命搜寻台下类似的发型），就那样的，怎么看怎么像二奶。"

你可能当时并无恶意，只是想调侃一下，活跃活跃现场气氛，可别人听来却很不是滋味，尤其是那个被你指有类似发型的听众，当时又会多么的尴尬。

中国人有句话叫作：同样一句话，可以说得人笑，也可以说得人跳。就是这样一个道理。其实，不光中国，说话在任何国家都很讲究，甚至还有一套"言语艺术"——同样一个意思，用不同的方法说出来，效果会大相径庭。

说话轻佻，语气随便的人，给人的感觉就是不正经，既然别人都觉得你不正经了，怎么可能再跟你分享心情或事情？若你学得很会说话，那么你将会在工作或生活中，游刃有余地展示幽默语言的魅力，令顾客由衷地折服，那么，推销就变得简单且有意思多了。

4. 内容空洞

葛杰夫说过一句话："一般的谈话就像空洞倒进空洞一样。"

在生活当中的确如此，因为很少有人知道自己想明确无疑地谈论什么。大部分的人在与人分享的时候，没有明确的目的，谈话内容条理不清晰、缺乏实质性的内容、空泛，甚至让人觉得无聊。

作为一名推销员，坦白地说，在与顾客分享时，不管是分享什么，如果你说话内容空洞、主题不明确，那么就不会给自己带来任何收获，这也就是在浪费客户资源，浪费自己的时间。所以如何把谈话质量提高，使内容丰富精彩、引人入胜，这是一个优秀推销员必须掌握的技巧，也是你成功的重要因素。

四、组织分享会时应注意的事项

分享看上去就是好好地说说自己的事,天天在做,也没觉得有什么特别难的,但要达到震撼心灵、转变观念的目的,还需注意以下几个要素:

1. 选对人

人是决定分享成败的关键,选对了人分享就成功了一半。

(1) 尽量选一些有代表性的人,并做到新老搭配、老少兼顾。

(2) 尽量选新面孔,并非业绩好的才可以上台分享,还要有意识地培养一些很努力,但业绩尚不够好的人,让他们有个展示自己的机会。

(3) 尽量选一些"名人",这里的"名人"既指各行各业有名气的人,也指一些原本很失败,但做推销成功了的人。

2. 事先沟通

为确保每一次分享的效果,事前应该与分享人做充分而详细的沟通,包括:

(1) 分享的主题。

(2) 分享的内容。

(3) 分享的时间等。

3. 内容选择

每次分享的受众不同,所以每次分享的内容也不同,但要分享的内容让人爱听,给人感动,印象深刻,就需要围绕这样几个方面去准备材料。

(1) 新闻——新近发生的,新鲜的,新颖刺激的。

(2) 快速——及时、快捷的。

(3) 专注——主题突出、内容集中的。

(4) 趣味——生动、活泼、有趣的。

(5) 全面——包括学习、工作、生活等诸多方面的。

(6) 积极——有爱心、洋溢着自信、格调高雅的。

第四节　产品分享

推销的主体还是产品，所以产品分享是推销的基本功，因为我们无论如何都需要把产品的使用情况说清楚，不管推销什么，说到底都离不开产品，那怎么说清楚呢？

任何一个人接触产品、认识产品、接受产品、使用产品、享受产品、偏爱产品，都是有理由的，而且其中的过程也绝对不会是一帆风顺的，肯定也伴随着犹豫、怀疑，甚至否定，没关系，都如实地说出来，让别人对此有个参照。

【一个产品分享案例鉴赏】

我叫王梦露，听我的普通话就知道我是个地地道道的广州人，我就在旁边的"中大布匹城"搞了个档口，做服装辅料的批发生意，已经做了三年了，生意一直都不错，也赚了一些钱，今天我很高兴地在这里分享我使用"金圣丹"产品的体会。在分享之前，我要诚挚地感谢我的好朋友黄丽小姐，感谢她向我介绍了这款好产品。

我是一个生意人，每天忙忙碌碌地也没太在意自己的身体，直到半年前自己感觉下身总是痒痒的很不好受，自己也没在意，可是越来越痒，有时弄得整晚整晚地睡不着觉，拿纸巾擦拭一闻还伴有一股恶臭味。为此，先生一个月都没要过我，去医院检查也没查出什么毛病来，弄了上万块钱的药吃下去也没见有什么好转。

直到有一天我的好朋友黄小姐，她向我介绍了一款叫"×××"的妇科产品，一盒才五百多块，说用上两盒就好了。

我当时怎么都不相信，医院上万块钱的药吃了都不见效，难道你几百块钱的妇科产品就真有这么灵？

我虽然不相信，但碍于朋友的面子，况且黄小姐也大热天的大老远地跑来，就勉强买了两盒算是应付。心想这可不敢用,万一用坏了自己的身子,那不完了。就一直把两盒"×××"锁在抽屉里,也怕老公知道后说我病急乱投医。

本来这事也就这样过去了,我也一直忙档口的生意把这事就给忘了。可几天后,黄小姐打电话问我使用的效果,我嘴上应付着"还行"就仍旧忙自己的生意,可黄小姐很认真,过两天又打电话来问用了产品后的症状,而且每个细节都问得很详细,我知道再也没法蒙下去了,于是当天回去就开始按照说明书指定的使用。没想到,第三天就发生奇迹了,我的下身排出了一些很脏的东西,而且痒的症状也明显减轻了。

黄小姐告诉我那排出的脏东西是体内的毒素,正是由于这些毒素积淀在我的下身无法排出,造成堵塞,所以才痒,才有异味的。

现在才用了两个多月时间,我不但下身的问题彻底解决了,人也变轻松了,脸色也比以前红润了,我老公现在三天两头缠我,烦都烦死。

我很庆幸,我认识并使用了这款好产品,假如我不使用这款产品,我的病就可能没办法根治,不仅失掉健康,也会严重影响到我和老公的感情,影响我的家庭生活。在这里,我要真心地感谢生产"金圣丹"的厂家"某某公司",生产这么好的产品帮助我们女人,解除我们女人的难言之隐。

我会坚持使用这么好的产品,并会把"×××"产品介绍给更多的姐妹们使用。

谢谢大家!

第五节 事业分享

推销事业是个适用范围很广,不需要太多本钱,没有风险,不需要什么技术,很容易做的事业,而且有人的地方就可以做推销,时间也相对自由,也容易找到合作伙伴,我们只需要把我们做这项事业的体会说出来就可以了,人越多,事业就会做得越大,也就会越好做。

做分享不是做学问，千万不要搞得太复杂，逻辑性也不必刻意追求，主要是把顾客的需求找出来就可以了。做产品也好，做事业也好，都是这样。

任何人刚接触一种新东西、新事物的时候，往往都是怀疑的，因为接触不等于成交，成交不等于使用，使用不等于合作，只要把这四个层次讲清楚，然后就分享做的好处，不做的坏处就可以了。因为有对比才能有说服力。

【一个事业分享案例鉴赏】

大家好！

我叫吴冬梅，来自湖北黄石。今天，我很高兴在这里向大家分享我做推销工作的一些体会。在这里，我很感谢我的朋友李首旬先生，感谢他把我带进推销这个行业，因为这份推销员的工作改变了我的命运，改善了我的家庭生活环境。

我以前一直做幼儿园的老师，因为家庭负担重，收入又微薄，心里总是觉得郁闷，所以就跳出来自己做。

我开过童装店，也开过快餐馆，可惜都没有做好。2009年的时候，以前孩子的家长李首旬先生介绍我做某某事业，我一听，想都没有想就拒绝他了，原因是我天天坐在店里都来不了几个人，更别说满世界去逮人了，碰一鼻子灰不说，弄不好还处处得罪人，吃力不讨好。再说了，我也不懂得做啊，自己这么熟悉的童装都做不好，更别说换一个不熟的行业做了；快餐人人都要，也做得结结巴巴的，保健品只有富人才消费，能做好才怪呢！

但李首旬先生盯得很紧，次数多了，我也就不好意思再拒绝了，就勉强跟着他听过几堂课。还是没有什么兴趣，不过我发现跟这些人在一起挺好玩的，也能学到一些东西。这些东西对于我做好传统生意还是很有帮助的。于是，我就打了个小算盘，要掏钱参加我不干，但不要钱的课经常蹭蹭还是可以的。

李先生对此也不恼，不但由着我，而且每次有会议的机会还就一定要帮我争取。渐渐地我参加的会议也越来越多，有在家里开的几个人的小会，也有在体育场开的上万人的大会，每参加一次这样的会议，都会让我兴奋好几天，做起事来也特别有劲。于是，又打了个小算盘：如果让我店里的员工都来参加的话，他们的工作热情一定会很高，顾客也会踏破门地想往我的店里挤，到那时还会用得着为生意不好犯愁吗？

我将自己想让员工也跟着参加一些会议的心思向李先生一说，没想到他很爽快地就答应了。于是，我没掏一分钱参加，有空就与员工一起听课。

但过不了多久，我就发现了问题，员工听起课来比我还要积极些，有的甚至还瞒住我利用休息时间偷偷地听过几堂课。很快,有些胆大的员工就开始说服我加盟了,并许诺一旦加盟就用自己不多的工资成为我第一个顾客。

民心不可违啊!给我打工的员工都这样,我这大小也算个老板的人还能说什么呢?于是,我就在李首甸先生的协助下办了加盟手续,才算是某某事业的一个正式成员了。

说是加盟了,但我还是给自己留了一手,老生意继续,新生意也兼着搞搞,让我那些积极的员工和李先生一起忙乎去,因为我做生意这么多年我明白一个道理,千万不要把"鸡蛋都放在同一个篮子里",否则,一旦出事,连最基本的生活都会受影响。

没想到,李首甸先生倒很认真,不但不强求我放弃传统的生意,还手把手地教我怎么做这门新生意。更令我没想到的是,即使是我这样"偷懒",第一个月居然还赚了两万多块,比我开的童装店和快餐店加起来赚的钱还要多得多。

我一下子看到了希望,加上有两万多元垫底,我干脆把快餐和童装两家店一股脑儿全关了,一门心事地只做某某事业,结果,每月的业绩进度都一个劲地突突往上蹿。后来我又突发奇想,将传统生意的产品陈列与冠亿生意的待人之道结合起来,结果生意更是火得不得了,我还利用以前学幼师时做手工的手艺,做了一些有个性、趣味十足的钥匙链、手机坠送给顾客,顾客个个都夸我心灵手巧,个个都喜欢我,有几个大姐几乎每天都要到我的店里来,她们说不买东西,看看我也好,假如哪天没看见我,她们的心里就会空落落的。

现在我懂了,做事先做人,是某某事业改变了我,某某事业不但改变了我的经济状况,更改变了我的心态,现在的我每天都开开心心的很快乐。

在这里,我要衷心地感谢把我带进某某事业的李首甸先生,衷心感谢某某公司给了我这么好的平台,让我可以尽情地发挥,不但获得了自己梦寐以求的财富,更得到了再多金钱也换不回来的好心情。我决心今年在城北再多开一家分店,让更多的人不但能在某某事业中赚到钱,更赚到好心情,让每一个女人和男人都因为某某事业而变得更加美丽。

谢谢大家。

第六节 心路历程分享

心路历程分享既适合于团队内部，又适合于公开场合，是分享的一种高级形式，往往也是最能打动人的，因为它不仅真实，而且还综合了产品分享和事业分享的特点，再加上自己这一路走来在心里所产生的喜、怒、哀、乐，犹如一个生动有趣的故事，但又都是在自己身上实实在在发生的事实。

【心路历程分享案例鉴赏】

大家好！我叫王翠花，今年四十有三了，是个下岗妇女，下岗后就一直在社会上找工作，有些工作自己干不了，有些又嫌差，实在是不愿干，所以三年时间都这样耗着，家里就我与老公两个人，房子也小，没多少家务，自己也没什么爱好，电视也没心思看，就这样傻傻待着，人也成天昏沉沉的，不知道干点什么好，人也一下子胖了十几斤，脸上还莫名其妙地长出一些黄斑，成了真正意义上的"黄脸婆"。

一次，百无聊赖中去原来的同事阿芳家里玩，正碰上张丽华小姐给阿芳讲"×××"产品，张小姐硬说我脸上的黄斑是身体内的毒素引起的，我一听就觉得"瞎扯淡"，我还不知道自己，都四十三了，有这样一点斑很正常，同年龄的女人有几个没有啊！更让我生气的是，张小姐还荒唐地说这是因为我生殖器病变引起的，当时真想把这满嘴胡说八道的丫头片子轰出去，只是碍于阿芳的面子，强忍住自己的火气。

本来这事也就这样过去了，但不几天，阿芳说带个养生的老师来家里玩。来后一看，又是张小姐，我真的愤怒了，连门都不肯让她进，后来还是拧不过阿芳的一次次磨才心不甘情不愿地让她进来了，但约法三章，大家就是朋友聊聊天，绝对做到：一不谈产品的事，二不拿我脸上的黄斑说事。

那天，张小姐果然严守约定，一句都没提产品，也没说我脸上的事，只是客观地谈我们女人的生理结构，谈中年女性应该如何保养，以及生活中一些基本的保健常识。想不到，她小小年纪懂得还真多，我不得不对她另眼相看起来。临别时，兴许是想弥补我开始的失态，还是我主动提出先拿一盒治疗妇科的"×××"试试。

当天晚上，家里就我一个人，趁洗澡的时候，我好奇地拿出白天买的"金圣丹"，按照说明书往下身放了一点，感觉有点温温的，除此之外，也并没有什么特别的变化。第二天，继续使用，依旧看不出有什么变化，心想"卖东西的哪有说自己东西不好的"，反正也就几百块钱，就当是买个教训也好啊！于是第三天洗澡时也就懒得再用了，但是就在洗完澡大概一小时左右的时间，我上厕所，发现小便有点怪怪的，仔细观察，发现多出了一些不易觉察的小颗粒。于是慌慌张张地给张小姐打电话，她告诉我，这是我体内的毒素被排出了，而且明天会更多，几天后，我脸上的黄斑就会自动消失了。

居然有这等好事！当天晚上我又惊又喜地拿出那盒"×××"左瞧右瞧，硬是没看出有什么特别之处来，但用后排出的小颗粒又使我不得不相信眼前的事实。

第二天，果然像张小姐说的那样，我排出了大量的颗粒，有些还一团团地粘连，恶心死了。接下来的几天，每天都有排出，只是数量开始少了起来。而我自己的脸色却变得白里透红，刚生出的小黄斑居然已经不知去向了。

兴奋之余，我想，我那些下岗的姐妹，大多也年龄相仿，也一定也会出现我一样的困扰，如果把这些产品介绍给她们，不但解决了她们的身体问题，还多了一项生意，而且自己自此以后买产品还可以便宜许多。天天就知道找工作、找工作，找得自己焦头烂额，眼皮子底下不就是一个好工作吗！

于是，当天我就给张小姐打电话表示愿意加盟做，可张小姐却劝我不要忙着下结论，先听听几场课再说。自此后，我比阿芳都积极地参加各种会议，不久，就索性瞒着丈夫，把买断工龄的钱都用来做了富泉这份事业。

开始做的时候确实很难啊，不知道找谁，也不知道怎么说，就光知道找朋友做，谁知跟朋友介绍了半天，朋友非但不买账，还说我头脑发热了。

结果，一个月下来，连一盒产品也没卖出去。但我不甘心自己几十年换来的"买断工龄的钱"就这样白白打了水漂，我无论如何也得把它捞回来。

于是，我就想方设法地利用各种机会去认识人，天天泡在街上，哪里人多就往哪里钻，饿了，就买几个包子吃；渴了，就喝一口随身带的凉开水。当时正值夏天，九月份最热的季节，经常是这样，跟人家讲得口干舌燥了，人家不为所动，走的时候还反而央求别人让我灌满一瓶水。人瘦了一圈，也黑得自己都不认识自己了。这么玩命地又做了一个月，也才做了区区两千多一点业绩，赚了几百块钱，简直太伤自尊了。老公心疼我，说要不算了，只要我把家料理好，他愿意养我。我也真的不得不怀疑起自己的能力来了。

这时，只有张小姐热情地鼓励我，但我还是觉得自己不是这块料，不像张小姐有文化，能说会写的，脑子又好使，肯定做得好。张小姐就耐心地开导我，帮助我分析失败的原因，弄得我有气也没地方撒。最后，拧不过她，就勉强答应再试试，但我心里却拿定了主意，给自己一个期限，最多再努力一个月，不管本钱捞没捞回来都收手不干了，亏了也就自认倒霉，权当自己交了学费。

但就是这一个月，我居然做了十多万元的业绩，不但把自己投下去的钱全捞回来了，还赚到了以前在工厂一年都赚不到的钱。再想让我收手，不但自己舍不得，家里人也不会答应啊！

现在我已经做了两年时间了，每月的收入都有两万多，家里也跟着什么都有了，每月的收入都抵得过老公一年的工资，人也变漂亮了，比以前精神多了，地位也高了，亲戚朋友都把我奉为"财神"一样巴结，举个例子，以前老公总说我是不中用的废物，现在老公对我可好了，总是端水我喝，说老婆辛苦了，其实我知道，他这是怕我"飞"了他。

是啊！老婆的收入比老公高出那么多，不多拍拍老婆马屁行吗？

所以，我真的很感谢领我走上这条路的张小姐，很感谢某某公司生产这么好的产品。

在这里，我向大家郑重地表个态，只要某某事业旗帜不倒，我就一定会努力不止。

今天在这里，跟大家唠唠叨叨说这么多，非常感谢大家的耐心，也希望某某事业给大家带来自尊，带来笑容，也带来钞票。

七道 沟通

——沟通的艺术是化解问题，而不是立即解决问题

第一节　沟通的重要性
第二节　什么叫沟通
第三节　沟通三要素：聊天、回答、分享
第四节　沟通方程式：情理合一
第五节　"吃喝玩乐"在沟通中的作用
第六节　推销的意义

"社火"能将十里八乡的人都集中起来，一年中总有那么几次可以见到很多人在一起狂欢。而社火中最出彩也是最经典的就是舞火龙了，由龙头牵引，后面跟上十几节龙身，经过一个个村子时，村里人不但会沸腾，而且也都心领神会地加入进来。这时，各家各户的代表都会拿出家里早已收拾好的条凳，前后各点上两支蜡烛，加入到队伍当中，自己也就成了一节龙身。往往是数百上千盏灯有序地连成一条巨大的火龙，在路上蜿蜒前行，在空旷的黑夜里显得格外壮观。

　　总有点弄不明白，几百上千盏灯是如何做到首尾相接，而且每一个衔接处都那么配合默契、天衣无缝的呢？

　　后来我才知道，这是由各村的长者协调的结果，事前大家都有联络，谁负责设计制作龙头，谁负责点睛，途径的路线，编排的队形，参与的人群都经过无数次的沟通，才有最后都能见着的这么壮观的场面。

○ 第一节　沟通的重要性

　　现实的世界，是多种生物共存的世界，由此产生摩擦、对立都是难免的。要想在这个世界上生存，就要学会与自然界其他生物进行沟通，与各种各样的人进行沟通。

　　无论我们在做什么，或者想做什么，要想使事物按自己的意愿发展，就必须学会并善于沟通。生活中，与家人、亲友、邻居进行沟通；工作上，与顾客、上司、下属、同事进行沟通；情感上，与自己，与你爱的人、与爱你的人进行沟通。

　　我们通过语言，我们通过文字，我们通过自己的肢体，传递思想、传递表情、传递声音、传递情绪，然后再反馈回来，经过加工、整理、完善，最后形成一个相对统一的共识，都是在进行沟通。

　　可以这样说，沟通无处不在、无时不在，贯穿在我们行为的方方面面。

一、大师的一个小失误

据说，美国有一个训练人的组织叫天体营，但凡参加这个组织训练的人在各行各业都是一流的成功者，这个组织的宗旨是："崇尚天体、回归自然。"所以，它的学员在训练人的时候都是脱得光光地参加训练，无论男女，也无论年龄大小都是一样的。这没有什么奇怪的，因为环境决定了人的行动。比如游泳，男男女女都穿得很少，在海边游泳时并不会觉得有什么古怪，因为是那么个环境，但假如把游泳的集合起来，穿着同样的衣服在大街上走一走，结果会如何呢？众人皆曰：流氓，神经病。所以，环境决定人的行动。

有一次，天体营的一届学生快要毕业了，但还缺少一次心理素质的训练。为此，天体营的负责人来到世界知名学府哈佛大学，找到心理系的教授哈雷先生，对他说："哈雷先生，你是全世界心理学界的权威。我们天体营训练组织是世界上最成功人士的教学机构，我们这一届的学员快毕业了，我们想请您这个学界的泰山北斗去做一次心理素质训练，请您一定予以支持和照顾。"

哈雷先生说："太客气了，没关系，我明天早上七点半准时来讲学！"

哈雷先生送走天体营的负责人后，在家准备明天讲学的内容、方法等，不知不觉到了深夜十二点了，但有一个问题他始终不能下决断，哈雷先生想：听说，天体营的学生做训练的时候，都是脱得光光的，我明天讲学是脱得光光的呢（有失教授的风度与体面），还是穿西装、打领带呢（和学员距离太远，影响教学效果）？

哈雷先生左右为难，难以入眠。到了次日七点，快要上路去讲学了，才心急生智地决定：讲学时，我一定要脱得光光的，为了我的训练质量。

当哈雷先生匆匆忙忙赶到训练地点时，正听到会议室里的主持人大声说：下面请我们用最热烈的掌声，用最期待的心情，请世界级的心理学教授哈雷先生给我们做心理素质训练！（热烈的掌声）

哈雷先生听到这里，急忙到隔壁的卫生间将所有衣服脱掉，匆匆忙忙赶到讲台，大声说：各位同学，早上好！

当哈雷先生讲完，放下讲义夹，抬头看所有学员时，只见所有学员都穿着职业装，只有自己一个人是脱得光光的。

其实，人与人之间的关系是很微妙的，有时候你一个不小心就会造成误会，甚至闹出笑话。像上面的故事就是这样，如果事先哈雷教授做好沟通，哪怕就是打个电话简单地问一下，也不至于出这么大的洋相。

二、沟通对于家庭的重要性

中国人喜欢说"家和万事兴",一家人共同生活,要想过得踏实,就必须学会沟通。因为即使是一家人,也会因为性格差异、立场不同、对事物的理解能力各异,而造成对某一事物认识上的不完全一致,从而引发磕磕碰碰。

如果听之任之的话,就会在家庭中造成不和谐的隐患,如不及时消除,就容易升级成为矛盾,甚至会发展成手足相残、夫妻反目、儿女叛逆之类的事件。轻者,会影响工作,重者,会导致好端端的一个家变得四分五裂。

三、沟通对于工作的重要性

大家聚在一起工作,产生工作上的分歧、误解,甚至争议都是再平常不过的事了;反之,意见都完全一致的话,就缺了创新、少了突破,死气沉沉地反而变得不正常了。但是,如果不及时沟通的话,原本只是工作上的事,就会延伸到工作以外,从而影响正常工作。

所以,一个组织要想顺利地发展,就离不开沟通,只有通过不断的沟通,才能营造出更有利于工作的氛围。否则,就会出现你搞一套,我搞一套,像一盘散沙一样的局面,很难黏合在一块,形成合力。上级与下级之间,也会互相猜忌、彼此防范,正常的工作秩序也就会被打乱。

好处是:消除误会、增进了解、融洽关系。

坏处是:产生矛盾、造成隔阂、酿成内耗、影响工作绩效。

四、沟通在社交、礼仪中的重要性

我们要与社会接触,就免不了与形形色色的人打交道。走路,不小心踩了一下别人的脚;开车,不小心两车发生点剐蹭;甚至,不经意的一个动作、一个眼神,也会引起对方误会,由此产生矛盾,如果处理不好,就有可能产生口角,甚至拳脚相向。

事情小,一句"请""对不起""谢谢"之类的文明礼貌用语也就过去了,事情大了,就要坐下来协商、谈判、调解。

其实,这些也都是沟通的表现形式,是一个人在社会上安身立命的最基本素质。

第二节 什么叫沟通

所谓沟通，就是把信息、思想和情感在个人或群体间传递，并且达成共同协议的过程。从某种意义上来讲，它是我们获取财富、快乐、幸福和健康的最重要的手段和策略。

世间有许多事情，一提起来大家都明白，实际上却没有几个人能够真正做得到。

沟通就是这么一种事情，说出来我们大家似乎都不以为然，认为我们每个人无时无刻不在沟通，可以通过说话来沟通，不说话也可以沟通。沟通这个事情，只要是有嘴有眼的人，谁都会，但在实际生活中、具体工作中，在沟通方面我们都只不过是做了一点皮毛而已，还根本就没有真正地做到位。

如果没有弄清楚为什么要沟通这个问题，而一味地去谈"沟通技巧"，就犯了一个很大的错误，那么，即使沟通做得很完美，结果却总是失败的。沟通，是为了取得一致的"要求"，如果脱离了这个目标去沟通，使用再完美的技巧也不可能取得很好的效果。

一、因为有误会，才需要沟，沟了才能通

前世的五百次回头，才换来今生的一次擦肩而过，百年修得同船渡，千年修得共枕眠。

人与人相识、相处、相爱都是缘分，但也难免出现磕磕碰碰，难免有分歧、甚至矛盾，这就需要沟通。

所以，遇事，互体谅；凡事，多沟通。

由于对信息的接受程度、考虑问题的角度不同，就会造成理解上的不对称，就会产生隔阂，如果不及时进行疏导，累积到一定量的时候就会像管道爆裂一样无法收拾。

1. 误会是怎么形成的

要回答这个问题，我们又要回顾一下前面的问题，前面说了：人都有抗拒和自我保护两种心理，因为外界的环境多多少少都使他们有过吃亏的经历，所以人与人之间最容易做的事是沟通，最难做的事情其实也是沟通。

（1）不了解。

顾客对你所推介的东西不了解，你还没说，或者还没说完，或者还没说透，或者你说了，但他没听明白，就相应地产生了某种抗拒。

（2）有误解。

你说的是一层意思，顾客理解的又是另外一层意思，由此对你的为人或者你要推销的产品就自然而然地产生了一种抵触心理。

（3）观点不一致。

你说清楚了，顾客也听明白了，但你们没有达成共识，那就说明沟通双方还没找到共通的那个点，也就是你们之间的障碍，需要多"沟"一下才能"通"，不通的话也就不可能有实质上的成效。

2. 消除误会靠的是什么

要做好一次沟通，首要的还是要靠真诚。因为你只有真诚地面对别人，人家才有可能向你坦露他真实的想法。如果他觉得你不够真诚，那不用听你说什么就直接把你打发了；其次，要掌握"苗头"，在沟通的整个过程中，注意察言观色，你得从对方的表情和行为上判定他是在专心致志听，还是心不在焉。如果是后者就应该马上终止沟通，转移话题，再适时地找个新的角度切入；再者，沟通毕竟是一次心灵的撞击过程，节奏的把握也可帮助沟通的效果，就像一首好听的音乐一样，也要有起承转合的过程，一会低吟浅唱，一会高亢激昂，若自始至终低吟浅唱，则容易犯困，若一直激昂不息的话，不累死才怪。

二、生活中的各种沟通现象

从沟通方式、方法，不仅可以看出一个人的性格，更重要的是，能从中反映出一个人处理问题的能力和水平。归纳起来，大致能出现以下几种现象。

1. 强迫型

比较武断，利用自己身份的优势和手中的权力，对于提出的问题不听解释，不容争辩，就做出结论，常见于父与子、上级对下级，虽说经过一番沟通后有了实质性的结果，但这种结果是被动的，所以也就缺乏合作。

2. 回避型

既不武断，也不合作，对于敏感的问题总是采取回避的态度，不愿与你交换意见，不愿达成一致，常见于下级对上级。

3. 折中型

有点武断，有点合作，对于由此问题所提出的相应的建议，能够接受一点，又不接受一点，为人相对比较圆滑。

4. 合作型

既能做到勇于承担责任，同时又敢下决心，还兼具必要的合作精神，这样才是合作的态度，才能达成共同的协议。

5. 迁就型

无论你说什么，他都会表示同意，即使心里不服气，嘴上也会不假思索地接受。常见于下级对上级，这样的沟通也失去了意义。

三、沟通靠的是心与心交流

民间有句谚语：交人先交心。不但说出了沟通中心的重要性，也从某种意义上印证了，沟通就是心与心的碰撞，并由此擦出火花。

因为人与人之间最宝贵的是真诚、信任和尊重，而沟通则是桥梁。顾客意见太多，只代表他不信任你，也许是因为他还不喜欢你，所以就要先与顾客成为朋友，并逐渐由"交人"变为"交心"。

1. 心为什么需要交流

人心其实是天底下速度最快的物质，一会这里，一会那里，想赶上永远不可能，因为它经常"变道"，说着说着，招呼不周就蹿到另一条道上去了，之所以总赶不上是因为你们不在一条道上，永远不相交。

因此，要沟通，就首先要找到两颗心之间的交汇点，停下来歇会，才可能继续交流。还得将两颗心像搜寻节目一样，调整一下频率，才可能听到同一种声音。否则，就可能出现你说你的，他想他的这样的局面，各揣各的心思，各点各的灯，各走各的路。

2. 怎样才算得上交流

按照物理学的原理，一方传输信号，一方接收信号，得具备一个最基本的条件，那就是交汇的材料必须得对等，这样才能融通。

人也一样，要交流的话，首先这时的身份相对地平等。彼此站在对方的角度考虑问题，而且口吻也应该是对等的。如果一个父亲与一个儿子交流，那叫训话、教导。要交流，也得是以一个朋友的身份关切地征询儿子真实的想法，然后提出意见供儿子参考，否则一上来就说教、指责，可能原本儿子想说点什么的，也会因为害怕或者抵触情绪从而瞎编一通，不会告知真相。

3. 靠什么来交流

中国人有句话叫"以心换心"，你只有设身处地站在对方的角度，为对方着想，所做的一切都是为对方好，对方才有可能真实地袒露自己。所以，要想达到交流的目的，还是那句话：真诚。

对方只有感受到了你的真诚，才可能回报你以真诚，否则，交流可能表面看起来达到了效果，其实根本就没有产生什么实质性的东西。

第三节 沟通三要素：聊天、回答、分享

很多情况下，沟通体现的并非什么正式的行为，相反，随意间反而拉近了彼此的距离，因为人毕竟还是感情动物，如果你让他舒服了，心里接受你了，其他事情都好说，否则，滴水都休想泼进。

一、聊天：东拉西扯与听出需求

聊天的目的就是拉近彼此之间的距离，使原本生疏的变得熟悉，熟悉的变得亲切，亲切的变得亲热。

这就要求我们通过对方感兴趣的事情展开，如果你生硬地问：你对什么事情感兴趣呢？对方肯定会冷冷地回你一句：我对什么都没兴趣，或者你聊现在的时事、民生热点、明星绯闻，对方也未必一定感兴趣，最好的办法就是聊家常。

1. 聊最熟悉的

人人最熟悉的其实就是天天要做的事，也是与自身利益最密切相关的，衣食住行、吃喝拉撒睡、阖家老少、邻里关系，这些都被俗称为家常。

所谓家常就是平时家里都谁做饭，搞卫生，上班离家远不远。因为这些都是

谁也离不开的，不用思考就能回答的问题，一般谁都愿意说，再聊聊爱人、孩子就更容易拉近彼此之间的距离，也就在这些不经意中，对方就会消除戒备，聊的范围就会广起来，自然而然地就可以发现需求。

2. 聊最容易回答的

一个老道的记者问问题，总是从最简单也最好回答的问题开始，然后再逐步深入，逐步敏感而尖锐，这是为了两个目的：一是缓和气氛，二是消除对方戒心。待受访者放松警惕后，再抛出尖锐的问题等着他。

我们聊家常虽然不需要逼着对方回答尖锐的问题，但要听出需求就首先要让对方消除戒备心理，所以问问题最好从对方不用考虑就能脱口而出的问题开始，这样就可以营造一种轻松的气氛，也容易立刻拉近彼此的距离，况且推销大多还是民用产品，顾客的需求往往就隐藏在柴米油盐之类的小事里面。

3. 聊最无关紧要的

我们聊家常也最忌聊那些可能对于家庭来说相对私密的话题，所以，像婆媳关系、个人收入、女主人年龄、夫妻感情等问题，都很容易触动很多其他问题，也确实是一两句话说不清楚的事情。

如果是对方自己主动提起，也要装作不介意的样子好言相劝，以显出自己的涵养和包容心，因为对方说这些也是一时兴起，他之所以说这些就说明他对这些还是很在乎，并不代表他的态度。所以，如果听到对方讲这些，哪怕有很明显的倾向性，聪明的人也只是在一旁笑笑，好言相劝，并不发表任何意见。

二、回答问题：直接与间接

有些问题可以直接回答，有些问题不便于回答，就可以采取间接的方式巧妙回答。这样就可以避免因为自己乱说话而致使事情变得被动。

1. 没争议的问题肯定回答

对于一些已经固定下来的问题，比如公司名称、法定代表人、经营性质这一类短期内不会变动的问题，一定要肯定回答、大声回答，既表示了自己的信心与态度，也传递给顾客一种信心。

2. 没把握的问题"流星"回答

如果顾客问到一些自己不是太清楚或者拿不准的问题，不便于正面回答，就可以从侧面迂回地回答。比如顾客问：你们的这款保健品真的能治好我的病吗？这就有点棘手了，因为既然是保健品就只有保健作用，就不可能替代药品。

如果直接这样说这单生意可能就黄了；但如果你的回答太肯定了，万一顾客使用后不是那么回事就容易因为期望值过高而产生问题，最好的办法就是说出自己使用后的感觉，以及其他成功使用的顾客所产生的效果，那顾客就知道自己剩下的时间该干什么了。

3．有争议的问题反问回答

有些问题的答案说出来会产生争议，如产品价格过高等问题，顾客万一问了，回答了就会有争议，不回答的话又势必会因此得罪顾客，所以最好的办法就是反问回答：他问你，你问他，他自己得到答案。

4．不重要的问题沉默回答

有时，顾客的问题会太多，尤其是参加了一次会议之后，有些问题是无关紧要的，即使回答了也没什么太多的意义。这时，不妨沉默一下，也许过一会顾客自己就忘了，因为此时他的下一个问题又接着来了。

三、分享感受：同病相怜

人通常都会对与自己相同的事情感兴趣，一方面可以共同体会一下感受，另一方面，想通过对方处理问题的方法来检视自己处理问题的合理性。比如，你对一个刚离过婚的女人侃侃而谈自己的夫妻幸福生活，就很容易引起对方反感，如果你也恰巧离了婚，那你们就同病相怜了，不妨尽情交流一下彼此的感受；如果不是，那也千万别编，否则违背了真诚的原则。你就可以谈谈家庭生活的无奈以及诸多不如意，正好契合了对方离婚前后的心态，你们又同病相怜了。

1．与对方同一情境

将自己置于与对方同一情境之中，就能迅速拉近与彼此的距离。类似的例子有很多，比如对方不听话的儿子，你儿子虽然很听话，但也有让人不省心的地方；家中老人缺乏照顾，你对老人的相思之苦等，有意识地把自己与对方放在同一情境中，这样就很容易拉近彼此的距离，进而达到沟通的目的。

2．设身处地地站在对方的立场

如果要融入对方，那最好的办法就是与对方同一角度、同一立场地看问题。因为家庭琐事也是最容易形成恩怨的因素，一家人天天在一起，磕磕碰碰的事自然难免。所以，述说者也多少会带有自己的倾向，而这些倾向又多少带着委屈，如果这时能有意识地站在对方角度看问题，对方就会把你看作同一阵营里的人，也就很容易说出自己真实的需求。

3．与对方感同身受

我们常听到一句话：站着说话不腰疼。一般受到委屈的人都会觉得自己好像是最悲催的人，好像此刻他是世界上最不幸的人，所以对所有试图来主动沟通的人都有一种本能的防范。因此，要想使沟通达到理想的效果，最好的方式就是让对方感觉到你也曾经与他有着一样的经历。

第四节 沟通方程式：情理合一

中国人最喜欢说理，遵从"有理走遍天下、无理寸步难行"的道理，而实际情况很多都是"公说公有理，婆说婆有理"。

所以在沟通中，做到情理合一就显得非常有必要。

一、情字当头，万事无忧

中国人办事与西方人最大的不同就是讲人情、讲感情，同样一件事情，是熟人的话就办得利落一点。如果非亲非故，就需要按"程序"办，这时就要看对方的心情，经常出现的现象是拖拖拉拉，稍有点手续不全就会暂时停滞。

1. 经常联络

即使是熟人也应该经常联系，若不联系的时间久了，感情也就淡了，关系也容易随之变得疏远，这时候找人办事，往往就不会那么灵验，常听人说：用得着我就想起我来了，用不着的时候，找都找不着。

所以，对推销来说，无论是否能成为客户，经常有个电话或者短信联系一下，别人就会对你留有印象，如果真要找他办什么事，他也就不会觉得有什么突兀。

2. 时时问候

人都关心自己在别人心中的分量，如果能够时不时地打打电话，发个短信，用 QQ 聊天等方式问候一下，哪怕只是随便问问身体怎样、境遇如何，对方也会倍感温暖，那如果有用得着对方的地方，要对方帮点什么忙，办点什么事，也就会变得容易许多。

3. 礼物交往

中国是个礼仪之邦，除了有必要的礼节之外，还喜欢有点物质方面的往来，探望人不希望空着手，送别人也喜欢捎上点东西，目的都是为了表达一点心意。

很多年前的农村还很困难的时候，经常能看到这样的镜头，一盒点心送来送去，总也舍不得吃，常常是到最后长毛变质了还在送来送去，即便是自己送出去的东西最后转了一大圈，又转回自己手上来这样的事，也不足为奇。

有点黑色幽默的同时，也不难从中看出中国人交往，都喜欢掺和点物质的成分在里面，而且还会以此来衡量一个人是否懂规矩。

二、"理"轻情意重

如果是找陌生人办事，那就要看见面的此一刻能建立多大的感情，一是眼缘，就是第一眼看你，你的形象是否看得顺眼，说的话是否爱听，做的事是否合他的心意。如果是，事情就好办；如果不是，事情办起来就要严苛许多，加之中国法律也好，法规也好，都制定得有一定的弹性，这就给讲人情留有了一定的空间，很多事都可办可不办，既可这样办，也可那样办。

所以，讲理首先必须先有情，有情的话，理就重；没情的话，理就轻。

1. 有情理就重

汉字是全世界内容最丰富的文字，同样一句话，用程度不同的词汇来表达，那意思也就千差万别；同样一个字，用不同的语气表达，意思也可以完全不同。若有感情，道理讲起来就有分量；若没感情，再有道理也会变得苍白无力。

2. 无情理就轻

若是没有感情基础，那所谓的道理也就可以换作另一种解释，此时就需要顺着当事人的脾气，谦虚、诚恳、耐心，事情也就会向好的方面转化，否则就不容易办成，甚至根本不会给你机会沟通。

3. 得理要饶人

不讲理是一个缺点，硬讲理就是一个"盲点"，因为"理直气和"远比"理直气壮"更能说服和改变他人。

有一次，一位高僧应邀参加一次素宴。席间，他发现在精致的素食中竟然有一块猪肉，高僧的随从故意用筷子把肉翻出来，打算让主人看到，没想到高僧却立刻用自己的筷子把肉掩盖起来。宴后随从愤懑地问高僧。高僧说："每个人都会犯错，无论是有心还是无心。如果让主人知道了，盛怒之下当众处罚厨师，这是我不愿意看到的。"

待人处事固然要"得理",但绝对不可以"不饶人",留一点余地给伤害你的人,不但不会吃亏,反而会有意想不到的收获。得理饶人,其实也是为自己留条后路。

三、情理合一

小孩子在一起玩耍,闹点纠纷是常有的事,哪家孩子吃了亏、受了委屈,一般都喜欢告到大人那里。其实,告状的小孩目的很明显,希望通过大人的力量来教训教训那个使自己受到委屈的人。

遇到这种情况,大人的反应一定是表示对此事很重视,并信誓旦旦地表示一会回去一定要好好教训肇事的那个人,同时还不忘补充一下两家的关系。这样做的目的一是可以宽慰宽慰那个受委屈的孩子,二是避免矛盾升级。在显示自己讲理的同时,还不忘加入情的成分。

情理,指人的常情和事情的一般道理。情就是理,理就是情,情中有理,理中要有情。关键是看结果是否合情合理。

第五节 "吃喝玩乐"在沟通中的作用

沟通有时也并非语言和肢体就能解决问题的,很多情况下,可能将僵持的问题暂时搁置,去处理与之毫无关系的事会更有利于事物的推进。

"吃喝玩乐"就是这样一种可以暂时转移敏感话题的事情,因为看起来这是人的必须,看似不经意,其实谁都在乎。甚至有些乍看起来不可调和的问题,经这么一来二去的吃喝一通,经常性的结果是:峰回路转。

一、人的天性离不开"吃喝玩乐"

都说中国人最好吃,最好玩,其实未必。别说"吃喝玩乐"是人的天性,所有的动物似乎都有这样的天性。没有吃的日子,最大的梦想就是能够吃饱,吃饱后就想吃好，吃好了就想吃刁，从某种意义上说，"人人都贪吃"。对此，前苏联的科学家早有实验证实：人的"第六感"见到美妙的食物会分泌出"哈喇子"，口腹舒服了，人的情绪往往也会随之好转。

1．游山玩水

旅游能陶冶性情，寄情于山水是人的天性，在饱览风光、品尝美食、体味风情的过程中，人的心情往往容易放松，心胸也自然变得宽广许多。

许多表面看起来有点棘手的问题，不妨先搁置一下，共同爬爬山、蹚蹚水，就能将一切烦恼暂时忘记，一切问题暂时抛开。而通过一起赏悦自然风光、人文风情，心理的"茅塞"也容易顿开，剩下的，除非是原则性的问题，其他的一切都可以迎刃而解。

2．吃吃喝喝

口腹之欲是所有动物的本能，饿了就想吃饱，饱了就想吃好，口腹如果没照顾好，那其他无论什么问题都不好办，有了好的美食就要配上美酒，就能让人兴奋，兴趣一高，情绪就上来了，其他问题也就好说了。

说中国人爱吃这话有失公允，事实上人的本性都是馋的，都爱吃，要不然世界各地也不会产生那么多的美食、美酒。

中国人常说：吃人嘴短，拿人手短。就是这个道理，很多看似不好解决的问题，在酒桌上也就能够顺理成章地解决。

3．娱乐成性

打牌、麻将、娱乐这些表面看起来是不务正业，但其微妙的作用在于可以使人近距离地接触、联络感情，更适于营造一个沟通的环境。外国人不理解，但中国人心里都清楚：几个人一聚，干坐着有点无聊，就推推牌九，玩玩麻将，三个人就能"斗地主"，四个人就可以凑桌麻将，大家边玩边调侃，感情也就增进了，而且还可以熟悉彼此的性格，加深了解。

以前我有一位女同事，因为酷爱麻将，所以就喜欢在麻将桌上考女婿，她有自己的道理，认为一个人在麻将桌上的表现可以看出一个人的性格和涵养，因为麻将最吸引人的地方其实就在于：你永远不知道下一张牌是什么，而且场上的情况千变万化，这就要求沉稳，并表现出足够的气度。输要输得起，赢要赢出风度。

二、"吃喝玩乐"就是等待事情发生转机

人的性格有时差别还是很大的，有些人做事爽快，有些人做事多虑。因此，

时机尚未成熟的时候绝对不要心急,所以沟通某种意义上也是在考验一个人的耐心,没有转机的时候就要等待,但又不能空等成果从天上掉下来,还要采取积极的态度努力。而"吃喝玩乐"又不失为一种很积极的等待方式。

1. 奥妙在于暂时忘记

人在对一种事物纠结不清的时候,最好的方式就是把事情搁置一边,暂时忘记,也许过一段时间就能重新有了解决问题的思路。"吃喝玩乐"无疑就是给人们暂时忘记某些不快提供的最好借口。

2. 窍门就在懂得转移

当我们在一件事情上陷入死胡同、欲拔不能的情况下,最好的办法就是转移视线,转移思维,转换一个角度看问题,才能重新发现问题。这时,适时地介入"吃喝玩乐"就能很有效地将事物转向另一个方面。

3. 展现自己的"纯真"

纯真并不一定就是懵懂,就要装傻,而是人与人相处的一种透彻程度。当我们多了一点年纪,少了一点脾气,就会渐渐明白,有些事是可以懂一辈子的,有些事却要用一辈子去懂。也许世界太大了,人太多了,心太乱了,来不及看,也来不及想,更来不及懂,而我们唯一能做的就是:让自己多一些纯真,多一点透明感。

三、"吃喝玩乐"有什么价值

"吃喝玩乐"最大的价值就是可以消除人心的隔阂,让人们近距离地进行沟通。

我就知道这么件事,有个做化妆品专业线的推销员业绩全公司最好,他的秘诀其实就是天天在网上偷菜,因为他们公司的产品是走美容院的,而美容院普遍都有上网,而且客人喜欢扎堆来。因此,经常是要么忙得要死,要么闲得要命。实在闲得无聊,美容院老板们就靠偷菜打发闲散时间。他正是抓住了美容院老板这一癖好,通过偷菜拉近了关系。

彼此有了共同的爱好,办起事来就自然容易多了,不仅如此,他还发现一个天大的秘密,美容院老板玩偷菜也绝非出于无聊,而是美容群体里有相当一部分是家庭主妇,在家闲得慌也偷菜,而通过偷菜,美容院也容易与顾客建立紧密的联系。

1. 沟通的纽带

人类由于地域和文化背景、生活背景不同,兴趣爱好也千差万别,要说所有人共同的爱好其实就是吃喝玩乐，这也是让人与人之间消除隔阂的最有效方法。所以，再大的问题，通过一同吃喝玩乐就能淡化。

2. 促使沟通深入

如果直接进行语言的沟通，那内容也相对刻板一些，也没有太多的时间可以回避，但一旦融入了吃喝玩乐就使原本严肃的事情变得轻松；原本刻板的东西变得饶有兴趣，也便于更深入地建立彼此之间的感情。

3. 属于沟通的一部分

沟通并不仅仅限于语言，也包括行为，吃喝玩乐就是最好的沟通方式，通过一起满足人的本能，也能从中进一步地了解人、认识人，因为人的价值观、审美观、性格、脾气都可以通过在吃喝玩乐中体现出来，也最容易加深对人的认识。

第六节　推销的意义

中国人推崇：听其言、观其行。很多事情明明知道是怎么回事，但就是不开口，美其名曰："心知肚明""妙不可言"。

一、人人都"心知肚明"

心灵，只有心在前，才会灵验。有些事情虽然你不说、我不说、大家都不说，但谁心里都很清楚明白，只是不愿点破而已。

1. 人与人之间需要沟通

人的心是一种很微妙的东西，人与人相处就会产生分歧，发生矛盾。因此，沟通是日常生活的一种常态，无须大惊小怪。相反，如果有了问题不及时沟通的话，反而容易心生积怨，最后导致敌对。

2. 人与自然需要沟通

人是自然的一部分，自然的万物看似不相干，其实彼此联系非常紧密，也不可避免地会发生发展与破坏的矛盾，而且也是牵一发而动全身的事。所以懂得与自然和谐相处，就应该懂得与自然沟通。

3. 自我沟通——承认自己的价值

正确地评价和认识自己，修正过去、振奋现在、调整未来，是一个人不断进步的保障，最重要的还是要控制自己的情绪，因为我们处于情绪中时常常无好话，既理不清也讲不明。也很容易失去理智，那非但不能帮助事情很好地解决，还会使事态升级。

二、"妙不可言"妙在哪里

相对于西方人而言，中国人大多比较内敛，明明对一个人或者一件事喜欢得要死，可就是不说；明明对一个人或者一件事厌恶得想吐，也还是不流露出来，并认为这一切都是有城府的表现。

1. 妙在尊崇

人际沟通的目的就是消除猜忌、隔阂、矛盾，促进信任、了解、融和，其实大部分人关注的不过是想得到尊重。所以给予对方足够的尊重就显得格外重要，即使对方不尊重你时，你也要表示一定的风度，依旧尊重对方。反之，如果不尊重，甚至打压、欺负、侮辱对方，那即使亲如父子，也会反目成仇。

2. 学会觉知

由于处在沟通状态的人都极其敏感，所以说话时需要相对谨慎，如果一不小心说了不该说的话，往往要花费极大的代价来弥补。如果不慎说错了或者做错了，就应该马上说句"我错了""对不起"，即使是对对方的观点很不赞同，也千万不要争执。

承认错了是打开心门的钥匙，既可以消除掉无数的新仇旧恨，也可以化解掉多少年打不开的心结，让人豁然开朗，重新面对自己。

3. 懂得会意

就说夫妻关系吧，真心的不一定是天天你爱我，我爱你的挂在嘴边。

不知道大家有没有注意到，那些天天把爱挂在嘴边的，往往感情都不好，可能还反倒是那些从来没有说过一个爱字的，反而一辈子都没翻过一次脸。那些动则就在大街上信誓旦旦说爱的男人，往往是个骗子，是个流氓。

很多时候，一个问候，一句无关紧要的话，一个微笑，都能带给人一股暖流，也能化解人世间的很多积怨，相比之下，语言反而变得苍白。

三、"心门"打开，情才进来

要想别人怎样对待你，你就首先要怎样对待别人。只要我们在沟通的自始至终都报以真诚，就能打开所有的心门，这时感情的力量就会显出巨大的能量。

尊重别人就是尊重自己！如果你是一个与其他人相处融洽的人，别人会对你产生好的印象。要为自己打造一个好名声，被公认为值得尊重和受欢迎，还有很长的路要走。

没有哪个人不想得到别人的尊重，可并不是每个人都明白如何才能算得上是尊重别人，这时最有效的方式就是真诚。

八道

会议

——一场会议讲了什么具体事项不重要，重要的是给了来宾什么样的感觉

第一节　推销为什么需要会议
第二节　推销会议的标准与类型
第三节　产品说明会的运作方法
第四节　大型推销会前的准备
第五节　如何举办推销会议
第六节　怎样进行会后总结

如果说村里什么时候最热闹，那无疑就是城里的戏班子来演出了，对于孩子们就更是如此，看戏、交友、议戏都可以在此时完成，所以，通常村民们一得到消息就早早地进场占位置。有时由一个村组织，村里也顺便开个会，议议事。碰上大一点的戏班子，要价高，也会临近几个村合起来请，费用共摊。

一场演出从筹备、联系、演出、议事，都由本村几个平时热心、活跃、门路广的人发起，并进行沟通，然后挨家挨户地凑份子……

要想演出成功，光请来一个好的戏班子是远远不够的，还得配合，台上台下的互动，情绪的调动，气氛的营造都能决定一场演出的成败。

第一节 推销为什么需要会议

利用会议做推销是推销中的一个重要组成部分，既可以此集中发布信息，统一说明问题，又可营造一个良好的推销环境，从而形成推销的气场，组织得好的话也确实可以现场促成很多的单，以此实现推销的效果。

一、会议推销的实质

会议推销的实质说穿了也就是通过全方位地输出企业形象、产品知识和相关的制度，并通过一系列活生生的成功分享，让顾客因此有所触动，进而解决推销中两个实质性的问题。

1. 找到顾客的需求

会议特定的环境，容易使顾客"触景生情"，"心气"变得亢奋起来，也就很容易有意无意地表达自己的需求，甚至很多性格内敛，平时寡言少语的人，通过会议的熏陶变得"畅所欲言"起来，此时即使再善于隐藏自己的顾客，也会一不留神就说出了自己的需求。

2. 顺应从众的心理

人都有从众心理，做推销会议最希望做的就是解决顾客的梦想问题，通过会议期间人员相对集中的特点和营造的气场，排解顾客提出的各种问题，并通过老顾客的热情带动，促使新顾客因为受到感染而下定决心。

二、会议推销的特点

与一般的会议不同，推销会议不需要做出什么决议，但因为目的性还是很明确的，所以较之于其他形式的推销行为，就显得更有档次，也更富于内涵。归纳起来，具有以下特点。

1. 文化性强

人是群居的动物，聚合有利于交流、沟通和思想的碰撞，由此就很容易形成一种氛围，积淀下来就变成了一种文化现象，通过这种识别性很强的文化现象的折射，很容易就能变成一种具品牌特征的品位。

2. 概念性强

通过会议的形式集中发布信息、疏通概念、传递思想，就能使与会者在一定的氛围里接受一定的理念，对于品牌和产品有什么问题也可以此统一得到解决。

3. 针对性强

每一次会议因为都有相应的主题，与会者也是有针对性地受邀而来的，因此，目标客户相对比较集中，所设定的内容也更有针对性。

4. 有效性强

会议营造的就是一种现场气氛，来者大多是有购买意向的，通过大家的行为连动，就很容易因为受到人为情绪的感染，心气一高就自然而然地完成了购买行为，相对来说，也更容易做成买卖。

5. 渗透性强

推销会议的日程都是精心设计的，通过特定环境的营造，通过主讲人绘声绘色的引导，通过各种类型分享人的活生生的经历和情感倾诉，就很容易使人"眼见为实"，比其他任何形式的说明都来得有力，也容易让人接受。

6. 传播性强

相对来说，会议极容易形成社会影响力，这一方面是由会议的规模决定的，另一方面，人气也易于变成一种传播的工具，而使品牌能够在最短时间内提升知名度的同时，也更加具有说服力。

三、会议推销的目的

与所有的会议一样，推销形式的会议绝不是一时心血来潮而召开的，有其很明显的目的性，也需要达到一定的效果。

1. 震撼顾客心灵

人多多少少都会有一些自己固有的意识，久而久之就形成一种相对封闭的力量，很难被打破，但通过会议营造的气氛，有相对的背景烘托和解决问题的场所，再加上共同进行信息对抗的话，就很容易因为触动而受到震撼。

2. 转变顾客观念

因为生活背景不同和知识掌握的局限性，人的认识难免会受到一定的"框框"束缚，常规情况下是不易转变的，而推销往往要求的又是给人们输送一种理念，一般情况下是极其困难的，但通过推销会议制造的氛围就相对容易实现许多。

3. 激发顾客欲望

会议是集中展示企业形象和产品的理想场所，也是介绍产品的绝好机会，目标客户集中，现场氛围优越，再加上整个会议的内容都是针对来宾的实际情况精心安排的，所以顾客很容易受环境感染而产生购买的欲望。

4. 说明某种事实

大家聚在一起，发布某种信息，传递某种观念，大家来为一个产品、一项事业、一次心理变化所产生的事实做见证，并且可以互为参照、互为对比，所得出的结论就能够更加真实。

5. 达成某种目标

任何会议都有其明确的目标，争取客户对某一企业、某一品牌和某一产品的认同，往往比争取让客户在非理性状态下认购公司产品都更为重要。因为使顾客购买一定量的产品只不过是可以帮助实现阶段性的业绩，而使顾客认同品牌和产品，却是一间公司，抑或一个推销人员持续发展的基础。

道理好像大家都明白，但我们很多人就是转不过这个弯来，总以为花了钱做场会，顾客也来了，掏不出钱就是没有达到推销的目的，但细细一想就会发现，如果能够做到让顾客认可，而且每次都能觉得很舒服，又都很爱到你这来，不但自己来，还频频介绍朋友来，那离推销的目标还会远吗？

第二节 推销会议的标准与类型

推销会议并不都是千篇一律的,需要根据来宾的情况和规模来制定相关的标准和类型,以方便执行和进行相关的推广。

一、推销会议的标准

要做好推销会议就需要围绕一定的要求确立一定的标准,然后才可以有针对性地去做,这样才有利于更好地操作。

1. 正确

指的是会议的运作要井然有序,这其中包括主题的正确,内容安排的正确,信息传递的正确,最重要的是与会的顾客要求正确,设想一下,如果你请来的都是一些无关的人,就会造成说者与听者之间信息不对称的情况,或者是听者为一些算不上目标客户的人,那忙了大半天也岂不是白白地忙乎了一场。

2. 清楚

会议的流程顺畅、说明得当、脉络清晰,就容易使信息有效地传输,说者与听者都清清楚楚、明明白白。反之,就容易开成一个糊里糊涂的会,费钱又费力地热热闹闹一阵,也还不知道都干了些什么。

3. 热情

顾客的情绪有没有被调动起来,感觉好不好,全在于会议营造的气氛和形成的气场,而要求顾客有热情,就首先要求参与会议的每个工作人员脸上都洋溢着热情,并让整场会议自始至终都充满着热情。

4. 简短

人做任何事情都有个耐心,参加推销会议也是一样,一般把握在两个小时就比较合适,因为会议如果开得太长了的话就容易让来宾感觉烦闷。当然,太短了的话,一是会议所要传达的内容不够,二是容易给人留下随便应付了事的印象。

二、推销会议的类型

虽然都是"卖东西",但受到邀请的顾客性别、年龄、职业不同,也就造成了每次会议要达到的目的也有所不同。因此,形式上也要求更符合目标客户的需求,同时内容上也需要分门别类地做一些相应的调整,以利于更好地进行操作。

1. 产品说明会

产品说明会作为一种产品推销方式,不仅有促成交易的作用,更有宣传公司品牌、使顾客了解产品功能、为推销人员积累顾客的作用。使受邀请的顾客感到公司对他们的真诚,从而形成良好的口碑效应,成为公司义务的宣传员,将公司的业务推往良性的发展方向。

现在的产品说明会大多千篇一律,所以经常会出现邀约不到顾客的现象,所以有人就认为是这种推销的形式过时了,其实真正的原因却是玩出了太多的花样,顾客一个一个都经历多了,自然也被搞烦了。

我认为最实际的还就是分享,可以让使用过的顾客上台去做分享,他为什么使用,他因为使用而得到了什么好处,他发生了什么转变;也可以让不愿使用的顾客也上去做做分享,他为什么不愿意使用,他究竟担心什么,他现在还有什么顾虑。然后,让那些正在满意地使用着的顾客解答就可以了。

2. 事业说明会

事业说明会其实就是寻找经销商的一个会议,就是向可能成为经销商的顾客去展示一个生意,告诉他们现在什么行业最有前景,他们将与有什么样发展趋势的公司合作、公司是生产什么的,成长背景如何,这个生意的推销原理是什么,制度又是如何,它未来的市场前景又会怎样。

总之,要在最短的时间内,清楚地告诉可能成为经销商的每一个顾客,即将要从事的是一个什么样的生意,如果他也能有幸成为其中一员的话,就一定能够给他带来什么。

最忌讳的就一点就是废话太多,你所说的如果不是对方想听的,那就叫作废话。解决方法是在最短的时间内掌握一套最有力的说辞,而这一套说辞又都是经过反复推敲,千锤百炼的。

3. 培训会议

培训会议也是专业性很强的会议,通常是由企业内部或者教育部门举办。除带有研讨性质外,更多的是技能交流及相关知识的传授,甚至是个人意志或者团队合作精神的磨炼。

培训会议的关键点就是：场地、培训设施，以及培训师。

所以，规格高的培训会议对场地的要求反而相对更高一些——除了一般的封闭式会场外，应该还有各类拓展训练设施或者场地，可能的话还应该有高品质的休闲场地可以放松一下。

第三节　产品说明会的运作方法

产品说明会议的实质就是 ABC 法制的运用，就是一个主持人、一个演讲人，再加上几个分享人，还要加上坐在课堂里的业务伙伴，共同演一场戏给来宾看。

A 顾问是主持人，主讲人，分享人。

B 是谁呢，就是坐在课堂里，已经加入了此业务的伙伴。

C 是谁呢？那就是来宾。

一、主持人 A 的职责

主持人是贯穿会议的一根线，为了达到"震撼来宾心灵，转变来宾的观念，激发来宾梦想，给会议营造一个好的氛围"这样一个目标，就要求主持人不但要做到很专业，还要活泼和善于互动。

1. 调动课堂的气氛

推销会议的一个最主要的标准就是热情，使来宾觉得愉快、兴奋，因为任何人参与会议都不希望在一种沉闷的气氛中度过一段时间，所以主持人的一个核心职能就是要调节场上的气氛，营造有利于推销工作的气场，太沉闷了要适当提升，太亢奋了就容易偏离主题，所以有时也需要对与会者的热情做适当的抑制，以利于推销会议的良性推进。

2. 整顿课堂的纪律

由于与会者的背景不同，文化不同，审美不同，习惯不同，理解问题的能力也不同，出一点小叉子也就在所难免。比如，不按规定入座，接听手机，随意走动,甚至故意打岔、干扰、发表对主讲人不利的言论等,都需要主持人利用自己特定的身份及时地处理以及机智地应对。

3. 做热身运动

要保证与会者有饱满的热情参与会议,就要调动他们的情绪,最有效的方法就是在会前、会中进行适当的热身活动。会前的热身有利于营造一种热烈的气氛,会中的热身是为了避免听者犯困,从而精力集中地融入会议之中。

二、主讲人A的职责

主讲人是会议内容的核心,需要做的就是简单明了地把要讲的内容讲清楚,用现在的话说就是亲切、正确、热情地去做演说,并力求做到以下几点。

1. 引人入胜

主题演讲是推销会议的"卖点",也是会议的"主菜",与会者之所以愿意花时间来参加这次会议,就是冲着会议的演讲主题和内容来的,所以"讲什么"和"怎么讲"就显得格外重要,也是与会者是否愿意参会的主要理由。

值得注意的是,因为主讲的内容大多是公司背景、模式、制度之类的事情,所以内容相对干涩,如果"照本宣科"的话不但听起来乏味,也不容易理解和记忆,如果能时不时地运用一些生动的比喻和有趣的事例就更容易吸引人,也可以帮助理解。

2. 情绪饱满

一个训练有素的演员无论遇到什么,无论自己正在承受什么,只要一登上舞台,就会立刻忘记所有的东西,心里只有角色,眼里只有观众。

一个主讲人也必须具备演员的这种素质,无论自己发生了怎样的情况,只要面对听众,就立刻神采奕奕、精神焕发。

3. 张弛有度

主讲人为了使自己所讲的内容生动、有趣,尽可以根据需要尽情发挥,但千万别忘记了自己在台上的职责,很多讲师说得一兴奋就喜欢天马行空,找不到天南地北了,这样即使说得再好,也失去了此番演讲的目的。

三、分享人A的职责

分享人可以是员工,也可以是顾客,甚至可以是第一次接触的听众,只要用过产品,只要接触过事业,只要与会议的主题多多少少有些联系,那就可以上台去与其他的人分享,讲得好不好没关系,只要把自己真实的感受说出来就可以了，就会对其他人有所触动，因为销售最大的秘密就是找顾客做见证。

但是，也不能随心所欲地瞎讲，必须围绕下面的几点要求做，才能够保障一场分享真正达到预期的目的，才会让人听后真正有所触动。

1. 真实说出自己的故事

分享的内容必须是自己身上发生的、真实可信的事情，最好不要做任何形式的"添油加醋"，因为只有真实发生的事情说出来才感人，对别人也会有切实的借鉴，但要围绕主题懂得取舍，并做到内容健康，催人向上。

2. 真实流露自己的情感

真实感人的东西才能够震撼人心，所以不管做什么分享，必须是真情实感，真心实意，而感情也是自然流露的。反之，如果虚情假意的话，非但感染不了听众，反而容易让人心生反感。

3. 轻松快乐，风趣幽默

虽然对于一般的分享者而言，风趣地讲述有点要求过高，但如果能做到这样的话，就能活跃场上的气氛，使一次分享不但能带给听众一次触动，更能使听众得到一次享受。

四、伙伴 B 的职责

会议期间，坐在台下的 B 看似有点闲，但他的一举一动却能决定会议是否顺利进行，是否能达到预期的目的。因为坐在台下的 B 还要完成下面几个动作，那就是：点头、微笑、鼓掌、做笔记和陪同。除此之外，多一个动作都是失误，比如开会时有事没事地回下头，就是失误；开会时接个电话，发个短信更是愚蠢的错误。

1. 不时地点头、微笑

表情是可以传染的，所以要保证会议有个相对快乐的气氛，作为听者，此时的伙伴 B 也不能干坐着，一个最主要的职责就是带动其他的听众呼应台上的主讲，因为你点头，就会带动其他听众也跟着点头；你微笑，其他听众就也会情不自禁地觉得开心。

2. 带头鼓掌

掌声既是对主讲人的肯定，又可以活跃会场的气氛，还可以调动听众的情绪，所以你带头鼓掌，其他的听众就会跟着你鼓掌，这样既活跃了会议的气氛，又可以有效消除听众的疲劳。

3. 认真做笔记

作为听众还应该认真做笔记，你做个笔记，就向身边的顾客和其他的听众传递了一个信息，台上讲的内容很重要，同时又避免了听众在台下开小会。只要做到认真地配合，并认认真真地听讲了，顾客也才会受到影响，并对这次会议报以足够的重视。

只要做了这些，那么只要 A 再讲得比较生动一点，就营造了一个很好的会议环境，那么顾客第一感觉就很舒服，参加这场会议学到了崭新的观念，有了这些前提，那么会后再沟通起来就会变得省事许多。

所以，会议搞得好不好不重要，但会议要搞出热情来这一点却很重要，搞出整体形象来也很重要。我的经验是：顾客听了会议之后，有没有什么印象并不重要，重要的是他参加你这个活动舒不舒服，他得到了哪些启发，这是最重要的。

五、不做产品专家

很多不会做推销的人，就在会上大讲特讲产品，讲有多少元素组成的，有多少功能，把自己装扮成一个产品专家，那就大错特错了，那往往是收不到钱的，这里有个核心的观念，就是你是要推销产品呢，还是做产品专家。

1. 产品都有局限性

任何产品都是阶段性的产物，不可能做到尽善尽美，所以我们就是做到再专业也是有限的。

有些会议上喜欢把产品说得万能，似乎这样做才可以吸纳更多的消费者，其实针对性越强的产品反而越是专业。

2. 做学问还是做推销

你是为了做学问，做教授，做报告，还是为了做推销？演讲的人，你是在做报告呢，还是在做老板？你应该把这些东西搞清楚才能做好推销会议。

我要强调的是，你是在做销售，你是在做销售的老板，那些做学问的方式能不能卖到呢，也能卖到一些，但是数量极为有限。你如果真想做学问，那还不如在如何搞好会议，如何让作为听众的顾客感到舒服上多下功夫来得更为实际些。

3. 感觉决定效果

我的经验就是：你开会做推销，就要让来宾感到舒服，这样来宾才会买你的账，推销起来就不用费什么力的。

我有一次在北京人民大会堂卖"×××"，一个半小时就卖了四千多盒，为什么？主要是我没有去做学问，说"×××"里面有什么成分啊，什么功能啊，我就切入了观念的转变，心灵的震撼，然后就找了几个顾客来做见证就可以了。

六、让顾客做见证

"销售有三大秘密就是：（一）顾客做见证，最好名人做见证；（二）顾客做见证，最好是名人做见证；（三）顾客做见证，最好是名人做见证。"要做的也仅仅是一个字：真。

1. 真实

即使是顾客做见证也千万别胡编乱造，道理很简单，你一旦让听众觉得假的话就会心生反感，那你就是说得再好也无济于事，甚至还会把事情搞糟。

2. 真心

被请到台上做分享的顾客一定要是心甘情愿的，千万不要为完成任务就搞"拉郎配"，把顾客连哄带骗地赶到台上，因为他只有真心愿意才会讲的生动感人，否则有可能事与愿违。

3. 真情

只有真情流露的东西才感人，才会对人有所触动，我们看影视剧经常会伴随演员所塑造的角色而喜怒哀乐，有实力的演员更多的是进入了角色才让人觉得触动；相反，蹩脚演员所塑造的角色总让人觉得有点说不出味道的别扭。

第四节　大型推销会前的准备

会议因为场面大就是牵一发而动全身的事，所以每一个细节都得考虑到。

我们看见一些大型的活动进行得酣畅淋漓，表面看起来好像就是一个环节接一个环节地按部就班地做好就可以了，其实都是做了精心准备的。我们做推销会议也得这样，处处都要考虑周全。

一、前期策划

要使会议达到预期的效果就要重视前期的准备工作，而将所有的工作落实到文字上就能理性地审视，同时也为执行提供了一个标准。

1. 时间的安排

设计会议的时间，应该综合考虑与会者容易或者乐意赴会的时间，需要顾及以下几个因素：

（1）参会群体的共同特征。

（2）与会者是个体还是群体。

（3）需不需要选周末或者周日。

（4）尽量与新经销商或者新员工的培训相衔接。

（5）要不要事先公布。

2. 地点选择

会议地点的选择应该充分考虑并符合会议的内容、规模和规格，以及与会人员的特点、习惯和活动规律。

（1）公司内部。

（2）公共场所。租用会场：建议三星级以上酒店的会议室。

（3）其他。

3. 会议方案

会议方案要求做到周密、细致，越详尽越好，同时根据企业的实际情况具有可操作性。内容大致包括以下八个板块：

（1）会议形式。

（2）会议主题。

（3）与会人员。

（4）会议日程。

（5）工作流程。

（6）会议组织。

（7）物料配备。

（8）会议预算。

二、会议筹备

会议筹备要求仔细、明细，任何事务都落实到具体的责任人，并定期检查的机制，千万不要搞得临时手忙脚乱。

1. 物料准备

（1）设备类：音响设备、影像设备、产品演示设备等，不但要求质量、性能好，还要考虑符合场地的实际情况。

（2）宣传类：公司宣传资料、品牌宣传资料、产品宣传资料、市场运营模式及主讲人宣传资料等，要求做得简洁、醒目，而且根据到会情况备足，千万不要搞得到时因为不够而匆忙。

（3）产品类：试用产品、展示产品、产品摆放工具及背景材料等。突出产品功效和视觉冲击力。

（4）文具类：纸、笔、剪刀、裁纸刀、订书机、胶水、回形针等。要求实用、充分，做到有备无患。

（5）奖品类：礼品、奖状、奖品等，尽量适合家庭实用，要么与生活有关、要么适合孩子使用，要么顾客本人可以使用。

（6）运输类：物料运输车辆、人员运输车辆等，做到使用、便捷就好。既要顾及场面，也要合理实用。

2. 场地布置

场地要求简洁、经济、实惠，同时充分营造出会议的气氛，而且还要符合风水原理，这样既容易让与会者心情愉快，又有利于身体健康，还有助于成事。

（1）会场外布置：

* 欢迎标语（目的是为了造势）。
* 指示牌（给与会者指路）。
* 导引人员（最好披绶带，便于识别）。

（2）会场入口布置：

* 设签到桌。
* 备相关资料。

（3）会场内布置：

* 桌椅摆放。
* 饮用水设置或瓶装水摆放。

（4）背景板布置：

* 会标。
* 会议名称。
* 主办及协办单位。

（5）主席台布置：

* 讲台标志性图案。
* 讲台摆放鲜花。

＊白板及书写笔。

（6）会场墙壁布置：

＊公司或产品宣传口号。

＊励志类口号（如：①强者把握机会，智者创造机会，弱者等待机会。②梦想决定思想，思想决定行为，行为改变现状。③成功就是比别人多思考一点点，多行动一点点，多付出一点点）。

3. 日程安排

日程的安排不能想当然，应充分考虑与会者的作息规律以及公司的实际情况，这样才能为会议达到如期效果打下基础。

（1）会前热身（15分钟）。

（2）主持人强调会场纪律、介绍与会人员和会议议程并宣布会议开始（5分钟）。

（3）领导致欢迎词（5分钟）。

（4）嘉宾致辞（10分钟）。

（5）主持人介绍主讲人（2分钟）。

（6）专题演讲：行业介绍（重点讲行业趋势）（30分钟）。

（7）公司介绍（突出讲有潜力的公司和经验丰富、仁厚的老板）（15分钟）。

（8）主持人介绍成功分享人（2分钟）。

（9）成功分享（3～5人，每人15分钟）。

（10）会议结束，主持人致感谢词。

（11）互动咨询。

【注】核心会务时间应该尽可能地控制在120分钟以内。

4. 人员分工

各司其职才能保障会议的顺利实施，因此设总调度1名，其他各小组负责人各1名，具体事情落实到人。

（1）议程小组。

＊主持人安排及训练。

＊讲师安排及课件幻灯片制作。

＊活动负责及各项配备。

＊音控及音乐的安排。

（2）后勤小组。

* 人员签到簿。
* 资料袋（内含宣传单、活动资料、笔记本、笔、日程表）。
* 车辆安排。

（3）接待小组。

* 前台接待人员安排及训练。
* 服装仪表的要求。
* 礼仪练习。
* 接待演练。

（4）美工小组。

* 相关物料的加工或领取。
* 布场和清场。

（5）安保小组。

* 相关手续的申办。
* 会场安全检查。
* 协助主持人维持会场纪律。
* 处理应急、突发事件。

第五节 如何举办推销会议

推销会议要想办好，就必须严格遵照事先拟定的会议方案执行，并将会议的每一个板块按性质逐项分解，逐项责任落实到人。除了会议总调度之外，任何人对流程中的每一个环节，每一个细节都不得随意变动。

一、会前会——热身

会前热身看似与会议内容没有直接的关系，但对会议是否能达到预期的效果却可以起到至关重要的作用。

1. 会前宣传

主要包括视觉上和听觉上两部分。视觉上，看是否需要提前在相关媒体做宣传或广告，以及会场内外的宣传标语、口号等，目的一是为会议营造声势，二是增加会议的知名度，三是积累目标顾客；听觉上主要是播放企业、品牌和主讲人的宣传片以增加印象。

2. 会前运动

会前运动最好是搞一些互动的内容借以活跃会场气氛，一是跳一些简单易学的舞蹈热身，二是做一些简单的游戏增进了解，三是活动一下身体关节，既可以帮助听众消除彼此的陌生感，又可以提高与会者的兴致。

3. 会前习惯

点头、微笑、握手这些看似简单的动作，在会前运用会有特殊的作用，既可以消除隔膜，又营造了一种友好的氛围，还可以增加会议的气场。

二、会中会——热情

无论是什么会议，最忌讳的其实就是沉闷，对于推销会议就更是如此，如果整场会议搞得死气沉沉的，那么什么事也休想办成，顾客还会落下一肚子抱怨，即使不中途退场，以后也不愿再来了。

1. 伙伴热情

（1）点头、鼓掌。

（2）做笔记。

（3）陪同。

2. 主持人

（1）专业要求：沟通会场、承上启下。

（2）职业素养：

* 提前抵达会场，做好充分的心理及形象准备。

* 视到会人员的情况、场所的大小，调剂座位。

* 考虑可能出现的突发性状况，做好充分的应对准备。

（3）注意要点：

* 介绍与包装。在会议的多个关键节点上，要重点提，反复提重要的人名。

* 临场与协助。遇到主讲人卡壳或者跑题的时候，要及时提醒、点拨、给点思路和提示。

* 赞扬与肯定。要适时地给主讲人予以肯定与夸奖，让他更加坚定自己讲

好这一段的信心。

* 抢镜与抢话。千万不能抢主讲人的风头，也不要因为场上一些小动作的存在，在主讲人正讲得兴头上的时候抢话。

* 会前的沟通。会议开始前，要熟悉会议的整个流程，并适时地与了解嘉宾的出席情况与相关背景，同时与主讲人沟通，熟悉主讲人的风格。

【开场白范例】

各位朋友，大家好！

首先请允许我代表××公司对大家的到来，表示热烈的欢迎和衷心的感谢。

今天，你们的朋友把你们邀请来，是想让你了解一个千载难逢的机会，为了能够让会议顺利地进行，请大家配合我两个动作，一是请把我们的手机暂时调到振动挡（边讲便拿出手机做关机的动作）；二是在会议期间请大家不要随意走动，更不要交头接耳，有什么事情我们会在会后专门留点时间给大家做交流。另外，场内严禁吸烟，请有吸烟习惯的人暂时忍耐一下，我们大概需要一个半小时的时间。谢谢各位朋友的合作。

介绍（推崇）主讲嘉宾。

3．主讲人

（1）说明主题：

* 转换观念。
* 震撼心灵。

（2）讲解技巧：

* 现身说法，激情流露。
* 运用推导式讲解，引向结论。
* 掌握好节奏，逻辑性要强，找到成功点，要善于抖包袱。
* 主要运用举例法，结合数学法、引用法、互动法。

（3）注意事项：

* 内容讲解避免杂乱无章。
* 不进行过量的个人讲解。
* 时刻注意听众的反映。
* 不要虎头蛇尾，开头精彩华丽，结尾平淡无味。
* 不要把自己的看法和见解强加给听众，做到"润物细无声"。

4．分享人

一般选择3—5人上台最为理想，内容上按照程式进行分享，既为产品或事业的效果做见证，又为自己因此的而发生的改变谈感受。

三、会后会——轻松

会后会的目的主要是为着两个目的：咨询和沟通。因为会议中已经把该说的都说了，所以这时的主要工作还是针对顾客一些不明白的地方和需要深入的问题，进行解答和深层次的了解。因此，气氛就可以变得轻松，关系也可以更随便一些。

1．放松

这时无论咨询者与解答者都可以相对放松一点，这样有助于在一种轻快的环境里，做进一步了解。因为这时已经没有了台上与台下，说者与听者的关系，有的只是有需求者和提供需求者之间的关系。

2．沟通

台上讲话的时间毕竟有限，说者不可能对任何问题都面面俱到，听者也不可能那么快就对所有内容都理解了，即使理解了也不可能马上就能消化，因此，提出问题是很正常的状态，此时的沟通就要不厌其烦。

3．清场

会议结束的时候清场还是有所讲究的，要做得不露声色的同时又有理有节地解决问题，最好的方式就是说明情况后，与顾客一起离开，然后礼貌地再见。

会后是B的责任：把有意向兴趣的顾客留下来，把没兴趣、没意向的顾客送走。

忌讳：B不应把消极的顾客硬拉着去沟通，反倒会因为"一粒老鼠屎，坏了一锅粥"。

第六节 怎样进行会后总结

一场会议结束的同时，也意味着下一步工作的开始。所以，推销会议是否取得了应有的效果，很大意义上说，并非取决于会议本身，而是看会议总结是否做得成功。

一、总结经验

举办一场会议，总有些好的经验可以借鉴，也要统计相应的数据，以便对会议进行一个综合的评估，也为是否继续举办类似的会议，怎样更好地举办类似的会议，提供一些可供参考的依据。

1. 会议的成果

成果就是一场会议结束后所留下的数据，虽然仅仅是枯燥的数字，但以此却能反应会议的一些基本情况，也能通过分析这些数据，看出一些规律性的东西，为针对性地制定或者调整策略，提供科学的依据。

2. 会议的效果

会议是否达到了预期的效果，取决于与会者是否有了转变，因为衡量一场会议是否达到了效果，可以没有实质性的买卖数字，但绝对不能使顾客没有任何改变，只要达到了震撼心灵、转变观念、激发欲望，才能算是有了效果。

3. 会议的得失

会议值得肯定的地方，需要改进的地方，都是需要及时总结的。好的地方可以保持或者复制，不好的地方需要纠正或者改进。

二、提高技能

要想把一件事情做好，除了要认真执行外，更重要的是要善于总结。优秀者与平庸者一个最明显的区别就是：前者善于总结，而后者只知道一味地埋头苦干。

1. 可保持的优点

这次会议，从筹备到结束，哪些属于优点，哪些可以保持，这是我们能够不断进步的基本保障。

2. 可克服的缺点

一场会议即使做得再好，也难免有不尽如人意的地方。有不足并不可怕，怕就怕不知道自己的缺点，或者即使知道了也不愿意改变。

3. 需要提高的地方

任何能力都不是天生的，而是不断总结不断提高的过程。

三、制定目标

既然是推销会议就有很强的目的性，一个顾客愿意来参加推销会议，就有了推销的可能，也是个难得的资源。通过会议形式的集中了解，顾客已经对公司和产品有了个大致的了解，这时如果就此放弃的话，就会白白地浪费资源。

1. 参加会议的老顾客业绩目标

老顾客对产品的效果有切实的感受，对公司、品牌和推销员都有了一定的认可，所以是业绩的保障。之所以推销会议现场没有下订单，是认为产品利益还没有足够的吸引力，或者是对你的接待工作还不够满意。

2. 参加会议的新顾客业绩目标

新顾客来参加会议，就说明对产品或者事业还是没有排斥的，之所以未能成交，就是因为这次会议还未能激发他的梦想，从而在主观上产生与你们为伍的欲望。

3. 会议期间的其他目标

与会者有多少受到了震撼，有多少真正发生了转变，有多少人的梦想被点燃了，这是由顾客转化成为客户的重要保障，也是一场会议真正的目标。

四、跟踪客户

会后跟进其实就是推销的"临门一脚"，前面做的所有工作其实都不过是为此时的工作做的铺垫。

1. 老顾客的跟进工作

要想在老顾客身上提高业绩，无非两个方面：一是增量消费，就是使他们每次使用的数量增加；二是增次消费，就是让顾客增加购买的次数。

2. 新顾客的跟进工作

要想让一个初次接触一种东西的人马上就做决定，那确实不是件容易的事，还是需要找到他的梦想，满足他的需求，并不厌其烦地跟进。只有他心里的疑虑全部消除了，才会顺理成章地成为你的客户。

3. 其他需要跟进的工作

有时参加会议的人也并非马上都能成为顾客，即便潜在客户也算不上，但也千万不要因此忽视，因为他们虽然暂时没有购买力，并非代表以后就没有购买力，况且他们还可能可以成为宣传员，或者帮你介绍其他顾客也不是没有可能的。

九道

管理

——管理者，管事理人也；管是管好事，理是理对人

第一节 团队管理的意义及定义
第二节 「管」和「理」的内涵
第三节 如何做好团队管理
第四节 领袖在团队中的作用
第五节 咨询、检查
第六节 团队中的将才管理

儿时村里会时不时地来些据说是河南那边过来的耍猴人，每次来的时候，孩子们都不会漏掉这么个千载难逢的机会，看着这些平日里活泼好动，喜欢惹是生非的猕猴在耍猴人的指挥下变得服服帖帖，都不免对耍猴人由衷地佩服。

听那些养过猴的人说，虽然这些有灵性的家伙的智力只相当于3岁的儿童，但玩劣成性，绝对不好对付，你稍不留神，它们就会给你惹出点事端来，更别说会按照你的意愿去做了。尤其对于成群结队的猴来说就更是如此，稍不顺意，它们就会联合起来对付你，一旦出现这种局面，经常是你顾了这头就顾不了那头，到最后，你忙得气喘吁吁、焦头烂额的，它们却在一边旁若无人地幸灾乐祸。

而征服它们的秘诀，除了要让这些生灵明白自己需要做什么之外，就是让它们清楚地知道"谁是头"，并使它们自觉自愿地遵循做事的规范。

第一节 团队管理的意义及定义

团队管理就是运用团队成员间的专长进行互补，相互合作的一种管理形式，致力于强化团队的目标与责任。通常包括管与理两部分的内容。

我个人认为管是管事，理是理人，人是不好管理的，但事可以管，因为所有事情都可以变成量化的指标。管人要靠人情，就是一种在整个企业管理过程中充分注意人性要素，以充分开掘人的潜能为己任的管理模式，现在流行的说法叫"人性化管理"。

在我看来，管事要靠制度。比如说大家上班，朝九晚五，你就不能说通过人性化来解决问题。这个产品做得好不好，这件事办得好不好，都可以通过量化的指标进行衡量。比如他工作积极不积极？对公司忠诚不忠诚？很难说，所以就得靠人性化管理。

一、管理的趋势——团队管理

未来的企业管理趋势就一定会是团队管理占主流，我之所以这样说，主要介于两点：一是现在的社会分工越来越细，很多工作不需要劳动力大规模聚集就能独立完成或者小群体就能完成；二是因为现代信息技术的高度发达，也使得事与事认识的空间距离越来越短，原本需要长距离传递的事情，只需轻轻动一动手指就能完成。

因此，以后靠人力大规模集中生产的企业将会变得越来越少，推销工作将会更多地由公司管理转向团队管理。

二、团队管理的目标

团队在一个组织里起着承上启下的作用，对上要完成上级交代的任务，对下要帮扶成员努力达到个人的目标，因此，每个团队都有自己的业绩目标和发展目标，要想达到的话，光有主观上的努力还是远远不够的。

1．强化效率

有效的管理不仅能够促使生产力的发展，还可以提高工作效率。这就要求每一个成员"正确地做事"，从而让投入与产出的比值能够达到最大。

打个比方，你要给一株植物施肥，原本一勺就够了，结果施了一碗，那超出的部分就是浪费。

道理很简单，但有些团队领导执行起来就会犯浑，明明一个中专生就能做好的事情，偏偏弄个本科生来做，增加成本不说，有可能还起反作用。

2．注重效果

看效果就要关注结果，因为任何管理的手段无外乎都是要达到组织目标，这也要求成员"做正确的事"，从而保证结果。

前段时间我看新闻，因日本地震产生的核辐射，引发中国的抢盐风潮，有一傻小子，人家零售价才 1.30 元 1 斤的盐，他硬是花 5 元 1 斤，还买了两吨。他也不动动脑子，盐是国家专控产品，结果，盐价马上跌回 1.30 元 1 斤，他手里的两吨盐又不能当饭吃，连哭都找不到地方。

以前，我们有个团队的领导做事就喜欢不分轻重地"胡子眉毛一把抓"，结果自己忙得够呛，可事情呢还一件都办不好。

三、团队共同的责任——需求

推销团队的责任就是不断地在市场上寻找需求、提供需求、满足需求的过程，也同时承托着团队自身生存与发展的责任，并围绕业绩目标，不断地使团队调整工作状态，时刻满足顾客、公司、团队的需求，保持最佳的服务效率。

1. 满足顾客的需求

很多人对于提供需求这个问题上常常会有一些误解，那就是认为推销团队就是把东西卖出去，把钱收回来就算马到成功。其实，顾客的需求也是会发生变化的，所以要时刻关注你的顾客在想什么，然后适时地加以引导。

2. 满足公司的需求

团队是公司的下属组织，就需要承担对公司的发展责任，公司成立这样一个组织的目的就是代为管理一定范围内或者一定区域内的业务，所以这个组织不管做得有多大，也不管做得有多好，都不可能脱离公司的领导，也不可能离开公司而独立存在。

3. 满足团队的需求

团队生存的核心是能不断地提供效益产品，因此生存的关键是要使团队面对瞬息万变的市场，随时随刻都能拉得起架子、放得出胆子；只要公司需要，听到命令，即刻就能出现在指定的位置上。

第二节 "管"和"理"的内涵

人是会变化的，所以要求管理也要根据团队的实际情况，随之进行相应的改变。

管的实质就是围绕人的变化规律，制定相对应的规章制度和一系列的工作流程，然后"按章办事"，适时推广一些合理的做法，及时纠正一些不合理的做法。

理的着力点是顺应人的变化，关注人的需求，做到知人善用，懂得授权和施压的同时，还能及时帮助下属解决一些实际问题。

如果用人之长的话，天下就无不用之人；用人之短的话，天下就无可用之人。

我发现，现在的一些团队领导在管理上喜欢用西方那些手法，不是对就是错，其实在我看来，对中有错，错中有对。

管得太紧容易得罪人，造成抵触、对抗；管得太松又免不了会出现放任自流、各行其是的局面，阴一套，阳一套的，很是伤脑筋。更重要的是，若不及时处理好，就很容易在一个团队里制造了许多不安定的因素。

一、管事靠制度

制度包括规章、条例和工作流程，就是为做事制定一个统一的尺度，目的只有一个，有助于推动生产力的发展，所以在设计时只要实用就好。

1. 制度要简单化

订立制度的目的是约束人的行为，所以越简单越好，既便于记住，也便于贯彻执行。

有些团队领导搞起制度来就是一大堆，认为越详细越好。却不知"面面俱到"就会"处处拉倒"，因为事物都是变化的，太细的制度执行起来反而会让人缩手缩脚。

我对此所持的观点是：只要限定一些原则性的事情，其他的不妨给点宽松。不知道大家注意到没有，那些好的演讲人往往是不用讲稿的，他们只有提纲，所以不会紧张。与此对应的是那些背讲稿的，个个紧张得要命，为什么，生怕忘记。对着稿子念的人，虽然不会太紧张，但声调、动作，都势必变得僵硬。

2. 制度要程序化

有程序的制度执行起来就不容易偏离，而且使原本烦琐的事情变得一环一环地适合识别性的进行操作。每一项工作，先做什么，后做什么；遇到一种情况怎么处理，遇到另一种情况又该怎么做，一目了然。不但便捷，而且可以减少工作的盲目与重复，提高了工作效率，这样环环相扣，即便出了问题也容易及时发现和解决。

那些整天忙得焦头烂额的人，多半是做事没有程序，所要处理的事情堆在眼前像一团乱麻，理不出个头绪。

3. 制度要标准化

标准就是样本，是标准答案。标准化的目的就是方便复制，也容易在最短的时间内推广，可以克服远距离管理所带来的信息不畅等一系列矛盾。

工作就如同做试题，解题方法可以有很多，但答案却只有一个。虽然有些题的答案未必完全一致，但为了维护考试的秩序，就必须按标准答案执行。

二、理人靠做人

做事先做人。大凡有魅力的管理者并非是自己有多大本事，而是很会做人。这既包括知人善用、任人唯贤，也包括时时处处能让对方有种信赖感。

1．重视对方

如果要让对方信服，最好的办法恰恰是让对方觉得他对于你来说很重要，这就要求管理者能全面掌握团队的情况，大到成员的思想动态、个人成长，小到能够记住每一个成员的名字，了解每一个成员的家庭情况。让对方时刻感觉到他在你心中的位置，才可能会因为对你由信赖而产生依赖。

2．打成一片

团队管理最重要的还是要彼此"荣辱与共"，个人的荣誉就是团队的荣誉，个人的耻辱就是团队的耻辱。只有与下属之间没有距离，你才能了解他们真实的想法，你才能让每个人都觉得大家"趣味相投"。如果能让每个人都把团队的事当成自己家里的事来做，那么，团队搞不好才怪呢！

3．以心换心

尤其对一些你并不喜欢的人，或者总喜欢与你作对的人，更应该表现出足够的关心，即使是那些"刺头"也不例外，因为再不近情理的人其实也多少知道点好歹，所谓的"坏人"最怕的就是别人对他太好，弄得他反而受到自己良心的谴责。凡事合理就好。生活中，善于处理人际关系的人，越是对自己有意见的人，就越是要对他好，这样弄得他反而觉得自己不自在。

我就见过这样一位妻子，因为老公的事业发展很快，应酬就多，就在外面有了其他女人，她知道后，非但不点破，反而不动声色地对老公比以前更好。别人实在看不过去了，以至就有人好心告诉她，她居然反驳别人诽谤自己老公，说自己老公是什么样的人自己心里清楚。当然这些话传到老公耳朵里，老公也自然会觉得很愧疚。自此，不但有所收敛自己的行为，反而尽可能地在家陪自己老婆。

三、管与理的变化

有一次考试，一名考生举着试卷问爱因斯坦："教授，上面的问题与去年的完全一样呀！"

爱因斯坦回答："是的，但今年的答案不同了。"

要把事情管好，不仅需要人来做配合，还需要相应的"理"来约束。因为任何制度都是有缺憾的，这就有了管理的"短板"，既然有一些制度管理和约束不到位的地方,就要通过及时对人进行安抚来辅助工作,否则容易产生消极情绪,就会影响团队正常工作。

反过来也一样,理人太过的话,也同样形成了管理的"短板",就很可能会导致团队上下的无法无天,就相应地需要一定的制度来约束。这样,一个团队才能够健康发展。

管事和理人是彼此互为渗透的,如果你光"管事","不理人"不行,这样做要么容易伤员工的心,导致缺乏积极性;要么就会使员工产生抵触情绪,故意给你找茬。但如果你反过来,光"理人"而又"不管事"也不行,这样做的话,人就很容易飘飘然,以为自己了不得,爱怎样就怎样,想怎么干就怎么干,再好的团队也会变成一盘散沙。

第三节 如何做好团队管理

一个好的团队就像一把伞,如果把成员比喻为能遮风挡雨的布的话,那么,管理者就是支撑伞的钢骨。

团队也是一样,不管大小,都应该是一个结构完备的机制,不管每个人在团队中担任的是何种角色,都有自己的任务和职责,也担负着团队生存和发展的使命,虽然年龄不等,性格各异,能力也有大小,但一旦团队这把伞需要撑开的时候,无论是担任钢骨的将领来说,还是只不过是其中一块布的普通成员,都不应该有任何懈怠的举动。

对于团队成员来说,就要努力地将自己融入团队;对于将领来说,就要时刻了解自己的成员在想什么,自己的成员需要你帮助他做什么,自己怎样做才能使对方从心底里接受自己,并自觉自愿地跟随自己的脚步,与自己的节奏合拍。

一、团队管理的核心是企业文化

如果将一个企业的机制比喻成一套茶具的话,那么,企业是壶,个人是杯;

只有壶里有了，杯里才有。

弄清了这个道理，我们就不难理解我们管理团队的核心，不是别的，就是企业。

1. 企业精神

一个有所成就的企业，一定有区别于其他企业的个性、气质，以及一系列行为准则。比如：生活准则、工作准则、经营准则、团队准则等等。这些既是企业的生存之魂，也是企业的发展之道。

2. 企业宗旨

企业的宗旨就是能够支撑一个企业的核心竞争力、核心价值体系。是企业的梦想，是企业最终的预期和发展方向。如一家做连锁商业的企业的宗旨就是：让消费者满意，让投资者获利。

3. 企业理念

企业理念也即是企业的经营方式，是企业在持续经营和长期发展过程中，经过长期的相互渗透、影响而逐步贯彻在生产经营中的主导意识，并由此形成的能代表企业信念、激发企业活力、推动企业生产经营的团体精神和行为规范。比如，一家从事保健品生产企业的经营理念是：共营、共享、共富。短短六个字就把这家企业是干什么的，想怎样，怎样做等一系列问题都说清楚了。

二、团队管理的职能

再好的策略都需要通过人来实施，这就要求管理者能密切关注、定期检查、及时评估和监督计划能否如期进行，从而实施其控制职能。当计划偏离目标时能够做出迅速的反应，及时纠正和调整滑离计划轨道的步骤，从而保证计划的顺利实施，确保实现目标。

1. 制定

游戏就要制定游戏规则，管理人员的一个重要职责就是为团队确定一个明确的工作目标，并制定出目标实现的合理计划和时间进度表，然后推动团队每一个成员努力去实施目标任务。

一个合理的、可执行性强的计划，不仅有助于任务的传达与有效执行，还可以有效地控制进度，从而使团队成员在既定计划范围内能够有序、顺利地完成任务。

2. 执行

团队工作中，怎么分工？谁该干什么，每个人的职责是什么，他们分别要实现什么工作目标？这是团队管理者根据团队成员的特长合理配置的问题，弄不好的话，就会出现由于能力不够导致执行不力产生偏差的情况发生。

3. 检查

一个项目是否能按照既定的计划实施，很大程度上取决于检查的力度。检查的目的就是及时发现问题，频繁督促执行，合理控制进度。尽可能地让事情无论是对上还是对下，都能达到"尽如人意"的效果。

4. 改进

在团队项目的实施过程中，具体执行有时并不能完全按照管理者的意愿和计划去发展，很多时候会出现偏差，这种偏差包括成员的分配不当、成员情况的不可预计变化、计划内可用财力物力等资源的变更，甚至团队成员的情绪变化都可能影响到工作计划实施的进程，所以就需要及时予以纠正。

三、团队管理应厘清的几个问题

要把一件事情办好，首先要让这件事情变得清楚。这不仅要求把每个人的"责、权、利"都分清楚，而且应该让执行的人清楚地知道下达指令的你究竟想要什么，从而努力地按照你的要求去做。

1. 管理主体：由谁管

人是管理的主体，有些团队领导喜欢搞"双保险"，派几个人去做同一件事情，认为这样既可以形成一种竞争的局面，又可以失败了一条，又有另一条。结果呢？反而适得其反。因为这样多头管理，反而弄得个个都是头。

如果把团队比喻成船的话，要是大家都是船长，你想往这划，他想往那划，半天才划出一寸，那什么时候才能到达彼岸？用我们乡下的话说就是：艄公多了打翻船。

2. 管理客体：管什么

管理的事情越具体越好，这样既分工明确，又责任到人，避免了工作中有扯皮的现象发生。

有些团队领导招个人巴不得什么事都能做，殊不知，事事都希望他做的，到头来，反而啥事都指望不上。

3. 管理目的：为何管

做任何事情都要师出有名，要让一件事情变得最好，那么，最好的办法就是利益捆绑，这样才能使执行者把要做的事情当作自己的事情来做。

4．管理环境或条件：什么情况下管

判断一个足球裁判的执法水平主要是看他是否能很好地控制比赛节奏。一个好的裁判知道什么时候该自己"出场"，什么时候自己应该"隐身"。

管理也是这样，好的团队管理者知道什么情况下可以"推波助澜"，什么情况下可以做个猫头鹰"睁一只眼，闭一只眼"。如果对于每件事都不放心，事事都想自己"插上一杠子"，那事事都反而办不好。

第四节　领袖在团队中的作用

一个团队就好比是一把雨伞，不仅有布，还需要有几根支撑布的钢骨，这样才能撑开，这样才能遮风挡雨。

一把雨伞好不好，关键在钢骨硬不硬，钢骨之间的衔接好不好。这样的话，哪怕布全没了，只要钢骨还在，雨伞就存在。

一个团队强不强，关键在支撑团队的将领自身是否过硬，将领之间的配合是否默契。无论遇到什么，只要将领存在，团队就存在；无论什么时候，只要将领强大，团队就能像滚雪球一样地不断发展、壮大。

一、团队管理的关键——领袖

大雁是否能够顺利迁徙，起作用的是头雁。不但要会领路，还要善于克服各种各样的气流。

红军长征时，很多团，上千号人，甚至打得就剩下几个人，照样撑着一面旗帜，顽强地挺过了雪山、草地，不是照样发展壮大，最后还夺取了江山。

所以呢，判断一个团队是不是有生命力，是不是有战斗力，只要看这个团队的将领就足够了。

二、个人在团队中的定位

团队管理的核心问题其实就是定位。第一，你这个制度是管事的，还是管人的，这一定要搞清楚；第二，定位在一个团队组织里有个身份变换的过程，在不同环境里担任的角色可能就会有很大的不一样。

举个例子，比如一个省委书记究竟是怎样的一个定位，在省里算得上是最大的官，行使的是最大的权力，可以发最高的号令；但在中央，可能也就是个中层干部，动不动还发号施令的话，就要出乱子。

所以要做团队管理，首先就要把定位的问题搞清楚，如果这个定位不搞清楚，那做团队管理的话，就会很麻烦。

1. 定位明确

现在很多企业都开始做行政架构图，而且越做越细，细到每个职位都能在上面找到自己的位置，属于哪一个部门，归哪个职位管，与其他职位比，处于一个什么地位等，都标得清清楚楚。为什么要这样？就是要让每一个团队成员知道，自己是怎样一个定位。

因为只有定位明确了，才能理顺关系，比如一个公司里的分公司领导，他在分公司可能是头，但在公司里就不是，最多也就是个中层干部。所以，这个分公司领导就非常需要弄清这样三个问题：

（1）究竟谁是头，要看在哪个团队。

（2）自己与团队的关系：有时是头，有时是干部，有时是群众，关键看你当时处于什么样的一个位置。

（3）要做头先要做好干部，要做干部先要做好基层。

只有把这三个问题搞清楚了，他才能坐到自己分公司领导的位子上，否则就会导致很多错误，比如说一个团队的头自以为"老子天下第一"就拥兵自重，不把公司放在眼里，结果整个团队就没有凝聚力了。

为什么会这样呢？道理其实很简单，他自己和公司顶也就是教导下面跟他顶，他就管不住下面了，这是个连锁反应。

中国是个礼仪之邦，尊重长辈。以前还要早晚给长辈请安的，现在虽然在家庭里不用早晚请安，但每年清明都要给逝去的先人扫墓，为什么老子还要带着儿子去，就是告诉儿子，记住了，这是长辈，要尊重长辈、懂规矩；否则，你今天怎么对待自己的长辈，他哪一天就会怎样对待你。

2. 跨界管理

有些团队领导不太注意自己的定位，看见什么事了或者发现什么问题了，因为着急上火就一时忘记了自己的身份，不知不觉就越位了。

一是逾越部门的界限，本来大家各司其职挺好，但你明明是这个部门，本来管好自己部门的事就完了，偏偏喜欢管其他部门的事，到头来落了个吃力不讨好。因为这一方面你未必知道情况，容易管乱；另一方面，你这样一插手的话，无意中就没把人家其他部门的领导放在眼里，自然而然地人家就会不高兴，影响团结。

二是跨越区域的界限，你不经营好自己的地盘，喜欢插手别的区域市场的事，干预别人的事务，抢夺别人的客源，这一方面是把市场搞乱了，影响公司的品牌形象；另一方面，也直接造成了区域之间的敌对情绪。

3. 将领的配合

一个团队要想有大的发展，光靠一两个人的能力也是有限的，这就无疑需要多个领导的相互协作。有不同的个性是正常的，甚至有不同意见也无大碍，只要目标一致，其他的也会随着时间的推移而慢慢融合。

三、凝聚力是炼成的

判断一个团队是否有竞争力，首先要看是不是有凝聚力，团队领导是否有感召力。因为之所以要成立团队，就是因为我们个人的力量极其有限，尤其是面对激烈的、残酷的市场环境。就如一双筷子的力量很薄弱，但融入一捆筷子里去，就会立刻拥有强大的力量，所以每一个走进团队的人其实都是想通过团队，更快地提升自己，使自己通过团队成员的协作，变得更有力量。

所以，一个有凝聚力的团队就会吸引更多的人加入，一个有凝聚力的人，就会得到更多人的帮助。但凝聚力却绝非凭空产生，而是由团队领导的人格魅力和团队本身的魅力联合形成的。而团队魅力又是经过良好的习惯练就的。

1. 懂得分享

大人们经常会告诉小朋友："好吃的东西不要一个人独吞，要适当分给大家一些，否则小伙伴就不跟你一起玩，别人就嫉恨你，有了好处也会把你挤到一边。"但其实大人们自己却常常忘了这么做。因为现实的磨砺和复杂的人际关系，使大人们总是习惯于把自己以外的人都当成了竞争对手，但在一个团队里则不同，就要懂得适当地分配，也就是将原本自己可以独享的东西，拿出一部分来与人分享。

中国人遇到好处的时候，喜欢"见者有份"，人人都分到一点，这叫利益分享，明白了这一点，其实也就悟出了人性的本质，如果有好处和利益不是自己独吞，而是能够适当分点给大家，大家就会因此通力合作，协助你成功。大凡成功的人都无一例外地懂得这一点。他们大都会让跟随自己的人得到实惠，从而死心塌地跟着自己。否则，以后有什么需要出头的事，也就没有什么人愿意帮你。

2．控制情绪

人实际上最难处理的自己的事就是情绪化，道理谁都懂，但情绪一上来，自己就控制不住，想说的，想做的，也就都忘了。

能控制自己情绪这不但体现了一个人的涵养，重要的是团队可以不受其他无关事情的干扰而静心地工作。

对于团队领导来说，能控制自己情绪，也可以让团队成员好心情的概率大出许多倍。因为一次不经意的粗暴批评，可能也会导致被批评者一整天甚至几天的情绪低落，对于推销这种要靠信心来决定成败的工作就更是如此。

有科学家曾对此做过实验，情绪正常时，人的思维活动每秒钟能达到260～360个字节，而在伤心、郁闷时却只有110～150个字节，可见情绪低落时，人的思维也处于"茫然"的几乎真空状态。

所以说人的脾气好是个很大的优点就是这样，其实每个人都有脾气，只是如何善于控制自己罢了。

3．勇于担责

人与人相处时，遇到坎或道路狭窄是常有的事，这时，自私的就会为了洗脱自己，把全部责任推得干干净净，那同行的人就会变得更加困难，如果替别人想，就要留一步让别人能走。

对于一个有魅力的团队来说，每一个成员的事就是自己的事，无论哪个成员出了错，责任都要大家承担。尤其是团队领导首先会跳出来，把责任往自己身上揽，我们经常可以从影视剧里看到领导喜欢"护犊子"，其实也是一种替下属担责的表现。

第五节 咨询、检查

判断一个团队是否良性的发展，很重要的一点就是看有没有一种"势"，也可以叫作势头、气势。积极的团队有一种向上的气势，消极的团队就只能是一种低迷的势头，结合到人文环境就是气场。在一个阳气十足的气场里干事就有劲，也能产生好的工作效率；反之，若气场里阴气十足，人都无精打采的还怎么做事，弄不好还要生病。

所以，咨询、检查就是要及时发现那些干扰积极气场运行的因素，并及时地予以有效的处理。

一、"气场"干扰

积极的气场是保障团队战斗力的根本，但消极的气场也会无孔不入，稍有松懈，就会对团队进行侵袭。这就很有必要通过咨询、检查等相应的手段，及时地发现，并予以及时"拨乱反正"。

1. 内部气场的干扰

经常会有这样的情况，有的业绩差的人不希望看到自己与业绩好的人距离拉得太大，于是就会有意无意地或不够配合，或设法阻挠。如果纵容这种情况继续发生的话，就极为容易在团队中产生负面的情绪，并由此形成消极的气场。

2. 外部气场的干扰

其他团队或其他区域也容易"跨界"形成干扰，主要原因还是喜欢"多管闲事"，具体地说就是将一些负面情绪强加在你的头上，从而形成消极的气场，比如说：一个团队在一个市场上遇到了一些阻挠的因素，本来只要在团队内部设法化解就没事了，偏偏喜欢传到其他团队去，结果是不但本团队受到影响，还干扰了其他团队的正常运行。

二、本位主义

以团队为荣本来是件好事,但太把自己团队当回事就叫"自恋",凡事总考虑自己团队的利益,看不起其他的团队,拥兵自重,不懂团队的配合和支持。具体表现如下:

1. 个人利益第一

凡事从个人利益出发,其他什么都不管不顾,将人自私的一面无限地放大。久而久之,下属就会为此不服你,你也没有太多的资本树立自己的威信。

2. 表里不一

对人是一套,对己又是一套,当面做一套,背后又是一套,做人做事不坦诚,为一己之私欺上瞒下,争夺客户,既破坏了规矩,也容易造成不和谐的局面。

3. 不坚持原则

心中没原则,明知不对,但还是任其发展下去,虽然保持了亲热与和气,但却害了自己,也连累了团队。

4. 闲话太多

不负责任地背后瞎议论、乱批评,发现问题,不是积极地向团队建议,而偏偏喜欢当面不说,背后乱说,开会不说,会后乱说。

5. 充当老好人

见到不良现象,事不关己,高高挂起,明知不对,但"少说为佳",放任坏现象发生。听了不正确的议论不争辩,不报告,泰然处之,若无其事,立场不清。

6. 公报私仇

不是为了团结、为了进步、为了把事业做好,与不正确的意见斗争和争论,而是不负责任地进行个人攻击,闹意气、泄私愤、图报复。

三、自由主义

想怎么样就怎么样,不听指挥,不服从命令,这对于区域性团队来说就更为突出,总以为"天高皇帝远",认为自己只要业绩上去了就行了,爱怎么搞就怎么搞,不懂自律,不注意个人修养。

(1) 不服从命令,个人意见第一,只要组织照顾,不要组织纪律。

(2) 见顾客不分享、不鼓动、不演说、不调查、不询问、不关心其痛痒,漠然处之。

（3）见损坏公司利益的行为不愤恨、不劝告、不制止、不解释，听之任之。

（4）办事不认真，无计划、无方向，敷衍了事，得过且过，做一天和尚撞一天钟。

（5）摆老资格，大事做不来，小事又不愿做，工作随便，学习松懈。

（6）自己错了，也已经懂得，却不想改正，自己对自己采取自由主义。

第六节　团队中的将才管理

一个完整的团队，一般由"兵、官、将"三种人组成。进入一个团队，先要经历"兵、官"的磨炼，方能做好"将"。

"将"在团队中的作用是举足轻重的，所谓兵熊熊一个，"将"熊熊一窝，说的就是这个道理。

那么，在一个团队中，有哪些类型的"将领"呢？

一、团队将领的类型

团队是人与人的相互结合、合作，"将"与"将"合作并彼此的力量相乘，团队才能发挥出生产力、创造力，怎样做到这些是团队的最大课题。我的体会是：根据中国人的"五行"思维系统，按将才身上具有的特质，将"将"分为五类，然后研究将才之间的配合、制衡等问题，才是有效可行的办法。

二、中国的"五行"学说

在中国人的思维里，宇宙万物都是由木、火、土、金、水这五个系统组成的。

顺者相生，隔位相克。正因为这五个系统的相生相克，才达到了宇宙的动态平衡，才演化出宇宙的万事万物。

根据五行学说，我们每个人都可把"我"与他人的关系演化为下面的五种关系。

顺位相生，隔位相克。联系到人，就是——

（1）同我一样的。

（2）泄我的。

（3）耗我的。

（4）克我的。

（5）生我的。

在一个团队中，正是因为有这五种关系的存在，才造就了团队的动态平衡，团队才产生了生命力、生产力、创造力。

三、五种类型的将领系统

按照中国人的五行系统思维，我们不妨将团队中的将领，按其特质也分为五种类型的系统进行分析：

1．木型系统

这类系统的将领主要特质是"仁"，极富同情心、慈悲心，主张和为贵，认为吃亏就是占便宜，崇尚天下仁者无敌；缺点是火气不足，如：三国时刘备，汉朝时刘邦，等等。

2．火型系统

这种系统的将领主要特质是"勇向前行"，热情扩散，急躁而上进，在他们的思想中没有"如果""但是""可能""也许"等词汇所衍生出来的负面想法，只有一种信念：做了就有，不做就没有！崇尚勇猛精进、万夫莫敌，其缺点是没有多少守业之能，如：关羽、张飞、李逵，等等。

3．土型系统

这种系统的将领主要特质是"信"，忠厚而善于包容，土能生万物，这种将领往往是团队中有些名气的人，或是身怀绝技，有两把"真刷子"的人；或是某专业领域的知名人物，姓名如雷贯耳；或是有"先天缺陷"的偏才、怪才，哪怕身体有残疾，哪怕身上一文不值，但仍然可以在某一行业呼风唤雨的人物……

这种人名气大，相信"一张名片打天下"，其缺点是面子大于一切、自傲，如战国时期的孙武之类。

4. 金型系统

这种系统的将领的特质是"义",富有正义感,成熟稳重,往往在一个行业经营了十年以上,历练多,经验丰富,了解本行业的过去、现在、未来,无论多大年龄都相信自己"宝刀未老",其缺点是不善于吸收新知识,如廉颇老将军。

5. 水型系统

这种系统的将领的主要特质是"智",往往被人称之为"智多星",习惯思考,善用谋略,观察力特强,同时兼具:机灵、智慧;能伸能屈,像水一样,装到哪个形状的瓶子里都行,崇尚多算必胜,其缺点是缺乏执行力,往往要别人去执行,如:诸葛亮、刘伯温,等等。

这里要说明的是,将团队中的将领做这种分类是就其主要特质而言的,并不是说本型系统的将领就没有其他系统,尤其是火型系统将领的特质。这当然不是绝对的,而是指在特质方面有所偏重而已。

四、将领五行分类的好处

之所以将团队中的将领按照五行系统分类,是为了帮助我们充分认识团队中将领的能力特长和性格特点,从而有针对性地达到有效配合与制衡的目的,好处自然不言而喻。

1. 定位清楚

对于将领自身而言,在团队中为自己定位,就知道自己是何种属性,这样就不需要走冤枉路,更重要的是可以避免自己因为一时冲动,或者一时逞强,而犯下一些低级的错误。

设想一下,如果让手无缚鸡之力的诸葛孔明,也像强悍的张飞一样去冲锋陷阵、乱杀乱砍,会是什么效果?

2. 合作明确

对于合作对象而言,如果能给在团队中的每个合作对象都定好位,就可以有效避免因为"错位"而导致的扯皮现象发生,就能确保合作愉快;如果合作对象彼此都知道各自的优缺点,也就能够减少很多不必要的误会。

3. 便于掌握

对于团队管理而言,各个将领都彼此了解的话,就能迅速地掌握组织特性,这样既有利于团队中将领的配合与制衡,也有利于行动时做出正确的决策,并在此基础上,准确地拟定组织的发展方向。

五、团队将领的配合与制衡

关于团队中将领的配合与制衡问题,其实就类似于五行学说中五行的相生相克。限于本节的篇幅,这里就不详细讨论了,如有机缘再详细分享。不过,在这个问题上,有几点是要明确的。

1. 人人可做领袖

根据五行学说的系统思维,任何一个我,都会产生同我、泄我、耗我、克我、生我五种关系。所以,任何将领都可以成为领袖,重要的是,作为领袖的将领,要能根据各类型将领的特质,明了各将领之间的优点、缺点,做到:其一,善于让将领充分发挥其优势,即让兔子跑得更快;其二,善于让将领之间取长补短、配合默契,做好协调工作。

2. 合作及时化

将领之间没有完人,所以要合作。合作的意思就是取长补短,共同完成事业,但合作要及时,根据将领之所需,及时安排能提供"需求"者进行配合。否则,就很容易滋生很多"事后诸葛亮"。

3. 合作广泛化

团队中将领的合作不但范围广泛,而且还是应该多多互动,其互动要领大致如下:

(1)弄清合作将领的类型、特质。

比如说,勇将的特质是勇敢,优点就是敢于拼杀;缺点是说话、做事不讲究,容易得罪人,更不懂得培育人,那搁在市场上来说,就是很有行动力,但往往容易捡了芝麻丢了西瓜。

仁将的特质就是能讲,优点就是很会让人感动,很会激励人,经常能把人说得感动流泪;缺点就是没有好的方法。

智将的特质就是足智多谋,优点是无论遇到什么都能拿出好的主意,想出好的办法;缺点就是缺乏行动力。

(2)使用正确的沟通方式。

合作就免不了沟通,将与将之间的沟通更需要讲究方式方法,原因是大家都是"能人",都有脾气,但心里未必都服对方,所以,稍有点意见不一致,就容易"动肝火",此时即便是讲再大的道理,也很难使对方做到心悦诚服。

①避免误会。尤其是平级将领之间,也许就是一句话出口,人家以为你有所指;也许就是别人一次无意中管了本该你管的人,都容易产生误会。所以,将与

将之间应该多看到对方的长处，少些猜忌，多点理解。

②合适的方法。将领之间发生意见不一致的情况是很正常的事，只要出发点都是为了做好工作，就不应该心生怨恨。最好是实行定期碰头的机制，把不同的意见都摆在桌面上，千万不要私下议论，更不能在下属面前乱说；还可以时不时地一起吃顿饭，馈赠点小礼物，勤于沟通，多多配合。

六、"全能将领"与"五星上将"

在一个团队中，最容易出现的就是"全能将领"，当然也会有"五星上将"出现，而且，团队规模越大，就越是容易出现。

所谓"全能将领"，就是五种类型的特质都具备的将领。

所谓"五星上将"，就是善于协调五种类型的将领，使其能够配合默契，发挥出团队的最大能量。

1. 不要做"全能将领"

我们如果注意观察的话就会发现，那些效益不好的企业，或者始终做不大的企业，就一定是"全能将领"在主事，比如：那个企业的老板或者团队的"头"觉得自己无所不能，事事都喜欢"包揽"，结果天天把自己忙得晕头转向，团队离了他，一个个成员都会变得六神无主起来，遇到什么问题，也就只会大眼瞪小眼地不知所措。

这种将领会阻碍其他将领发挥其才能，稍不注意，就容易把自己当作保姆，对于原本属于责权范围内的事也没什么大不了，就是"劳碌命"，没有为你分担。但对于团队中原本不属于自己责权范围内的事也喜欢"插上一杠子"，也要过问，也要管，结果是把自己累得要死，还不讨好。更重要的是，这样做就会影响团结。

2. 做个优秀的"五星上将"

中国有句话叫作：群龙无首，尽是散兵游勇。所以，一个完善的、健康的团队，不是有没有这些具备五行特质的将领，而是要有一个能将这五种特质的将领捏成一团的灵魂人物，这就是"五星将领"，善于协调、擅长整合，在充分发挥各将领特质的基础上，还能够做到有效的制衡。

其实想想，我们每个人身上可能都多多少少能找到"五行将领"的特征，也具备相应的特质。你作为团队的一员，最主要的特质是什么呢？我的经验是：无论团队中哪种类型的将领，都不要做"全能将领"，而应该做"五星上将"，就能把各种类型将领的智慧都发挥出来，并能做到有效的配合，才能打造出一个无坚不摧的有战斗力的团队。

七、"蜀国团队"给我们的启示

看过《三国演义》的人，一定对以刘备为首的"蜀国团队"印象深刻，他们之所以成功，给我们最大的启示就是：一个团队如果想良性发展，除了要有坚定的信念外，也势必要遵循这样的规律：知人善用，方能纵横捭阖。

1. "蜀国团队"中的五类型将领

三国时群雄争霸，世事造就了各路英雄豪杰，刘备也因此搞了个"蜀国团队"，志在构建自己的基业。

在这个团队中，刘备仁义，为"仁将"，主要工作是制定团队的发展目标，是团队的精神领袖和旗帜，只要他在，团队就有信心；诸葛亮智慧，为"智将"，既引领了团队的方向，又决定了团队做事的风格，是团队取胜的核心；张飞勇猛，为"勇将"，为实现团队的目标奋勇向前，能从绝境中杀出一条血路，是团队取胜的关键；关羽忠义，无论遇到什么都能做到不离不弃，经常能起到"定海神针"的作用，有这样的人，团队就牢固，是团队取胜的保障；黄盖、赵云等老将又可称之为"信将"，经验丰富，任劳任怨，可辅助其他"四将"纵横沙场，是团队中不可或缺的积极因素。

2. 团队的灵魂是团队文化

"蜀国团队"最成功的是什么？我的回答是团队文化。细心一点就能发现，虽然这个团队规模不大，但其创立之初就形成了符合当时背景和团队实际情况的文化，也成为日后统领一切的团队灵魂。

"蜀国团队"的宗旨是恢复汉室，为此，刘备不惜舍弃曹操给的荣华富贵，而宁愿放下皇叔的身份，"草堂结拜""三顾茅庐"。

"蜀国团队"的团队精神是百折不挠，无论是曹操的诱逼，还是残酷的环境，艰难的创业条件，都毫不动摇。

"蜀国团队"的经营理念是审时度势，因势利导，善于改变，正视自己的弱小，"联吴抗魏""草船借箭"，最后才能"火烧赤壁"。

为此，在管理结构中，团队的分工明确，各司其职。刘备负责协调、掌握团队的发展方向；诸葛亮分管运营，制定经营战略，统领市场全局；关羽、张飞分管执行，攻克市场，身先士卒地实现团队业绩目标；黄忠、赵云等老将负责保障和监督、维持秩序，必要时对市场提供支援。

3. 要成事先立好规矩

即使身处三国那么一个纷乱的年代,"蜀国团队"也没有乱过分寸,将领再牛也不能破了规矩,即使你曾经对团队有天大的功劳,此刻也应该有个归零的心态。

张飞、关羽不可谓不是能人,但刘备是老大,既然跟着老大混就要绝对服从,所以,不管他们有多么能耐,"刘备坐着他们只能站着,刘备吃着他们看着",在那样一个诞生英雄的时代,只有做到百分之百的服从,才能保障团队的稳步前行。

所以,"蜀国团队"将领马谡不听劝告犯下错误,导致失去街亭时,诸葛亮虽然舍不得,但也还不得不"挥泪斩马谡"。

中国人常说,无规矩不成方圆。要成事,先得把一些相应的规矩立下来,要立党,就要先有个党章;要立国,就要有个宪法做保障;要立家,就要有家规;企业就要有企业的制度,团队也是一样,必须有团队的规矩。

4. 团队的核心领袖的协调作用

在"蜀国团队"中,刘备是老大,那老大就得有老大的威严,他"三顾茅庐"请来的诸葛亮,他奉为上宾,那作为下属的张飞、关羽,不管有多么不服气,也必须无条件地接受,并依照老板刘备的意思,照诸葛亮盼咐的去做。

做老板的,如果身边没有几个核心骨干帮助,你就是能力再强,能耐再大,也走不了多远。

而且,管理的真谛其实就是正确的决策,再加上百分之百的服从,但这一切也都不可能是"空穴来风",还应顺应形势的变化,这样才能把事情做好。

5. 优秀的团队是将才间的配合、互动

落实到三国人物,就形成了一个有趣的循环,有了属木的刘备,就有了属火、处处身先士卒的张飞,就会紧跟敢打敢拼、属土的黄忠等老将、名将,也才更加奠定了属金的关羽总是能够做到大义凛然;也正是因为有了属金的关羽所表现出的克敌制胜的气概,属水的诸葛亮才能如鱼得水地运筹帷幄,并最终帮助属木的刘备建立政权。

现代团队的几个将领的搭配还是很有讲究的,从能力上要各有所长,可以互补,从性格上要求不能有太大的差异,否则容易犯冲。

性格上无须多言,看电视剧《亮剑》,团长李云龙与政委赵刚的搭配就很典

型,武将想到就干,天不怕地不怕的;文将就要善于"和稀泥",把事情弄细,避免因为一时莽撞而滋生事端。

表面看起来,每一个成功的案例似乎都这样丝丝入扣,实则,个中还蕴含着五行"相生",甚至"相克"的玄机。

十 道

激励

——你要激励人，首先要知道他需要什么

第一节　激励的概念及核心
第二节　激励的重要性
第三节　激励的形态
第四节　激励的方式
第五节　目标激励
第六节　领导激励与伙伴激励

在洞庭湖，水上人家最值钱的除了船只外，就是能帮助抓鱼的鸬鹚了。鸬鹚体型不大并且看起来有点笨乎乎的，但一旦钻进水里就异常灵敏，常常能抓到超过自己体重数倍的鱼。

一只好的鸬鹚绝对不是天生的，都是靠后天一点一点训练出来的结果，而其中最大的窍门就是要善于激励。

有经验的驯鸟人懂得怎么运用控制、奖励、惩罚等一系列手段，使这些嗜鱼如命的鸟儿也非常的懂规矩，知道"战利品"中哪些属于自己的，哪些应该"上缴"，而其中最为有效的还是在这些有灵性的鸟儿脖子上系根草绳，既有效限制偷吃，又不影响活动，不给这些"有功之臣"留下任何犯规的机会。

第一节 激励的概念及核心

所谓激励就是我们通常说的激发和鼓励，无论是对于动物还是对于人，首先要找到个人或者组织的需求点，并以这一需求点为核心，进行一系列能够调动积极性的措施，这是管理过程中不可或缺的活动环节。有效的激励，是人力资源发展的动力和保障。

一、激励的作用

有了激励，人就能对将要做的事产生强烈的欲望，同时采取相应的行动，并驱动自己千方百计地去完成要做的事情。

对于一个团队来说，好的激励不仅可以调动成员的积极性和创造性，并以此强化个人行为，提高工作效率；还能培养团队精神，增强群体凝聚力，充分调动人的最大潜力，更好地完成目标任务。

我母亲是个典型的家庭主妇，处理这类事情来，很有自己的一套。

小时候家里穷，记忆中最美的食物就是带壳埋在柴火堆里煨熟的鸡蛋。母亲知道我馋这个，所以每次只要我离家到稍微远些的地方时，总不忘加上一句：记得早些归家哟，娘煨蛋给你吃。这句话在当时对我很起作用，一路上总是顾不上玩，办完事就会以最快的速度往家里赶。

要是走的地方远了，母亲就会早早起床准备路上吃的干粮，然后送我到村口，再神秘地从贴身的衣襟里摸出两个煨鸡蛋塞进我口袋里，嘱咐我一定要到了某地方再吃。一路上，饿了，我就啃一口干粮；馋了，就拿出煨鸡蛋闻一闻，不到目的地是绝对不敢偷吃的，因为我知道如果不照母亲说的做，以后就不会再吃到母亲的煨蛋了。

现在，远行已经成为我工作的常态。总是一个机场到另一个机场，一个车站连着一个车站，每每觉得累了想松懈时，就会想起母亲煨的香喷喷的带壳蛋。有时也套用母亲的办法，如果自己如期实现了预定的目标，就会给自己买件心仪的礼物作为奖励。

二、激励的核心

一切发自内心要争取的条件、希望、愿望、动力都构成了对人的激励。如饥肠辘辘时，最大的满足是温饱；忧伤痛苦时，最大的满足是安慰；郁闷压抑时，最大的满足是轻松。这些都是激励人的核心。

每个人对于每件事都有自己的期望值，能达到就成为一种衡量的标准。人的工作绩效取决于他的业务能力及其获得奖励程度的高低，不管一个人的能力有多强，如果积极性不高的话，还是始终做不出好的绩效来，因为其能力不发挥出来就等于零。从这个意义上说，工作没有被激发，工作的能力就会被降低下来。

在正常情况下，一只跳蚤可以跳到比自己几千倍的高度，但是科学家做了这样一个试验，就是把跳蚤放到玻璃瓶里，先控制它跳的高度，经过一段时间后，再把跳蚤放出来。奇怪的是，同样一只跳蚤，此时能跳到的高度却总是人为限制的高度。

不论什么工作环境，总有些制约因素，如果激励的核心启动，人们突破制约、调动潜能，就能创造更大的绩效。

三、激励需把握的原则

要想激励，也不能没有原则，既要考虑精神的因素，也不能忽略物质的因素，只要能达到激励的目的，任何形式都可以尝试，但一定要把握好原则。那么，激励的原则有哪些呢？

十道　激励

1. 目标结合原则

人的目标有很多，除了金钱目标外，还有权力目标、成就目标，等等。所以，在激励机制中，设置目标时就应该综合考量，因为人只有不断地追求更高的目标，才能有促使自己奋而向上的内在动力。

2. 物质激励和精神激励相结合的原则

物质激励是基础，精神激励是根本。如果过分注重物质激励的话，就会滋生"拜金主义"，如果片面强调精神激励的话，就无异于"画饼充饥"。久而久之，就很容易使人丧失斗志，也就起不到激励的作用。

3. 引导性原则

人的内在需求有时候也需要进行适当的引导，因为人的意识很容易受周围环境影响，从而萌生一些不切实际的需求，这时就需要管理者以适当的方式引导。比如对于一个表现欲很强的员工，如果能不失时机地为他创造一次展现自己才能的机会，就可能会比单纯的发放奖金和表彰来得更为有效。

4. 合理性原则

激励也不是漫无边际地给奖金、给荣誉这么简单，这些都只不过是催生积极性的一种手段，所以合理就显得很有必要。这其中包括两层含义：其一，激励的措施要适度。要根据所实现目标本身的价值大小确定适当的激励程度；其二，奖惩要公平。否则的话，就很容易导致其他员工的积极性反而会因此受到挫败。

5. 明确性原则

表面看起来激励不过是奖励某一个成绩突出的人，实际上更大的意义是激励那些成绩尚不理想的人，所以，做到明确很重要，其中包括三层含义：其一，清晰。让更多人明白需要做什么和必须怎么做；其二，公开。这样才能诱发更多人。其三，直观。不管是实施物质奖励还是精神奖励都应该做到有明确的指标。

6. 时效性原则

要把握激励的时机，"雪中送炭"和"雨后送伞"的效果是截然不同的。激励越及时，越有利于调动人的热情，使被激励人的创造力能够及时地、连续地、更加有效地发挥出来。

7. 奖励与惩戒相结合的原则

任何激励不仅直接作用于受激励的当事人，也会很大程度上间接地影响周围其他人。所以，在奖励先进的同时，也千万别忘了惩罚后进，这样做的目的就是使人有个对比和参照，让更多的人以此为戒。

8. 按需激励原则

激励的起点是满足员工的需要，但员工的需要也是因人而异、因时而异的，所以，针对性就显得更加举足轻重。只有满足了员工最迫切的那部分需要，效果才会最好，激励强度也才会最大；否则的话，没有新的需求了，那么，无论你怎么激励他也不容易起到应有的作用。

第二节 激励的重要性

对于个人和团队来说，有效的激励不仅非常必要，而且对推动业绩还会起到立竿见影的作用。不过，要运用好的话，既要充分考虑人的内在因素，如思想意识、需要、兴趣、价值观等，又要符合人的行为的客观规律，只有"对症下药"才能做到"药到病除"。

说穿了，激励是用来调动人的积极性去实现目标的。激励是形式、手段，积极性是动力，团队的目标才是真正的目的。

一、实现团队目标

小时候，我一直闹不明白一个道理，那就是为什么让毛驴推磨时，总是先要将它的眼睛蒙上，长大后才明白：对于有意识的动物来说，没有目标就不会有动力。如果让毛驴围着磨盘转，毛驴没有目标是绝对不肯往前跑的，蒙上眼就会让它只把前进当成目标。

有共同的目标，才有团队的形成。团队的目标要靠人们的行为去实现的，而人们的行为是靠积极性推动的。如果目标不一致，团队的力量就难以建立了。

二、激发工作效率

在所有的生产要素中，人是最活跃、最根本的要素，工作上其他的要素只有同人的要素相结合，才会成为现实的生产力，才会发挥实际的效用。因此，没有适当的激发，就没有人的积极性，那么再好的装备和技术都只能是摆设，提升工作效率和业绩就更是一句空话。

要让一辆汽车开动起来，没有各零部件的配合，即使是方便、安全、舒适，勉强能接受，但也达不到你所希望的长久程度。

三、提升成员素质

让成员的素质有提升，除了通过培训提高团队成员的素质之外，其实还可以通过激励的方式达到。如，能及时地表扬一些积极进取的成员，批评那些不思进取的成员，就能在团队里掀起一种主动学习的良好风气。

现在人们总喜欢评论大学的优劣，其实优秀的大学与平庸的大学最大的区别就在于前者能营造一个良好的学风，而后者呢，只知道照本宣科。

第三节　激励的形态

激励的形式有多种。按形式分：有语言上的鼓励，物质上的奖励，精神上的激励等；按动因分：有自我激励，他人的激励，恐怖激励等。

在同一个人身上，不同时期的需求也是不一样的。需求的多样性决定了激励方式的多样性，优秀的领导者懂得如何根据每个个体的贡献和要求，正确选择激励方式，讲究激励艺术，不断满足个体实现需求的愿望，把蕴藏在下属身上的潜力充分激发出来。

一、个人激励

很多研究表明：乐观的人都有自己的梦想，能助人幸福，使人更加健康，并且有助于人取得成功；而悲观的人却总是容易放弃自己梦想，终日浑浑噩噩地混日子，从而导致绝望甚至患上疾病，结局就是平平庸庸。

个人激励就是在清楚地知道了自己内心的需要的前提下，有效地去激励自己,往往比他人激励更有效果。

有这样一则故事,可以给我们一些启示。

有一天,一个农民的驴子掉到枯井里了。那可怜的驴子在井里凄惨地叫了好几个钟头,农民在井口急得团团转,就是没办法把它救起来。最后,他下了一个决心:既然驴子已经老了,这口枯井也该填起来了,那就不值得花这么大的精力去救。

农民把所有的邻居都请来帮他填井。大家抓起铁锹,开始往井里填土。

驴子很快就意识到发生了什么事,起初,它只是在井里恐慌地大声哭叫。不一会儿,令大家都很不解的是,它居然安静下来。几锹土过后,农民终于忍不住朝井下看,眼前的情景让他惊呆了。

每一铲砸到驴子背上的土,它都做了出人意料的处理:迅速地抖落下来,然后狠狠地用脚踩紧。

就这样,没过多久,驴子竟把自己升到了井口。它纵身跳了出来,快步跑开了。在场的每一个人都惊诧不已。

其实,生活也是如此。各种各样的困难和挫折,会如尘土一般落到我们的头上,要想从这苦难的枯井里脱身逃出来,走向人生的成功与辉煌,办法只有一个,那就是:将它们统统都抖落在地,重重地踩在脚下。因为,生活中我们遇到的每一个困难,或每一次失败,其实都是人生历程中的一块垫脚石。

1. 建造梦想

活着就要活出一种精神境界,就是要在心里给自己一份寄托,让自己的心有一个目标,这样,也就知道自己所有的付出都是为了什么了。说是这么说,但很多人做起来都要绕出好大一圈,才能绕回来。

我们曾有一个女顾客,因为老公在房地产开发中赚了不少钱,她就什么都不愿意干了,才四十出头,家里就请了两个保姆,因为她与老公结婚时穷得连戒指都买不起,那时她的目标就是拥有自己的戒指。谁知道后来有了一只戒指以后,她竟一发而不可收,把拥有越来越多的戒指当成是自己全部的目标。她最喜欢做的事就是叫上两个保姆,一左一右簇拥着去商场挑选戒指,情绪好时这样,情绪不好时也这样,每次买下两三枚戒指,最享受的是将那些戒指每108枚串成一串,拿在手里当佛珠念,几年工夫居然攒了几十串、几千只戒指,她以为这就是她此生全部的目的,为此对其他任何事情都没有兴趣,老公也一直把她当成精神病患者,好多年都没与她同过房,亲戚朋友也都躲着她。

幸亏她遇见了一位推销某保健产品的老同学,老同学赠送了她一款肠胃调理的产品之后，该产品就改变了她收藏戒指的癖好，因为她用后发现自己的气色和神情变得光彩照人了，连老公都对自己比以往关注了许多，而且她把产品送给与老公有交情的官太太们，那些平时都不拿正眼瞧她的官太太，居然从此视她为活菩萨。

于是，她将昔日买戒指的热情用来整箱整箱地购进该保健产品送人，也由此终于看清了自己的生活梦想其实不是别的，就是老公能够天天在自己的房间里睡觉。

不断建造梦想、建立目标，是自我激励的有效手段。

2．自我暗示

人有时就是这么奇怪，一项有趣味的工作任务完成后，大部分的人，都会获得一种满足感，但如果是一项又脏又累、谁都不愿干的工作由一个人干了，那可能是因为完成这项任务，将会得到数量可观的奖金及其他额外补贴，可奖金及其他额外补贴一旦消失，他的积极性可能就不存在了。这时，唯一能起作用的就是自我暗示。

自我暗示也就是以一种自己能懂的语言和方式，给自己的心理和行为鼓劲，从而使自己按照一定的方式去行动或接受一定的意见，使思想、行为与自己的意愿相符合。关键时刻或危急关头，采用这种积极的自我暗示的方法往往会创造奇迹。

西方有一位名演员的故事就很耐人寻味。生活中，他是个有严重口吃缺陷的人，但当他演出时，却能说出一口流利的台词。所用的办法就是积极的自我暗示，暗示自己在舞台上讲话和做动作的不是他，而完全是另一个人——剧中的角色，而这个角色是绝对不口吃的。

3．一份牵挂

养过鸽子的人都会惊叹于鸽子的归巢能力，其实鸽子之所以恋巢，最根本的原因就是一份牵挂，因为巢里有它的伴侣、孩子，有它一根一根叼来、精心筑起的窝。所以无论飞出多远，无论过去多久，鸽子都要不顾一切地回到自己的巢，即使被束缚住了翅膀也要尽力挣脱，并且义无反顾地飞回去。

人也是这样，很多时候之所以在最困难的时候还能坚持，往往不是为了别的，而是为了那份刻骨铭心的爱，那份难舍难分的牵挂。

4．奖励自己

中国人有时对自己还是很"抠门"的，崇尚的是"对别人大方，对自己小气"。而事实上，自己也是需要奖励的，其中，最好的方式就是"犒劳自己"，这样，自己才能时刻获得奋斗的动力。买一件心仪的衣服，去一个柔情的地方，赏自己一顿美食，换一辆可心的车子，这些都是奖励，都可以帮助自己实现一份心愿、满足一个愿望。

奋斗，有时是个很枯燥的事情，个中的酸甜苦辣有时只能自己独自品尝。所以，如果自己完成了一个目标，或者对自己某一次表现感到自豪的话，不妨做一些平时舍不得做的事情刺激一下，就能始终保持一种兴奋的状态，有利于日后做出更出色的成绩来。

二、团队激励

团队就是每一个成员工作时的家，对于不少成员来说，每天与团队成员在一起的时间甚至比与家庭成员相处的时间还要长。所以，团队不但是可以承载个人的喜、怒、哀、乐的地方，更是可以依靠的港湾。

1. 建立共同的目标

要想使团队形成"劲往一处使"的局面，很重要的一点就是在团队里建立共同的目标。只有这样，才能步调一致地往前走。否则，你有你的目标，他有他的目标，就会形成"你干你的，他干他的"这样散乱的局面，团队还怎么形成合力？

我们都有军训的经历，开始几天，那些教官什么也不教，就教大家怎么走路，而且还要喊着口令，其实，就是为了时刻提醒大家调整自己的步伐。

动物之所以能够长距离迁徙，最后还能在一起会合，就是因为有一个准确的目标；团队之所以能够不断地变得强大，也是因为时刻都有目标。

2. 树立集体荣誉感

集体让人有赖以生存的依靠感，团队建设好能使成员面色增光，团队建设差也能使成员内心低迷。所以，团队的每一个成员都应该自觉自愿地把自己的行为与团队的荣誉挂钩，并时时刻刻都能以"做出好样子，留下好印象"的态度来进行自我鞭策，从而体现自己在团队中的价值。

我们看军事题材的影视剧时，经常可以见到这个部队的战士与另一个部队的战士互不服气、相互较劲的场面，其实就是一种集体荣誉感的表现。

但凡有战斗力的团队都有一种集体荣誉感的风气，每个成员无论说话、做事，都不会忘记自己代表的是一个集体的形象，生怕自己的一个闪失给集体的脸上抹了黑。

3. 体现人文关怀

一个好的团队，一定是个非常懂得互相关心、互相帮助的团队，绝不允许团队中有任何一个成员掉队。

在我们乡下，家家户户都会在自家院子里养上几只鸡，一则可以生个蛋，改善一下家里的生活；二则如果有个贵客登门，也好临时有点好吃的东西招待。

我就发现鸡有个很奇怪的现象，那就是晚上总喜欢挤在一起睡觉，开始我以为它们是因为寒冷，或者害怕之类的原因，后来发现不全是，因为即使是炎热的季节也是这样。更重要的是，它们经常会彼此帮助梳理羽毛，而且，如果发现什么好吃的，也会咯咯叫着，邀请其他同伴一起来分享。但如果不是一个窝里的，却绝对不会有这样的好事出现。

原来，就连鸡也有团队的意识，也懂得互相关心、互相爱护的道理啊！

4. 团队精神

一个强大的团队，一定有属于自己的精神和责任意识，并有"一人犯错，团队共担责任"的共识和气魄。如果能做到这样的话，那么，当这个团队中任何一个成员，万一因为惧于这样或者那样的困难想放弃的时候，就会想到自己绝不是"一个人在战斗"，往往会有种神奇的力量促使你不肯放弃，也是支撑你坚持到最后的强大动力。

中国共产党召开"一大"的时候，全国才 51 名党员，但是他们心里承载着"让四万万劳苦大众都得到解放"的强大动力和精神支撑，所以才会百折不挠，最后通过不懈的努力，终于实现了夙愿。

第四节　激励的方式

随着时代的变化，激励的方式也悄悄地发生着变化。但无论怎么变，无非两点：一是找到被激励者的需求，二是确定目标第一的思想，牢固责任意识。

激励也要因人而异。在一定的时期，即使同一个单位，人与人之间背景不同、分工各异、能力有别，所产生的期望值和需求也都会相应地有所不同。有的偏重经济实惠，有的更重视名誉地位，有的则更愿意自我表现，这就需要在实际操作中，也能顺应这种差异。

一、物质激励——玩的是金钱

物质激励是指通过物质刺激的手段，鼓励成员工作。它的主要表现形式有：正激励，如发放奖金、津贴、福利等；负激励，如罚款、扣分等。

物质需要是人类的第一需要，是人们从事一切社会活动的基本动因。但物质激励也不是不着边际地奖、罚一定的钱和东西这么简单，而是要根据具体情况和具体的对象把握分寸，这样才能达到正面的效果，否则，非但起不了应有的激励作用，可能还会因此制造人为的负面因素。

1. 物质激励有时效性

"人为财死，鸟为食亡"，但无论是为"财"，还是为"食"，都不能忽视一个前提条件：时效性。因为对任何一种东西的需要，都有时间的限制。

物质激励的目的是激发员工的工作动机，增加其满意度。所以，经常显现的作用是在一定的时间内。过了那个时段，自然就不会起作用的，或者说起到的作用就会随着时间的推移而变得有所削弱。

2. 物质激励要适度

奖惩措施是否会产生满意，取决于被激励者认为获得的报偿是否公正。如果他认为符合公平原则，当然会感到满意，否则就会感到不满。

众所周知的事实是，满意将促进进一步的努力。一个组织要想能够卓有成效地运转，就必须重视对成员努力工作、成绩突出的激励问题。只有这样，才能将外界的推动力，转化为每一个成员自身的动力；将团队的一个又一个目标，转化为每一个团队成员的个人目标，使每一个团队成员都由消极的"要我做"，转化为积极的"我要做"。

3. 制定科学的奖金制度

推销界流行一句话：报酬不够就是努力不够，报酬不够就是能力不够。

对于许多岗位来说，一个人的收入多少，是与他自身的能力和所做出的贡献成正比的。虽然金钱不能完全代表一个人的价值，但在市场经济的环境下，金钱的拥有量却是一个人价值的体现；对于靠奖金为主要收入来源的推销来说，就尤其如此。

这就要求我们在制定奖金制度时，必须本着科学的原则，尊重经济规律。

二、精神激励——玩的是满足

虽然物质激励与精神激励的目标是一致的,但作用对象却不尽相同。前者作用于人的生理方面,是对人物质需要的满足;后者作用于人的心理方面,是对人精神需要的满足。

随着人们物质生活水平的不断提高,人们对精神与情感的需求也变得越来越迫切,期望得到爱、得到尊重、得到认可、得到赞美、得到理解,等等。

所以说:金钱也并不是万能的;有时,适时的精神奖励反而更能发挥作用。因此,只有将两者有机地结合,才能更为有效地达到激励的目的。

1．情感的激励

人都是讲感情的,所以感情有时候比什么激励都管用。管理者与员工之间,要是有感情,什么都好说,要是没有感情,你就是送再多东西,说再多的话也不一定管用。

从这个意义上说,我认为激励最大也是最有效的手段就是推动,如果平时就有感情的话,再难的事情也能推动。

(1)温暖的力量。

有一个小男孩养了一只乌龟,有个冬天,他想尽了办法要让这只冻僵了的乌龟探出头来,可却怎么样也没办法。

小男孩试着用棍子敲这只乌龟,用手拍打这只乌龟,但任凭他怎么敲,怎么拍,乌龟都动也不动,气得他整天嘟着小嘴,很不开心。

后来小男孩的祖父看到了,笑了一笑,便帮他把乌龟放到一个暖炉上面。不一会儿,这只乌龟便因为感觉到了温度而渐渐地把头、四肢、尾巴纷纷伸出壳外,男孩开心地笑了。

最后,祖父对小孩说了一句话:当你需要别人照你的意思去做,去改变时,不要用攻击性或强迫性的方式,而是要给别人多点关怀与温暖,这样的方法反而更有效。

要想有效地激励一个团队,就要学会从一个严肃的家长转型到一个可以畅所欲言的朋友,不但便于了解团队每一个成员的情况,更重要的是,让团队每一个成员间感到这才是团队最温暖的地方。

(2)温度的把握。

一个好的朋友,不但会在你有困难的时候,第一时间出现在你面前,而且还会在你被胜利冲昏头脑时让你清醒。

还是上面的例子，如果把那只冻僵了的乌龟无限地放在暖炉上烤会发生怎样的情况呢？那无非两个结果：一种可能是乌龟被烤熟而死；另一种结果是乌龟受不了炙热跳出来逃跑了事。

所以，情感不但要让成员在需要温暖的时候能够感受到，而且还要让成员都因为受到团队温暖的感召而自发自愿地做好自己的工作。

（3）情感对于激励的作用。

人都是讲感情的，有时情感能起到出神入化的作用，老板与员工也要讲感情。我有一位员工，跟我七八年了，一直做着基层工作无怨无悔，即使公司基于形势的需要调整工资也没任何怨言。为什么？就是平时对他关心的缘故。

但把握"度"也是很有必要的，太严苛了就容易产生距离，就没有向心力；太随便了又没了必要的威信，情感也失去了激励作用，所以在情感激励上要做到"恰如其分""适可而止"才行，才能使团队成员因此发挥最大的效能。

2．表彰是激励的兴奋剂

精神激励中还有一个很重要的手段就是表彰，也就是在公开场合里给你荣誉，是对你工作的肯定，也是对你成绩的奖赏。对于受表彰者来说，可以起到激发、鞭策的作用；对于他人来说，目的是起示范、教育、引导的作用。

（1）表彰的作用。

人都是在表彰声中长大的。我说这句话并非哗众取宠，想想看，我们从小到大，都伴随着这样的环境。小孩子吃饭时有好的表现，当家长的就会当着全家的面说：宝宝真乖！上幼儿园了，老师对听话的孩子的奖励就是在其他小朋友面前给你一朵小红花。

在中学里当班主任，最怕的就是班上多出几个调皮捣蛋的孩子，因为他们非但不好好念书，还动不动搞出一些恶作剧来，弄得你很是头疼，重要的是这几个人会影响其他同学，拖全班的后腿。

不过，我以前教书时的一个女同事对此就很有与众不同的做法。她每接手一个班，首先做的就是调整班干部，人家都是让有能力、学习好的学生当班干部，但她却反过来：让平时纪律差的当组长，让哪门功课落后的当哪门课的课代表。

对这个举动，其他老师都表示不能理解，但一个学期下来，奇迹发生了，纪律差的成了最守纪律的，功课落后的，这门功课的成绩有了大幅度的进步。

（2）公开的效应。

我们从小到大，没少参加表彰会。为什么喜欢开表彰会、庆功会呢，就是要造成一种声势，让人因此受到鼓舞。

因此受到鼓舞，就会产生一个念头：他行，我为什么不行？

因此受到鼓舞，就免不了萌生一个愿望：其实，只要努力，我也可以。

因此受到鼓舞，于是就立下了一个目标：下一次，站在台上的就是我了。

三、恐怖激励——玩的是心跳

要想让激励达到理想的效果，光靠常规的手段还远远不够，或者收效甚微的时候，往往反其道而行之，不按套路出牌，反而能起到意想不到的效果。

恐怖激励就是这样一种并非必须，但却很有必要的激励手段。

1．恐惧可能导致的后果

有经验的母亲为了让孩子听话就会编造出一个狼外婆的故事，对于不听话的孩子就要吓唬吓唬，尤其是对于始终不愿入睡的孩子，就吓唬他如果还不睡，狼外婆就会来把他叼走，表面看起来这么夸张好像有点可笑，但确实很管用。

对员工的激励也是一样，如果长期处于一种平淡的心境中，就很容易"养尊处优"，不思进取，就会丧失动力。苹果公司的首席执行官乔布斯就说过这样一句意味深长的话：千万不要让员工知道自己在做些什么，要让他们感到迷茫和恐惧，否则他们便会沾沾自喜。

（1）恐惧出积极性。

人类之所以工作，就是为了温饱，认为只有工作才能解决基本的温饱条件，才能生存，否则只有饿死。设想一下，只要人类不吃东西不至于饿死，那总统的位置也没人感兴趣了，一定是一个个都收拾好行囊，纷纷出外游山玩水、寻欢作乐去了。

因为有害怕饿死的恐慌，所以就要如履薄冰地工作，就会每天都觉得世界末日就要到来一样，每天都会有背水一战的心理。

（2）恐惧出创造力。

没有创新就没有活力，对企业来说是这样，对个人来说也是一样。要想不被淘汰，要想在竞争中取胜，你就得比竞争对手更先一步，因为很多的创造性往往来自于恐惧。

日本"明治维新"时期，因为看到了与西方发达国家的科技差距，就拼命地收集美国的技术资料，然后认真研究、改进，最终使自己的科技步入了世界的先进水平，有了这样的条件，日本才敢明目张胆地向全世界挑衅。

（3）恐惧才会感到危机。

要想帮助一个人生存，最好的方式就是将他置于危险之中。要将员工置于危险的边缘，就必须让他时刻感觉到危险的存在。

现在很多企事业单位搞的"末位淘汰制"就是引入了这种危机的机制，团队中的每个人都按照一定的标准打分，不管你是多么的优秀，每个月评分在团队中垫底的那个就得出局，就得无情地遭到淘汰，迫使团队中的每个人都不得不使出浑身解数。

2．恐惧出现的连锁反应

恐惧激励也要掌握一些必要的方法，因为我们的目的仅仅是吓唬而并非是实际意义上的惩罚。但有时为了达到目的，非得动点"真格的"，否则就会像《狼来了》的故事一样，说多了别人不信，也就真的不怕了。

（1）目标总是高出那么一点。

制定目标是件很有讲究的事，太低了没有挑战性，容易变得随随便便；太高了又会让人觉得高不可攀，从而产生畏难情绪。

最好的目标就是比正常的能力高出那么一点，总有极少数的人通过很大的努力才能达到，但绝大部分人还是无法达到，所以更需要发奋。否则，就有可能变成表面看起来很美，却没有实质内容的东西。

（2）愿望总有一点难以实现。

人对于太容易得到的东西往往不容易珍惜，所以太好实现的目标就不能称之为目标了，也不会因此被唬住，更不会使人感到害怕，从而失去了激励的作用。所以，只有迫使人玩命地往前奔，才能激发人的动力。

（3）有缺憾才有梦想。

因为我们总能看到自己的缺憾，所以我们就会想办法去改变，才会有超越现实的梦想产生；因为有梦想，我们才不愿意放弃努力，也才会体验到梦想实现时的美妙感觉。

3．恐怖激励的启示

表面看起来，恐怖激励好像有点不近人情，但却会在团队激励中起到画龙点睛的作用。而且也可以使团队的管理、运营等相关的环节都因此受益。

（1）反复无常就会正常。

我们看影视剧时，对于那些看了过程就能猜到结局的作品总会觉得索然无味，也不会产生继续看下去的兴趣。

团队激励也是一样，如果总是一成不变的，员工摸清了"套路"就不会觉得害怕了，也不会有"如履薄冰"的危机感。所以，团队领导能够适当地"反复无常"一下，就能使员工摸不清你的"套路"，就会时刻不放松对自己

十道 激励

的要求。

(2) 有危机才会有转机。

只有时刻将自己置于危机中的团队才会主动争取转机，才能不断地获取胜利。有时危机到来的同时，也恰恰意味着转机的开始。

(3) 没退路才会有出路。

人最难战胜的敌人其实不是别人，恰恰是我们自己。我们看战争片就会发现，往往就是在没有任何退路只能背水一战时的军队才能打胜仗，这个就是所谓"哀兵必胜"的道理。

团队只有牢牢树立"只能成功，不能失败"的信念，才会不顾一切地努力向前，只有自断退路才真正会有出路。

第五节 目标激励

目标激励就是通过目标的设置来激发人的动机，引导人的行为，使被管理者的个人目标与组织目标紧密地联系在一起，以激励被管理者的积极性、主动性和创造性。因为每个人除了金钱目标外，实际上还有诸如权力目标或者成就目标这样一些东西。

一、现实目标和理想目标

理想目标是你心中想创造或者想达到的某种目标，可以昭示未来的最高目标；而现实目标呢，是你虽然受到客观条件制约，但通过一定的努力可以达到的目标。

我们做事总要给自己定个目标，一般是保什么争什么。争什么就是理想目标，保什么就是现实目标。

1. 理想与现实的差距

理想与现实的中间，总是横亘着一条河流。我们在现实的此岸，希望到达理想的彼岸，就必须面对湍急的河流，也就是我们要达到彼岸所必须克服一定的困难，这样才有挑战，也能享受到由此带来的乐趣。

所以，激励的目标实现起来不但要可行，还要有一定难度，看得见、也似乎摸得着，但就是总差那么一点才可以够得着。如果人人都能很轻易地从别人架设的桥梁上悠闲地漫步过去，那就既没有动力，也体会不到压力。当然，如果人人都觉得某种目标不可能实现的话，也就不会为此付出努力了。

2. 理想与现实密不可分

蜜蜂采蜜的目的原本是为了食物，结果在获得食物时还在无意中传播了花粉。

好的目标激励也是这样，我们常常仅仅是想达到一个很小的目标，却无意中有了很大的收获。

我刚带推销团队的时候，有个女成员的各方面条件都很好，就是对自己没信心，所以始终出不了业绩。有一次，我随便给了她一个地址，告诉她这家人要买产品，她只要把货送去，收钱回来就可以了，她兴致勃勃地就去了。

结果大大出乎我的意料，那家一口气要了她20盒产品，不到一个月，那个小区接近一半的人都是她的顾客。

3. 理想与现实都需要行动

一滴水的目标就是最终汇聚大海，但必须依靠相应的河流才能实现，其中还会遇到诸如转弯、卷入泥沙、遇到障碍物，甚至被人类或其他什么生物临时占用一下这样的困难，但只要汇聚大海的目标没有泯灭，最终都会有汇入大海的一天。

对于我们推销人也是这样，如果面对目标，我们光是想想，那是无论如何也到不了彼岸的；只有行动起来，才有希望到达彼岸。

二、个人目标与团队目标

每个人都是社会的一分子，所以，无论个人有多么宏大的目标，都要充分考虑团队的因素，并理所当然地让位于团队目标，并自觉自愿地受到团队目标的制约。

1. 个人目标

人的行为是由动机引起的，有时一致，有时不一致，动机对人的行为起着引发、加强、推动和导向的作用，可以驱使一个人的行为趋向于预定目标。不仅与个人的成就动机，过去的成败经验，目标的现实感，个体差异等个人因素有关，而且也会受团队因素的影响。

既然推销是在一定环境里进行的行为，因此，任何个人的目标都必须符合相应的环境，否则的话，就会因为违背而受到应有的惩罚。

2．团队目标

团队目标是由各种因素决定的，主要包括集体的影响、角色的影响，以及对指标提法的影响等，既有时代特征，又有区域特征，还与团队成员的构成情况和利益休戚相关。

因为团队是由无数个体组成的一个利益的共同体，也有生存、发展、壮大的目标。它一方面需要为每个成员个体的目标提供力所能及的帮助，还要发展新的成员，用于丰富团队的目标，而且还需要分担公司赋予它的目标。

3．个人目标需服从团队目标

团队这么多成员，性格不同，兴趣不同，想法不一，为什么能走到一起，不是别的，就是因为有一个共同的目标。团队可以提供良好的推销环境，团队里有专业的老师指导和配合，团队里有事业伙伴可以交流学习，彼此激励。

工作中有什么疑点、难点，可以在团队里解决；有什么困惑和委屈，也可以在团队里述说；甚至生活上有什么心结和烦恼，也可以通过团队得到相应的建议。

因此，从某种意义上说，团队的目标高于个体的目标；没有团队目标的实现，个人目标的实现也就无从谈起。

这些，都应该在团队里不断强化，只有团队里每个成员都铭刻在心里了，这个团队才称得上是一个健康的团队。

我们有些推销员往往转不过这个弯来，总以为团队就该为自己服务，团队其他成员就应该理所当然地为自己付出，结果常常是自己的事情希望这个帮助那个帮助，伙伴有需要帮助的时候就躲得远远的，团队每次搞活动都积极地邀约顾客参加，但为活动出多一点力就心不甘情不愿的，缺乏"团队荣则个人荣"的大局观念。

推销工作的性质虽然独立性很强，但通过团队的集体配合就会变得容易许多。

三、目标激励应注意的几点

设置目标不能想当然，只有切合实际情况的目标才有实现的可能，否则的话，就无疑是小孩子"过家家"，不过是闹着玩而已。所以在设置时，还需要有所讲究。

1. 个人目标尽可能与团队目标一致

作为团队一分子，无论是谁，个人的目标都不可能凌驾于团队目标之上，因为只有一致了，才能做到"心往一处想，劲往一处使"的和谐局面，团队才可能发挥合力。

2. 目标的难度要适当

设置目标不是想当然，不能光凭一时的义气和热情而不考虑实际情况。否则的话，再好的目标，完成不了也就没有任何意义的，只是用于装饰门面的一个摆设。

3. 目标内容要具体明确，有定量要求

目标一定要做得明细，不得留下任何含糊的字眼和模糊不清的概念，否则的话，就会感到无从下手，也就很难予以实施。

4. 既有近期的阶段性目标，又有远期的总体目标

如果把远的目标比喻成方向的话，那么近期目标就是沿途的一个个站点，因为再远的路也是由一个个站组成的；那就只有一个站一个站地到达，才能最终到达远方。

5. 目标要写出来，喊出来，让团队成员都知道，都来监督

设置目标的目的是为了实现，所以，有了目标就不要藏在自己的肚子里，最好的方式就是写在黑板上，写在自己随身携带的本子里，写在平常自己最容易看见的地方；同时，还不妨大声喊出来，让越多人知道越好，让自己对于自己的这一份承诺，由更多的人来督促，从而逼迫自己非实现不可。

第六节　领导激励与伙伴激励

候鸟的大规模迁徙，之所以能那样长时间的飞行，很大程度上靠的并不完全是自己的体能和气流，重要的还要靠领头鸟带领和引导。

作为万物之灵的人类又何尝不是如此呢！要想做好一件事，有时光靠自己的力量还远远不够，还需要自己以外的人对自己的鼓舞、勉励。因为人不是神，也难免会有迷惘的时候，迷惘发展到不知方向了就会迷失，那要找回自己，就需要外界的支持和引导，这个时候他人的激励就像"及时雨"一样可贵。

领导和伙伴给予的正确激励，会让你重新燃起希望，会让你对自我价值重新予以肯定，会让你有重新开始的信心和勇气。

所以，在一个团队里共事，好的领导是必不可少的，这样才会有好的团队，而且还会是激励型的团队，这比他任何其他的激励都更为重要并且有效。

一、领导的激励

一个好的领导在团队中所起的作用，不在于做指示、下命令，而在于如何激励、唤醒、鼓舞团队成员达成目标，并在合适的基础上，对影响工作进度的行为进行指导，对影响成员团结的行为进行批评，对偏离团队目标的行为进行纠正。

1. 关怀备至

好的团队的领导特征是亲切、和蔼，不摆架子，不甩袖子，工作时是领导，工作之外就是朋友。领导能够叫出每一个成员的名字，能够说出每一个成员的情况，能够了解每一个成员的想法，这些看似平平常常的小事，但有时却比花多少钱都管用。

为什么有的领导那么有磁场，只要往那一站，再大的矛盾和怨气都会烟消云散，那就是因为这个领导平时积累起来的群众威望。从支持下属工作，尊重和保护积极性，密切关心下属冷暖，到经常与团队的人员谈心、了解需求，帮助克服困难，并创造有利的条件，等等。

有这样的领导做后盾，下属就会干劲倍增，更有勇气和信心去克服困难，从而顺利完成交给他的任务。

2. 鼓励参与

一个好的团队领导，也善于在团队里创造良好的民主风气。对于本团队的重大事务，或者关系到团队每个成员利益的事务和管理，都会积极鼓励每一个成员发表自己的意见，并善于集思广益，让大家把团队的事看作自己的事，并对领导的行为进行监督。

同时，还善于通过对话、提意见的方式，促进彼此间的沟通、思想交流、相互理解，从而在团队中营造一种相互支持、相互信任的氛围。

3. 公平公正

一个好的团队领导，在处理属于本部门利益的分配、人员晋级、奖励、使用等方面的时候，能做到公平、合理；对于调解部门成员间的矛盾时，更是能做到不偏不倚。

同时，善于利用团队成员的晋级、提升、选模范、评先进这样的机会，大造声势，从而在团队内部营造一种"比、学、赶、帮、超"的良好工作氛围。

二、伙伴的相互激励

伙伴、同事在一起工作、学习的时间久了，彼此都很了解，哪个遇到困难了，哪个情绪受到影响了，很容易就会发现，如果能够做到彼此关心、相互激励，不但能使伙伴感到温暖，更能使团队的整体工作不至于因此而受到一丝一毫的影响。

1. 遭遇挫折时

要想在任何工作岗位上有所成就，除了需要比别人付出更多的汗水外，还需要不断地挑战自己和承受相应的压力，否则就不可能做出超常的成绩。

推销工作也是如此。一个好的推销员无疑也是挑战和压力最多的人，遭遇挫折的事情也就不可避免。多数情况下都可以自我排解，但有时也需要其他伙伴进行定向激励，使其重树信心。尤其对于一些犯了错误的伙伴就更是如此，帮助其分析错误的原因，纠正其进取的方向，不让团队里有任何一个人掉队的现象发生。

2. 处于困境时

人生不可能一帆风顺，常常需要面临来自工作和生活的许多困难，有些单靠自己的力量显得"势单力薄"，这时，如果伙伴及时送去关切和理解，并帮助其排忧解难的话，就会产生极为有效的激励效果。

有些员工就很容易忽视这一点，见着伙伴处于困境时，往往会手足无措，即使说出几句很平常的安慰话，也显得苍白和无力。

3. 举棋不定时

一个人的行为选择，往往受各种因素、各方力量的影响和制约。伙伴有时面临着艰难的抉择，处于犹豫不决、举棋不定的状态，这时他们最需要一种新的力量去鼓励和支持，激励则是大显身手的最佳时机。

如果我们做到了这些，就可以使某些意志薄弱的人，从垂头丧气的阴影中清醒过来，吸取教训，重新振作起来，建立起奋斗的目标和迈向成功的决心和信心；使伙伴从悲观转为乐观；也就无意中潜移默化地改变了一个人的一生，甚至能改变伙伴的人生观。

三、伙伴的相互激励比领导激励更重要

伙伴、同事之间，因为工作形成的关系，就好比是一根环环相扣的锁链，哪一环出现了问题都会影响整个锁链的实际效果，所以，在一个团队里，任何一个伙伴的事，就都是大家可以关注、关心的事。

大家同为伙伴，干着同样的工作，平时接触的机会比较多，也彼此了解，对于各自发生的问题也大多感同身受，所以更容易站在对方的角度考虑问题。因此，相对领导的激励来说，伙伴的激励不但实际，而且也更有必要，因为这是团队意识的重要性。

道理很简单：因为如今的推销工作并不是"一个人在战斗"，而要真正做好推销工作，也绝不是靠一个人就能完成的战斗。

题 后　　人，因梦想而伟大

　　独处的时候，我常问自己这样的问题：自然界最强大的物种是人类，而人类最强大的又是什么？是什么东西可以支撑着人类不断地改变，是什么力量可以驱使人类从来不曾停止过改变？

　　大家都是凡人，为什么有的人一生过得轰轰烈烈、惊天动地，被奉为一代伟人？有的人终其一生也不过是庸庸碌碌、默默无闻，成为时代的过眼烟云？

　　无数个夜晚，独自仰望苍穹：儿时的星星还在原来的地方一眨一眨；无数个晨曦，一个人凭栏远眺，此刻的城市仍旧华灯璀璨、川流不息。这么多的人，都从哪里来，又要到哪里去？人们一个个不知疲倦地奔波到底是为了什么？究竟又是什么力量让他们总在路上……

　　是梦想！答案使我的心脏几乎要从嗓子眼里蹦出来。不是别的！恰恰就是时时刻刻伴随着我们的梦想。

　　因为梦想，我们需要推销自己；因为推销，让自己的价值得到充分体现。

　　也正是因为要去满足梦想，我们原本看似有点弱小的心，瞬间就变得无比强大，大到像宇宙一样无边无际。

　　白天的梦想有翅膀，夜晚的梦想会发光。

　　因为有梦想，我们的每一天都可以成为春暖花开的日子；因为有梦想，我们每个人都多了一双自由翱翔的翅膀！

　　我们追逐梦想，是因为我们现在比以往任何时候都更清楚我们自己到底是谁，我们究竟想要什么。

　　我们交流梦想，是因为我们都想填补各自心中的遗憾，这样的话，即使在春寒料峭的日子，也能彼此相拥着梦想取暖。

　　我们见证梦想，就是知道一个个梦想实现的奇迹在身边发生，然后，又有不同的梦想从身边出发，一次又一次地飞向远方。

我们要完成梦想,就是想时刻证明我们自己的价值是什么:站着,可以挺直脊梁;躺着,能够睡出清香。

我们经营梦想,就是把梦想的种子播撒四方,任其在阳光下随风飘扬,在各处生根、发芽、生枝、长叶。终究有那么一天,无论是你,是我,是他,都能收获枝繁叶茂、遍地花香的幸福庄园。

2018 年 9 月于广州